영적 전쟁의 승리

A Warrior's Guide To THE SEVEN SPIRITS OF GOD
PART 2: ADVANCED INDIVIDUAL TRAINING
(Lessons for the Battlefield of Spiritual Warfare)
by James A. Durham

Copyright ⓒ 2011 by James A. Durham

Korean translation Copyright ⓒ 2011 by Pure Nard
2F 16, Eonju-ro 69-gil Gangnam-gu, Seoul, Korea

The Korean edition is published by arrangement with James A. Durham.
All rights reserved.

본 저작물의 한국어판 저작권은 저자와의 독점 계약으로 한국어 판권은 '순전한 나드'가 소유합니다.
저작권자의 허락 없이 이 책의 일부 또는 전체를 무단 복제, 전재, 발췌하면 저작권법에 의해 처벌을 받습니다.

# 영적 전쟁의 승리
## 전쟁 용사의 훈련 교범(실전편)

초판발행 | 2011년 10월 20일
3쇄발행 | 2018년 5월 21일

지은이 | 제임스 A. 더함
옮긴이 | 심현석

펴낸이 | 허철
편　집 | 송수자
디자인 | 오순영
마케팅 | 이성구
인쇄소 | 예원프린팅

펴낸곳 | 도서출판 순전한 나드
등록번호 | 제2010-000128
주소 | 서울특별시 강남구 언주로69길 16, (역삼동) 2층
도서문의 | 02) 574-6702
편집실 | 02) 574-9702
팩스 | 02) 574-9704
홈페이지 | www.purenard.co.kr

Printed in Korea

ISBN 978-89-6237-103-1　03230

전쟁 용사의 훈련 교범 |실전편|

# 영적 전쟁의 승 리

제임스 A. 더함

# A Warrior's Guide To
## THE SEVEN SPIRITS OF GOD

/ 목차 /

서문 … 6
감사의 글 … 9

서론  실전편 … 11
1과   진두지휘 … 35
2과   승리의 인식 … 73
3과   고립된 저항세력을 무찌르기 … 105
4과   준비태세 확립 … 133
5과   자기 통제 연습 … 163
6과   보호 장비 착용 … 195
7과   지휘계통 이해 … 233
8과   부활의 능력으로 살아가기 … 271

요약 … 306
부록: 전쟁의 9대 원칙 … 312

/ 서문 /

　미군의 경우 기초군사훈련을 마친 병사들은 상급자 훈련을 받는다. 이 훈련은 개별적으로 이뤄지는 특징이 있기 때문에 개인훈련 고급과정(Advanced Individual Training) 혹은 간단히 줄여 AIT라고 부른다(이하 '상급자 훈련'). 본서는 상급자 훈련을 위한 교범으로 기획되었다. 이 책은 《영적 전쟁의 일곱 영》을 통해 기초 훈련을 완수한 성도들을 위한 훈련 지침서이다. 하지만 1부와 별개의 단행본으로 생각해도 별 무리는 없다. 이 책을 통해 당신은 하나님의 일곱 영과 더불어 사역하는 방법을 배울 수 있다.
　《영적 전쟁의 일곱 영》에서 이미 언급했듯이 이 시대의 영적 전쟁은 이전 세대보다 훨씬 더 치열하다. 상상 이상으로 강렬한 싸움이 우리 가운데 일어나고 있다. 적진과 아군 진영의 전선(戰線)이 명확해졌고 곳곳에 요새가 축조되었다. 싸움 기술과 고도의 분별 능력을 개발하지 못하면, 우리는 이 전쟁에서 아무런 영향력도 발휘할 수 없다. 싸움의 기술이 없으면 자신과 가정, 교회와 지역 사회를 향한 마귀의 공격을 막아낼 수 없다. 싸움은 고사하고 아예 적을 식별해낼 수조차 없을 것이다. 이러한 영적 분별력은 하나님의 '기름 부으심' 안에 거하기 위해서도 필요하다. 지금같이 위험한 시대에는 성령께서 행하시는 일을 살피기 위해서도 영적 분별력이 필요하다.
　그동안 우리는 수많은 도시와 주(州), 국가들을 원수에게 빼앗겨왔다.

원수의 집요한 유혹에 넘어가 수많은 사람들이 하나님을 향해 마음 문을 닫아버렸다. 빼앗긴 것을 되찾기 위해 우리는 공격을 개진해야 한다. 더 이상 방어태세를 고집해선 안 된다. 지금은 공격할 때다. 원수를 향해 선전포고할 때다. 치밀한 계획을 세워 적의 요새를 무너뜨리고, 빼앗긴 영토를 되찾아 하나님 나라에 귀속시켜야 한다. 이를 위해 지식을 겸비하고 훈련도 잘 받은 용사들이 일어나야 한다. 하나님의 군대를 이끌 만한 용감한 리더, 출전하여 승리를 쟁취해낼 영적 용사들이 일어나야 한다. 어쩌면 에스더의 경우처럼, 하나님께서 이때를 위해 당신을 세우신 것일지도 모른다.

《영적 전쟁의 일곱 영》은 영적 전쟁을 위한 지침서이며, 주님께서 영적 용사들에게 공급해주시는 다양한 가용 자원의 종류 및 특성을 알려준다. 이 책을 통해 당신은 원수의 정체와 그들이 사용하는 전술을 보다 더 자세히 배우게 될 것이다. 또한 그들의 공격에 어떻게 응전해야 하는지도 배울 것이다. 수비태세에서 공격태세로 전환하는 방법과 전략에 대해서도 배울 것이다. 이것이 본서의 집필 목적이다.

우리는 원수가 점령한 영토로 들어가 싸워야 한다. 그들의 전술을 효과적으로 저지하면서 적군의 화력에 치명타를 날려야 한다. 우리의 목표는 하나님의 백성을 회복시키고 이 땅을 되찾는 것이다. 예수님은 사탄의 일을 무너뜨리시려고 이 땅에 오셨다(요 3:8 참조). 예수님의 제자 된 우리는 이제 그분이 행하셨던 일을 이어가야만 한다.

무엇보다 먼저 《영적 전쟁의 일곱 영: 상급자 훈련》을 완성할 수 있도록 내게 능력과 영감을 주신 주님께 감사드린다. 다시 한 번 솔직히 말씀드리지만, 완성본 저작권의 99%는 주님의 몫이다! 본 시리즈의 1부는 내 개인의 설교와 간증을 컨퍼런스 강의 및 멘토링 교재로 발전시켰다. 1부가 완성되는 동안 2부의 집필을 준비했는데 이것 역시 설교가 책으로 이어졌다. 처음엔 세 편의 설교만을 완성하여 본서에 포함시켰으나 집필 중 성령께서 영감을 주셨기에 다섯 장을 추가할 수 있었다. 다시 한 번 하나님께 감사드린다.

또한 복된 아내이자 기름 부음 받은 여인, 글로리아에게 고마운 마음을 전한다. 글로리아는 이 책을 쓸 수 있도록 내게 용기를 북돋워주었으며, 책의 집필까지 도와주었다. 아내의 큰 도움이 없었다면 이 책은 세상에 나오지 못했을 것이다. 집필 기간 동안 늘 응원해주었던 딸 미셸에게도 특별한 감사의 말을 전한다. 책을 쓰면서 불안한 마음이 들 때마다 나는 항상 이 두 여인에게 달려갔다. 그때마다 아내와 딸은 내게 힘내라고 격려해주었다.

시카고 팔복 장로교회의 담임 목사이자 순전한나드 출판사의 대표이신 허철 목사님께 감사드린다. 허철 목사님은 내가 이 책을 완성할 수 있도록 시의적절한 말씀으로 격려해주셨다. 또 본서의 내용으로 강의할 수 있는 기회와 장소도 제공해 주셨다. 덕분에 나는 하나님 나라를 확장하고자 날마다 적진으로 달려가는 용감한 전사들을 가르칠 수 있었다.

이 책을 읽게 될 모든 사람들에게 감사드린다. 당신은 하나님이 내게 주신 큰 복이자 이 글을 쓰게 된 동기이다. 항상 독자들에게 감사드린다.

/ 감사의 글 /

역사상 스스로의 능력만으로 무언가를 성취해낸 사람은 아무도 없었다. 우리도 마찬가지다. 우리의 능력으로는 아무런 일도 해낼 수 없다. 하지만 '주님의 일'을 행할 수 있도록, 주님은 우리에게 능력을 주시고 영감을 주신다. 내 경우는 특히 믿음과 삶, 소명과 부르심에 대해 책을 집필할 때 주님의 능력을 더더욱 의지하게 된다. 그러므로 무엇보다 먼저 이 책을 완성할 수 있도록 내게 능력과 영감을 주신 주님께 감사드린다.

집필하는 수개월 동안 내게 아낌없는 격려와 후원을 선사하신 많은 분께 감사드린다. 지면 관계상 그들의 이름을 모두 언급할 수는 없지만, 그중에서도 우리의 영적 자녀이자 동역자인 매기, 미아, 미소, 숙희, 래켈에게 감사의 말을 전한다. 그리고 한국에 이 훈련 내용을 소개할 수 있는 첫 번째 기회를 제공해주고, 훈련생을 위한 핸드북의 편집과 출판을 도와준 예수생명교회 성도들, 피기영 목사님, 조수아 박에게도 감사드린다.

이 책을 읽게 될 모든 사람에게 감사드린다. 그들은 하나님이 내게 주신 큰 복이자 이 글을 쓰게 된 동기다. 그러므로 독자들에게 감사드린다.

# A Warrior's Guide To
# THE SEVEN SPIRITS OF GOD

# 서론

⋮

# 실전편

*Advanced Individual Training*

A Warrior's Guide To

# THE SEVEN SPIRITS OF GOD

PART 2: ADVANCED INDIVIDUAL TRAINING

# 서론

# /

# 실전편

⋮

      지금 막 기초 훈련을 마친 병사들에게 가장 바라는 것이 무엇인지를 묻는다면 그들은 아마도 "더 이상 훈련이 없었으면 좋겠습니다!"라고 대답할 것이다. 이런 모습은 무언가 위대한 일을 완수한 사람들처럼, 이미 세상을 정복할 준비가 된 사람처럼 자부하는 모습이다.

      기초 훈련 일정이 끝나면 퇴소기념 파티를 연다. 기억에 남는 퇴소기념 파티가 있어 잠깐 소개하려고 한다. 당시 몇몇 훈련병들이 파티를 하는 중에 특이한 노래를 불렀다. 그들은 훈련 기간 중 일어났던 일들을 가사에 담아 노래했다. 흥에 겨운 나머지 훈련병 전체가 일어서서 장단을 맞춰가며 합창을 하고 있었다. 그때 누군가가 큰 소리로 외쳤다. "길을 비켜라! 길을 비켜라!" 군대에서 누군가가 "길을 비켜라"라고 외친다면 주변에 굉장히 높은 계급의 장교가 있다는 뜻이다. 모여 있던 병사들은 해당 장교가 지나갈 수 있도록 재빨리 몸을 움직여 통로를 낸 후 그 자리에 멈춰서야 한다. 그가 완전히 지나갈 때까지….

노래를 부르던 훈련병들은 훈련주임상사들에게 고함을 질렀다. "병사가 나가신다. 길을 비켜라! 길을 비켜라!" 퇴소식을 앞둔 훈련병들은 너나 할 것 없이 큰 소리로 따라 했다. 훈련주임상사들도 이 노래를 좋아하는 눈치였다. 이 노래를 통해 훈련병들은 자신이 무언가 큰 업적을 이룩했다는 성취감을 갖게 될 것이기 때문이다. 게다가 이제 오합지졸 민간인의 옷을 완전히 벗고 진정한 군인으로 거듭났다는 선포이기 때문이다. 그렇다. 그들은 언제든 전쟁에 투입될 수 있는 '전투 병력'이 되었다.

물론 위대한 업무를 성공적으로 완수했다는 성취감도 중요하다. 하지만 전시에는 어떠한 훈련도 '종료'되지 않는다. 이것이 전쟁의 현실이다. 그동안 연마해 놓은 전쟁기술을 유지하고 새로운 기술을 습득하려면 끊임없이 훈련해야 한다.

영적 전쟁에서도 마찬가지이다. 전쟁 중에는 아무리 경계를 강화한다 해도 충분하지 않다. 그러므로 경계를 늦춰도 되고 긴장을 풀어도 되는 시간이란 처음부터 존재하지 않았다. 하지만 수많은 성도들은 기초 훈련만 마치면 이미 준비태세를 완벽히 갖추었다고 착각한다. 그래서 상급자 훈련 과정에 참가하지 않는다. "기초만 다지면 됐지 뭐!" 그렇게 수년이 흘러버린다. 하지만 그들은 여전히 기초 단계에 머물고 있다. 참으로 안타까운 일이 아닐 수 없다. 역사상 그 어느 때보다 신앙이 뜨거웠던 초대교회 시대에도 이러한 현상이 문제로 대두되었다.

> 그러므로 우리가 그리스도의 도(교리)의 초보(초보 과정)를 완수하고, 상급 과정으로 진행하자. 죽은 행실을 회개함과 하나님께 대한 신앙과 세례들과 안수와 죽은 자의 부활과 영원한 심판에 관한 기초 교훈의 터를 다시 반복하지 말고(이런 것들은 이미 오래 전에 학습했으므로) 이제는 완전한 데로 나아갈지니라. 하나님께서 허락하시면 우리가 이것을 하리라 히 6:1-3, 확대성경 번역

이제 당신 차례다. 영적 전쟁의 기초 과정을 이수했으니 상급자 과정을 밟아야 한다. 하지만 불행히도 오늘날의 성도 역시 1세기의 성도들과 동일한 실수를 저지르고 있다. 위험을 회피하고 안락한 지대에 머무르려는 성향이 짙다. 하지만 지금과 같은 마지막 때엔 어디에도 안전지대가 없다. 그 모든 것이 허상일 뿐이다. 원수는 우리가 싸움을 멈추기만 하면 평화를 얻고 편하게 쉴 수 있을 것이라고 거짓말을 한다. 이것은 사탄의 술수 중 가장 큰 거짓말이다.

안락한 자리를 박차고 나와 상급 훈련을 받아야 할 두 가지 중요한 이유가 있다. 첫째, 우리의 원수가 이미 우리 안에 잠입했기 때문이다. 그는 하루도 거르지 않고 공격을 가한다. 우리를 파멸시키기 위해 쉬지 않고 공격한다. 두 번째 이유는 첫 번째 이유보다 훨씬 더 중요하다. 주님께서 안락의 지대를 박차고 빛을 향해 나아오라고 명령하셨기 때문이다. 이미 우리에게 지혜와 계시의 영을 주셨기 때문에 우리는 이 명령의 진정성을 확신할 수 있다. 그러므로 전진하지 않는다면 명령 불복종이다. 이미 이 명령의 취지 및 진정성을 확인했기 때문에 불복종에 대해 어떤 핑계도 댈 수 없다.

영적 전쟁을 좋아하는 사람도 많다. 그들은 원수의 정체에 대해 배우는 것과 그들과 싸우는 것을 좋아한다. 용사들은 마귀가 쫓겨나고 사람들이 자유케 되는 것을 목격할 때 기뻐한다. 사람들에게 자유를 선사하고 전쟁에서의 승리를 거머쥐는 기쁨은 상당하다. 그것만한 영적 전쟁의 동기부여는 없을 것이다. 그렇기 때문에 계속해서 출전하고 또 새로운 기술을 연마하게 된다. 하지만 그것이 전부는 아니다.

상급자 훈련에서는 보다 발전된 전쟁기술을 배우게 될 것이다. 훈련을 이수하면 보다 높은 차원의 임무를 수행하게 될 것이다. 이 같은 일련의 과정을 통해 우리는 승리를 확신하게 된다. 상급자 과정에서 시행되는 훈련들은 2년 넘는 기간 동안 성령께서 내게 영감을 주시고 또 지도해 주신 내용들이다. 각 과정의 목록을 아래에 적어둔다.

> 상급자 훈련 1: 진두지휘
> 상급자 훈련 2: 승리의 인식
> 상급자 훈련 3: 고립된 저항세력을 무찌르기
> 상급자 훈련 4: 준비태세 확립
> 상급자 훈련 5: 자기 통제
> 상급자 훈련 6: 보호 장비 착용
> 상급자 훈련 7: 지휘계통 이해
> 상급자 훈련 8: 부활의 능력으로 살아가기

민수기 21장 14절에는 재미있는 표현 하나가 등장한다. "이러므로 여호와의 전쟁기(the Book of the Wars of the Lord)에 일렀으되"(민 21:14). 대부분의 사람들은 '여호와의 전쟁' 이라는 개념을 쉽게 이해하지 못한다.
너무나 오랫동안 교회는 '어떤 대가를 치르고서라도 평화를!' 이라는 가르침을 전해왔기 때문에 하나님의 이미지를 왜곡해왔던 것이 사실이다. 마치 하나님께서 어떤 대가를 치르고서라도 평화를 유지하실 분처럼 이해한 것이다. 하지만 이것은 성경적이지 않다. 출애굽기 15장 3절을 펴보라. "여호와는 용사시니 여호와는 그의 이름이시로다"(출 15:3). 교회가 성경적인 가르침을 전하지 않았기 때문에 수많은 사람들이 하나님의 진면모를 알지 못하는 것이다. 그들이 믿는 하나님은 '싸움을 싫어하시는 분' 이다. 그래서 구약의 '낡은' 이미지가 하나님께 맞지 않는다고 생각한다. 이렇게 주장하는 사람은 아마 신약의 요한계시록을 읽어본 적이 없을 것이다. 재림하실 예수님은 유약하고 천한, '슬픔의 종' 이 아니다. 그분은 죄와 사망, 무덤과 사탄, 하나님을 대적하는 모든 것을 무너뜨리고 최후 승리를 거머쥘 위대한 용사로 재림하신다. 철장으로 만국을 다스릴 왕의 왕, 주의 주이시다. 하나님의 말씀대로라면 예수님은 변하지 않으신다. 어제도 오늘도 그리고 영원토록 동일하신 분이다. 예수님은 과거에도 지금도 앞으로도 위대한 용사시다.

하나님에게는 다양한 성품이 있다. 각각의 성품은 하나님 안에서 온전한 조화를 이룬다. 하나님은 특정한 성품으로 치우치지 않으신다. 모든 성품 가운데 완벽한 균형을 이루신다. 그러므로 하나님은 사랑의 하나님임과 동시에 심판의 하나님, 분노하시는 하나님이시다. 공의의 하나님이시며 동시에 은혜의 하나님이시다. 하나님은 모든 것을 아시는 분이지만, 회개하면 우리의 모든 죄와 허물을 잊기로 작정하신다. 성령과 동행하며 성숙한 신앙인으로 살아간다면, 하나님의 모든 성품 중 특정한 성품이 두드러지는 시기가 있음을 알게 될 것이다. 만일 이러한 사실을 알지 못해 하나님께서 '변덕을 부리시는 것으로' 오해한다면 그것은 어디까지나 우리의 잘못이다. 하나님은 어제나 오늘, 그리고 영원토록 동일하시다.

일정 기간 동안 하나님의 특정한 성품이 두드러지게 나타난다면, 그것은 하나님께서 뜻하신 바가 있기 때문이다. 만일 하나님의 뜻하신 목적을 알고 무엇을 해야 할지를 깨닫게 된다면, 그것은 참된 지혜임에 틀림없다. 역대기의 기자는 잇사갈 자손 중에서 '시세를 깨달아 아는' 사람을 칭찬하고 있다. "잇사갈 자손 중에서 시세를 알고 이스라엘이 마땅히 행할 것을 아는 우두머리…"(대상 12:32 참조). 솔로몬은 하나님의 시세를 온전히 이해했다. 전도서 3장 1-8절을 읽어보라.

1. 범사에 기한이 있고
   천하 만사가 다 때가 있나니

2. 날 때가 있고 죽을 때가 있으며

심을 때가 있고 심은 것을 뽑을 때가 있으며

3. 죽일 때가 있고 치료할 때가 있으며
   헐 때가 있고 세울 때가 있으며

4. 울 때가 있고 웃을 때가 있으며
   슬퍼할 때가 있고 춤출 때가 있으며

5. 돌을 던져버릴 때가 있고 돌을 거둘 때가 있으며
   안을 때가 있고 안는 일을 멀리 할 때가 있으며

6. 찾을 때가 있고 잃을 때가 있으며
   지킬 때가 있고 버릴 때가 있으며

7. 찢을 때가 있고 꿰맬 때가 있으며
   잠잠할 때가 있고 말할 때가 있으며

8. 사랑할 때가 있고 미워할 때가 있으며
   전쟁할 때가 있고 평화할 때가 있느니라 전 3:1-8

전쟁할 때, 하나님은 전쟁의 용사가 되신다. 은혜의 때, 하나님은 사랑과 온유와 자비의 하나님이 되신다. 그러므로 하나님께서 자기 백성을 '군대'로 부르실 때 조금도 놀랄 것이 없다. 출애굽기 12장에서 발췌한 아래의 두 구절을 주의 깊게 살펴보라.

사백삼십 년이 끝나는 그 날에 여호와의 군대가 다 애굽 땅에서 나왔

은즉 출 12:31

> 바로 그 날에 여호와께서 이스라엘 자손을 그 무리(군대)대로 애굽 땅에서 인도하여 내셨더라 출 12:51

하나님은 자기 백성 이스라엘을 '군대'로 명명하셨다. 하지만 아직은 전쟁에 나갈 만한 준비가 되지 않았다. 그러므로 하나님께서는 그들에게 기초군사훈련을 강행하시기로 결정하셨다. 그들이 받은 훈련은 오늘날 신병훈련소에서 진행하는 훈련과 비슷했다.

그들은 하나님께서 '가라' 명령하실 때 전진하는 훈련, '멈추라' 명령하실 때 그 자리에 멈추는 훈련을 받았다. 적군의 전투력을 예상하는 방법, 이에 맞는 작전을 수립하는 방법도 훈련 받았다. 지휘와 통제 그리고 실전기술도 배웠다.

> 바로가 백성을 보낸 후에 블레셋 사람의 땅의 길은 가까울지라도 하나님이 그들을 그 길로 인도하지 아니하셨으니 이는 하나님이 말씀하시기를 이 백성이 전쟁을 하게 되면 마음을 돌이켜 애굽으로 돌아갈까 하셨음이라 그러므로 하나님이 홍해의 광야길로 돌려 백성을 인도하시매 이스라엘 자손이 애굽 땅에서 대열을 지어 나올 때에 출 13:17-18

애굽에서 400년 이상 속박당한 후였기 때문에 이스라엘 백성에겐 훈련, 규율, 무기, 그리고 리더십(지도자)이 필요했다. 수백 년간 전투훈련을 받아본 적도, 무기는 만져보지도 못했으며 애굽에선 노예들에게 전투기술을 가르치지 않았다. 정부에 반기를 들까 봐 두려워서 아주 기초적인 훈련도 허락하지 않았던 것이다.

하나님의 은혜로 그들은 홍해를 건너고 자유인이 되었다. 하지만 장차 그들이 밟을 땅은 수많은 원수가 우글대는 지역이었다. 그러므로 하루 빨리 전투기술을 배워야만 했다. 그들이 애굽을 나올 때엔 전직 노예 출신의 오합지졸 민간인이었다. 그러나 광야에서 훈련을 받은 후 약속의 땅에 들어갔을 때엔 이미 '하나님의 군대'로 변화되어 있었다. 전쟁을 치를 때마다 전리품이 늘어났고 자동적으로 무기의 양도 많아졌다. 전쟁 경험이 많아질수록 무기 사용기술도 점점 발전해갔다.

하나님께서 직접 지휘관이 되셔서 이스라엘 백성을 인도해내셨기(출 12:17 참조) 때문에 전쟁을 치를 때마다 이스라엘 백성은 하나님의 승리를 목격할 수 있었다(특히 애굽의 군대를 홍해 바다에 침몰시키신 것은 기념비적인 사건이다). 이에 하나님을 바라보는 그들의 시각에도 변화가 생겼다. 그들은 전쟁을 통해 하나님이 어떤 분이신지, 또 하나님께서 어떤 능력을 갖고 계신지 제대로 배웠다.

> 내가 여호와를 찬송하리니 그는 높고 영화로우심이요 말과 그 탄 자를 바다에 던지셨음이로다 여호와는 나의 힘이요 노래시며 나의 구원이시로다 그는 나의 하나님이시니 내가 그를 찬송할 것이요 내 아버지의 하나님이시니 내가 그를 높이리로다 여호와는 용사시니 여호와는 그의 이름이시로다 그가 바로의 병거와 그의 군대를 바다에 던지시니 최고의 지휘관들이 홍해에 잠겼고 깊은 물이 그들을 덮으니 그들이 돌처럼 깊음 속에 가라앉았도다 출 15:1-5

바로 이 대목에서 하나님의 새로운 '직함'이 발견된다. 바로 '용사'라는 표현이다. 우리 하나님은 영광스러운 승리의 하나님이시다!

하나님께서 이스라엘을 지휘하실 때, '훈련과 제식'(drill and ceremony: 일반 군사 훈련 및 제식 훈련을 지칭한다-역자 주) 방법을 동원하셨다. 오늘날

대다수 국가의 군 신병훈련소에서도 마찬가지이다. 가장 먼저 실시하는 훈련은 제식 훈련이다. 제식 훈련을 통해 훈련병은 걷는 법, 이동하는 법, 이동 중 방향 전환법, 경례법 등을 배운다. 그리고 상부 명령에 복종하는 훈련도 받는다. 이는 민간인의 때를 빨리 벗기 위한 최고의 방법이다.

군인이라면 상부의 지시에 즉각 반응할 줄 알아야 한다. 상부의 명령 중엔 전쟁의 승리를 위해 반드시 수행해야 하는 명령들도 있는데, 더러는 명령을 지키지 않으면 수행 중 부상을 입거나 전사(戰死)할 확률이 높은 명령들이다. 물론 사람들은 생사를 건 명령을 싫어한다. 인간 고유의 생존 본능에 역행하기 때문이다. 하지만 전쟁에서 이기려면 죽음에 대한 두려움 때문에 머뭇머뭇해선 안 된다. 죽음을 불사하고라도 명령을 수행할 수 있어야 한다. 그러므로 군대 안에 상명하복의 문화를 구축하는 것은 굉장히 중요하다. 이러한 이유로 군 사령부가 엄청난 양의 훈련을 계획하고 시행하는 것이다.

앞서 우리가 받았던 훈련은 '기초군사훈련'이었다. 훈련소 입소자 모두는 동일한 기초 훈련 과정을 거친다. 훈련병들은 전쟁터에서 살아남는 방법도 배우고 적을 소탕하는 기술도 연마한다. 승리한 후에 어떻게 안보를 유지할 수 있는지도 배운다.

잠시 기억을 더듬어보자. 기초 훈련소에서 우리는 적의 동태를 파악하는 법, 적의 전투력을 산정하는 법, 적의 침투 경로를 분별하는 법 등을 배웠다. 그리고 모세가 열두 정탐꾼에게 어떤 지침을 내렸는지 살펴보았는데, 당시 정탐꾼들이 모세로부터 받은 지령은 현대 군 첩보원들이 수행해야 하는 임무와 동일하다는 것도 배운바 있다. 적 진영의 지형과 적의 전투력 역시 매우 중요하게 다루었다.

또한 우리는 원수가 주로 사용하는 속임수 전략들을 살펴보았다. 원수는 공동체의 내부로 침투하여, 약점을 보이는 구성원을 현혹시킨 후 그를 통해 공동체 전체를 공격한다. 바울은 고린도 교회의 성도들에게 사탄의 궤계를 주의하라고 명령했다.

> 이것은 이상한 일이 아니니라 사탄도 자기를 광명의 천사로 가장하나니 그러므로 사탄의 일꾼들도 자기를 의의 일꾼으로 가장하는 것이 또한 대단한 일이 아니니라 그들의 마지막은 그 행위대로 되리라
> 고후 11:14-15

우리는 또한 아군 군사력 계산의 중요성도 배웠다. 만일 아군의 군사력 계산 공식에 '하나님'이라는 변수를 상정하지 않는다면 이것은 아주 큰 실수이다. 명심하기 바란다.

하지만 성도들은 하나님을 아군으로 생각하지 않는 것 같다. 그래서 종종 공식 안에 포함시키지 않는 우를 범한다. 물론 타교단의 성도들을 제외시키는 것은 말할 것도 없지만 말이다. 전쟁에서 승리하려면 성도 상호간의 미묘한 차이점을 훌쩍 뛰어넘는 아량도 필요하다. 그리고 하나님은 아군의 전력을 몇 배나 증강시키실 수 있는 승수(혹은 제곱수)임을 잊어서는 안 된다.

마지막으로 하나님의 일곱 영에 대해 배웠다. 하나님의 일곱 영은 우리가 영적 전쟁을 치르기 위해 필요로 하는 모든 것이다.

하지만 하나님의 일곱 영이 역사하실 때 원수가 좌시하지 않는다는 것도 배웠다. 원수는 항상 강력한 공격을 가하며 성령의 일을 방해하려 한다. 원수가 공격해올 때 우리는 다양한 반응을 보이는데, 그중 하나는 '싸움을 포기'하는 것이다. 아마도 우리가 먼저 싸움을 포기하면 원수도 공격을 멈추고 떠날 것이라고 생각하기 때문일 텐데, 심각한 오산이다. 당신은 결코 전장(戰場)을 벗어날 수 없다. 어디를 가든 마귀의 공격은 계속될 테니까 말이다. 당신이 마귀의 공격에 대응하든, 혹은 도망치든 상관없다. 마귀는 묵묵히 자신의 계획을 수행할 뿐이다. 그의 목표는

훔치고, 죽이고, 파멸시키는 것이다. 당신이 무장했든 안 했든 마귀는 당신의 복을 훔치고, 당신을 죽이고, 당신을 파멸시키려고 노력할 것이다.

가장 효과적인 방어책은 공격이다. 하나님의 일곱 영이 지원사격해 주실 때, 적진으로 들어가 마귀를 섬멸하라. 언제든 원수가 공격해올 것을 예상하고 대비하라. 이후 성령의 강력한 능력을 발산하라.

이제 영적 전쟁의 기초단계를 넘어설 때가 됐다. 지금은 공격태세를 갖추고 원수에게 선전포고할 때다. 참된 용사는 포화 소리를 듣고 전장으로 뛰어간다. 지금이야말로 참된 용사가 일어나 공격작전을 펼칠 때이다.

학군단(ROTC) 훈련 기간 동안에 있었던 일이다. 모의 전시(戰時) 훈련 중이었는데, 내가 소속된 그룹은 '보병중대' 역할을 맡았고 또 다른 그룹은 '매복한 적군'의 역할을 맡았다. 각각의 그룹은 정해진 지령을 수행하며 훈련에 임했는데 중대원 각 사람이 순서대로 지휘관 자리에 올라 실전에서처럼 지휘해보는 것이 이 훈련의 목적이었다.

당시 내 역할은 중대 내 이등병이었는데 주어진 임무라고는 참호를 파고 그 안에 들어가 대기하는 것이었다. 그렇게 몇 시간이 흘렀던가? 시간관계상 내 차례는 오지 않을 것이라고 생각하니 너무도 지루했다. 시간이나 때우자는 심산으로 60구경 기관총의 탄약 벨트를 조립하기 시작했다. 그런데 누군가가 다가와 내 어깨를 툭툭 치면서 "중대장 임무 교대시간이다. 이제 네가 지휘할 차례야"라고 말하는 것 아닌가? 순간 어리둥절했다. 마음의 준비가 안 된 상태로 중대장 역할을 수행해야 했기 때문이었다. 대략적인 중대 상황 및 내가 수행해야 할 임무에 대해 브리핑을 받았는데 내 임무는 현재 위치를 사수하다가 야간에 온 중대원을 퇴각시키는 것이었다.

나는 무전기를 들고 진영을 순찰하면서 야간 퇴각 명령과 관련된 지침을 기억해내려고 애썼다. 아마 그 내용을 다뤘던 훈육시간에 졸았던 모양인지 도통 생각나질 않았다. 진지 순찰 중 화장지 몇 장을 꺼내 들고 순찰로 곳곳의 나뭇가지에 걸어두었다. 그래야 어둠속에서 헤매지 않고 야전 중대본부 위치를 찾을 수 있을 것 같았기 때문이었다.

그런데 갑자기 저 멀리서 매복 중인 적군 그룹의 소리가 들려오는 것 아닌가? 아마 상대편 중대가 매복에 서툴렀던 모양이다. 순간 나는 이것이 내게 좋은 기회가 될 것이라고 생각했다. 나는 참모들을 모으고 매복한 적군 중대에 대한 작전을 설명하기 시작했다. 우리 중대원 모두가 상대편의 매복 위치를 감시하고 있다가 그들의 움직임이 포착되면, 무차별 공격을 가하자고 했다. 중대원 모두가 동의했다. 이것이 야전교범에 나오는 매복 대응 수칙인지는 알 길이 없었다.

상대편의 움직임이 포착되었다. 그들은 우리 진영으로 몰래 잠입하려는 듯했다. 바로 그때 우리 중대원들이 고함을 지르며 상대편을 향해 돌격했다. 매복해있던 학군단 훈련생도들은 잔뜩 겁을 먹고 숲속으로 도망쳤다. 어둠이 짙게 깔린 밤이었기 때문에 몇몇 도망치던 생도들이 나무와 바위에 부딪혀 부상을 입기도 했다. 나는 지휘관으로서 매복한 적군을 섬멸했고 또 작전 수행 중 당황하지 않았다는 이유로 칭찬도 듣고 많은 점수를 획득하기도 했다. 그러나 당시 내 마음은 평정심과 거리가 멀었다. 얼마나 긴장했던지, 하지만 교훈 하나는 제대로 배웠다. "언제 지휘관의 자리에 서게 될지 아무도 모른다. 그러므로 미리미리 준비하라."

영적전쟁 중 하나님께서 당신에게 지휘관의 임무를 맡기실 수도 있다. 전쟁 중엔 수시로 지휘관이 바뀐다. 당신의 상급자가 부상당하여 제 역할을 담당하지 못하는 일도 있고 아예 전사하는 경우도 생긴다. 이러한 상황 속에서 당신이 스스로에게 던질 질문이 있다. 지금 당장 지휘관이 되어야 한다면, 나는 부대원들을 이끌기에 충분히 준비된 리더인가? 이 질문에 어떻게 답하느냐에 따라 당신이 고려해야 할 문제의 성격이 달라질 것이다. 만일 '예'라고 답했다면 다음의 질문도 생각해야 할 것이다.

1. 지도력을 발휘하기 위해, 과연 우리는 무엇을 준비해야 하는가?
2. 막중한 책임을 수행하기 전 어떤 준비가 필요한가?
3. 지도자 훈련을 받으려면 어디로 가야 하는가?

자신의 임무수행을 위해 어떤 과정을 밟아야 할지를 아는 것이 리더십의 첫 걸음이다. 앞으로 진행될 훈련과정 속에서 우리는 리더십에 대해 깊이 연구할 것이다. 리더십이 몸에 밸 때까지 꾸준히 훈련하고 연습할 것이다. 적이 매복하고 있을 때, 혹은 적의 공격이 거셀 때 당신은 자동반사적으로 리더십을 발휘하여 올바른 결정을 내려야 한다. 그런 상황에선 "어떤 결정을 내려야 하는가?"하며 고민할 수 없다. 신중하게 생각하여 올바른 결정을 내려야 옳지만 생각할 만한 여유가 없다. 짧은 시간 안에 결정해야 한다. 하지만 당신의 선택에 따라 생과 사가 판가름될 것이다. 이러한 상황에서 효율적인 리더십을 발휘하기 원하는가? 항상 전시를 염두에 두고 행동하라.

총알이 빗발치는 전장에선 사리판단이 흐려지기 마련이다. 군대의 지휘관들은 이러한 현상을 '전쟁의 안개'라고 부른다. 이러한 상황에서는 상급 지휘관의 결정이 절박하다. 하지만 '안개' 속에선 지휘관들과의 연락체계가 자주 끊긴다. 치열한 전투 현장에선 리더가 당신에게 연락할 수 없는 상황, 혹은 당신이 리더에게 도움을 요청할 수 없는 상황이 자주 발생한다. 뿐만 아니라 하급 부대원과도 연락이 끊길 수 있다. 상황이 이렇다면 당신은 모든 것을 스스로 결정해야 한다. 무엇을 해야 할지, 또 그것을 언제 할지 결정해야 한다. 이러한 책임을 감당할 준비가 되었는가?

본서와 함께 진행되는 상급자 훈련 과정(실전편)은 개개인이 자신의 (군사) 주특기를 계발할 수 있는 훈련이기도 하다. 현대 전쟁은 기술 의존적이다. 그러므로 다양한 임무를 완수하려면 특별한 기술이 필요하고, 또 해당 기술을 연마하기 위해선 고도의 훈련이 강행되어야 한다. 성령님은 우리를 다양한 사역의 현장으로 초대하신다. 각 사람은 자신만의 특기를 계발해야 한다.

> 그가 어떤 사람은 사도로 어떤 사람은 선지자로 어떤 사람은 복음 전하는 자로 어떤 사람은 목사와 교사로 삼으셨으니 이는 성도를 온전하게 하여 봉사의 일을 하게하며 그리스도의 몸을 세우려 하심이라 우리가 다 하나님의 아들을 믿는 것과 아는 일에 하나가 되어 온전한 사람을 이루어 그리스도의 장성한 분량이 충만한 데까지 이르리니 이는 우리가 이제부터 어린 아이가 되지 아니하여 사람의 속임수와 간사한 유혹에 빠져 온갖 교훈의 풍조에 밀려 요동하지 않게 하려 함이라 오직 사랑 안에서 참된 것을 하여 범사에 그에게까지 자랄지라 그는 머리니 곧 그리스도라 그에게서 온 몸이 각 마디를 통하여 도움을 받음으로 연결되고 결합되어 각 지체의 분량대로 역사하여 그 몸을 자라게 하며 사랑 안에서 스스로 세우느니라 엡 4:11-16

위 말씀에 제시된 임무를 수행하기 위해서는 먼저 몇 가지 질문에 답해야 한다. 당신은 자신을 향한 하나님의 부르심을 알고 있는가? 하나님께서 주신 주특기가 있는가? 그 주특기를 수행하기 위한 재능(은사)이 있는가? 혹은 이를 위한 기술을 개발할 필요가 있는가?

특수 임무의 수행에는 기술과 재능(은사)이 필요하다. 뿐만 아니라 해당 임무를 능숙하게 또 효과적으로 수행하기 위해선 고도의 훈련이 병행되어야 한다. 자신에게 주특기가 있는지 확신하지 못한다면 성령께서 확실히 알려주시길 간구하라.

성령님께서는 임무 수행에 필요한 영적 은사들을 제공해 주신다. 아마 당신은 자신이 받은 은사 외에도 여러 다른 은사를 갈망할는지 모른다.

하지만 중요한 것은 하나님께서 당신에게 주신 은사를 제대로 활용할 줄 알아야 한다는 것이다. 하나님께서는 자신의 뜻을 수행하도록 자녀에게 은사를 주신다. 그러므로 하나님께서 당신에게 특정한 은사를 주셨다면, 그 은사를 활용하여 완수해야 할 일이 있다는 뜻이다. 하나님의 뜻과 계획 중 당신에게 맡겨진 일을 수행할 때, 그 은사가 필요할 것이다. 물론 언제 당신에게 그 은사가 필요한지는 하나님만 알고 계신다. 때가 되면 하나님께서 당신에게 은사를 주실 것이다. 그러므로 우리는 항상 은사 받을 준비를 해야 하며, 언제든 그 은사를 효과적으로 사용할 줄 알아야 한다.

> 은사는 여러 가지나 성령은 같고 직임은 여러 가지나 주는 같으며 또 역사는 여러 가지나 모든 것을 모든 사람 가운데서 역사하시는 하나님은 같으니 각 사람에게 성령의 나타남을 주심은 유익하게 하려 하심이라 어떤 이에게는 성령으로 말미암아 지혜의 말씀을 어떤 이에게는 같은 성령을 따라 지식의 말씀을 다른 이에게는 같은 성령으로 믿음을 어떤 이에게는 한 성령으로 병 고치는 은사를 어떤 이에게는 능력 행함을 어떤 이에게는 예언함을 어떤 이에게는 영들 분별함을 다른 이에게는 각종 방언 말함을 어떤 이에게는 방언들 통역함을 주시나니 이 모든 일은 같은 한 성령이 행하사 그 뜻대로 각 사람에게 나눠 주시느니라 **고전 12:4-11, 개역한글**

위의 말씀에서 보듯, 은사는 다양하다. 주님은 자신의 목적을 이루시기 위해 당신에게 어떤 은사도 주실 수 있다. 하지만 당신에게 어떤 은

사가 필요한지, 언제 그것이 필요한지를 결정하시는 분은 성령님이다.

은사가 다양하듯, 사역도 다양하다. 모든 사람이 동일한 사역으로 부름 받지는 않았다. 하나님께서 우리에게 허락하신 기름 부음과 사역의 테두리 안에 머물 때, 우리는 최고의 사역자가 된다. 반대로 다른 사람의 기름 부음을 침범하거나 그들의 사역에 발을 들이밀 때, 최악의 사역자가 될 것이다. 자신의 부르심, 자신의 은사, 자신의 기름 부음을 알아야만 성공적으로 주님을 섬길 수 있다.

사역이 다양하듯 활동도 다양하다. 다양한 활동이 모여 하나의 임무를 구성하는 경우가 있다. 이때 각 활동의 담당자들은 본인의 분야를 확실히 정해야 한다. 이를 위해 공동체 구성원들은 각 활동에 걸맞은 주특기의 소유자를 분별하고 그들이 효율적으로 수행할 수 있는 일을 배분해야 한다. 우리 각 사람은 자신에게 배정된 일을 수행하면서 다른 사람과 협동하는 법을 배워야 하고, 또 그들이 맡은 책임 및 그들의 은사를 존중하고 지지해줘야 한다.

대부분의 사람들이 커다란 계획의 각 단편들에 대해선 잘 안다. 하지만 그 모든 단편들이 어떻게 조합을 이루는지는 알지 못한다. 하나님께서 이 모든 계획(단편)을 통해 당신을 사역자로 빚고 계시다는 사실을 알고 있는가? 당신은 하나님께서 당신에게 주신 은사, 사역, 활동에 대해 알고 있는가? 지금은 그 모든 단편들을 하나로 묶을 때이다. 총성이 들리기 시작하면 이미 늦다. 당신은 지혜로워야 한다. 주님께서 사역을 맡기고자 당신을 부르실 때 그 일들을 감당할 준비가 되어있어야 한다.

이 모든 은사와 재능의 원천이 성령님이심을 기억하기 바란다. 그러므로 당신의 모든 필요와 근심, 걱정을 성령님께 아뢰라. 공생애 당시 예수님의 제자들은 아직 주님의 가르침과 훈련을 받을 준비가 되지 않았다. 그래서 주님은 그들이 필요로 하는 모든 것을 허락해 주실 수 없었다. 예수님께서 또 다른 보혜사를 보내주신 이유가 바로 여기에 있다.

성령께서 오셔서 우리가 이 모든 훈련을 완수할 때까지 도와주실 것이다.

> 내가 아직도 너희에게 이를 것이 많으나 지금은 너희가 감당하지 못하리라 그러나 진리의 성령이 오시면 그가 너희를 모든 진리 가운데로 인도하시리니 그가 스스로 말하지 않고 오직 들은 것을 말하며 장래 일을 너희에게 알리시리라 요 16:12-13

예수님에겐 제자들에게 필요한 모든 가르침을 전해주실 만한 시간적 여유가 없었다. 게다가 제자들은 아직 예수님의 가르침을 받을 만한 준비가 되지 않았다. 마찬가지로 당신의 교회 목사 혹은 교사들이 당신에게 필요한 모든 가르침을 전하지는 못할 것이다. 그러므로 성령님을 의지하라.

상급자 훈련을 받을 수 있겠는가? 준비되었는가? 영적 전쟁의 모든 순간, 모든 영역을 주님께 맡기라. 매순간 주님의 인도하심과 도우심을 구하라. 예수님은 전(全)연합군의 최고 사령관이시다. 예수님께서 명령하시고, 우리는 그 명령에 순종한다! 주님의 명령을 따를 때 우리는 최고의 능력을 발휘하게 된다.

모든 진리로 인도하시고, 주님의 일을 감당할 수 있도록 훈련시켜 주시는 분은 성령님이시다. 다윗은 자신을 훈련시키신 분이 주의 성령이라는 사실을 확실히 이해하고 있었다.

> 여호와 외에 누가 하나님이며, 우리 하나님 외에 누가 반석이냐 이 하나님이 힘으로 내게 띠 띠우시며 내 길을 완전하게 하시며 나의 발을 암사슴 발 같게 하시며 나를 나의 높은 곳에 세우시며 내 손을 가르쳐 싸우게 하시니 내 팔이 놋 활을 당기도다 시 18:31-34

하나님께서 다윗에게 싸움의 기술을 훈련시키셨다. 다윗은 자신에게 힘과 능력을 주신 분이 하나님이심을 잘 알고 있었다. 우리가 섬기는 분이 바로 이 하나님임을 기억하는 것이 중요하다. 그 옛날 다윗을 훈련시키신 하나님, 용사이신 하나님, 오늘도 자기 백성에게 영적 전쟁의 기술을 가르쳐주시는 하나님! 다윗은 자신을 보호해주실 분도 오직 하나님이라는 사실을 알고 있었다.

> 또 주께서 주의 구원하는 방패를 내게 주시며 주의 오른손이 나를 붙들고 주의 온유함이 나를 크게 하셨나이다 시 18:35

바울은 에베소서를 빌려 이 개념을 조금 더 확장시켰다. 그는 하나님의 전신 갑주를 설명한 후, 전신 갑주의 필요성을 이야기했다.

> 그런즉 서서 진리로 너희 허리띠를 띠고 의의 호심경을 붙이고 평안의 복음이 준비한 것으로 신을 신고 모든 것 위에 믿음의 방패를 가지고 이로써 능히 악한 자의 모든 불화살을 소멸하고 구원의 투구와 성령의 검 곧 하나님의 말씀을 가지라 엡 6:14-17

우리 하나님은 믿음의 선한 싸움에 필요한 모든 것을 공급해주신다. 우리를 보호해주시는 것은 물론 공격할 수 있는 무기도 주신다. 하나님께서 우리에게 주신 최고의 무기는 '성령의 검'(하나님의 말씀)이다. 하나님의 말씀은 공수양용 무기이다.

광야에서 기도하고 금식하시던 중, 예수님은 사탄의 공격을 받으셨다. 하지만 예수님은 하나님의 말씀으로 그의 모든 유혹을 물리치셨다. 그리고 영적 전쟁에서 하나님의 말씀이 얼마나 요긴하게 사용될 수 있는지 우리에게 가르쳐 주셨다.

바울은 에베소서 6장 18절을 빌려 또 다른 전쟁무기를 소개하고 있다. "모든 기도와 간구를 하되 항상 성령 안에서 기도하고 이를 위하여 깨어 구하기를 항상 힘쓰며 여러 성도를 위하여 구하라"(엡 6:18). '성령 안에서의 기도'가 강력한 영적 전쟁 무기라는 사실을 아는 사람이 얼마나 될까? 이미 하나님께선 당신에게 이 무기를 주셨다. 지혜롭게 사용하라.

상급자 훈련 과정에서 배우게 될 교훈들 중에는 직관적으로 이해할 수 없는 것들이 많다. 때때로 하나님은 위대한 승리를 위해 독특한 방법을 사용하시기도 한다. 그러므로 하나님께서 진두지휘하실 때 어떤 방법을 취하시든 그것을 받아들일 마음의 준비가 되어 있어야 한다. 좋은 예를 하나 들자면 이스라엘과 아말렉 사이에서 전투가 벌어졌을 때 일이다. 당시 모세는 청년 여호수아에게 실전을 지휘하라고 명령했다.

> 그 때에 아말렉이 와서 이스라엘과 르비딤에서 싸우니라 모세가 여호수아에게 이르되 우리를 위하여 사람들을 택하여 나가서 아말렉과 싸우라 내일 내가 하나님의 지팡이를 손에 잡고 산꼭대기에 서리라 여호수아가 모세의 말대로 행하여 아말렉과 싸우고 모세와 아론과 훌은 산꼭대기에 올라가서 모세가 손을 들면 이스라엘이 이기고 손을 내리면 아말렉이 이기더니 모세의 팔이 피곤하매 그들이 돌을 가져다가 모세의 아래에 놓아 그가 그 위에 앉게 하고 아론과 훌이 한 사람은 이쪽에서 한 사람은 저쪽에서 모세의 손을 붙들어 올렸더니 그 손이 해가 지도록 내려오지 아니한지라 여호수아가 칼날로 아말렉과 그 백성을 쳐서 무찌르니라 출 17:8-13

도대체 전쟁에서의 승리와 지팡이를 치켜드는 것 사이에 무슨 관계가 있단 말인가? 그러나 하나님은 자신의 능력이 흘러갈 수 있는 통로로서

이 지팡이를 사용하셨다. 하나님은 세상의 방법대로 생각하거나 행동하시는 분이 아니다. 이 사실을 깨닫기 위해선 성령의 도움이 필요하다.

우리들 대부분은 성령의 방법보다는 세상의 방법이 더 낫다고 생각한다. 그러나 이것은 사실이 아니다. 세상의 지혜를 덮어두고, 하나님의 지혜를 붙드는 용기가 필요하다. 이 땅의 그 무엇과도 같지 않은 새로운 전략과 전술을 받아들일 줄 알아야 한다. 하나님의 강력한 무기를 사용할 줄 알아야 한다.

> 우리가 육신으로 행하나 육신에 따라 싸우지 아니하노니 우리의 싸우는 무기는 육신에 속한 것이 아니요 오직 어떤 견고한 진도 무너뜨리는 하나님의 능력이라 모든 이론을 무너뜨리며 하나님 아는 것을 대적하여 높아진 것을 다 무너뜨리고 모든 생각을 사로잡아 그리스도에게 복종하게 하니 너희의 복종이 온전하게 될 때에 모든 복종하지 않는 것을 벌하려고 준비하는 중에 있노라 고후 10:3-6

하나님이 행하시는 것을 보고 그대로 행할 준비를 하라. 하나님의 말씀을 듣고 그대로 말할 준비를 하라. 이 책에 소개된 생각이나 개념들이 유별나다거나 파격적으로 보이더라도, 비판은 잠시 접어두라. 비판하고 싶더라도 먼저 그것들을 테스트 해본 후에 비판하기 바란다.

> 이는 내 생각이 너희의 생각과 다르며 내 길은 너희의 길과 다름이니라 여호와의 말씀이니라 이는 하늘이 땅보다 높음 같이 내 길은 너희의 길보다 높으며 내 생각은 너희의 생각보다 높음이니라 사 55:8-9

이 책에 담겨있는 교훈을 개별 요소로 낱낱이 해체한 후 각각의 가르침에 비판을 가하기 전, 먼저 전체 교훈, 전체 주제, 전체 내용을 파악하기 바란다. 그러면 이 책의 내용을 쉽게 받아들일 수 있을 것이다.

하나님께서 당신에게 지혜와 계시의 은사를 새롭게 부어주시길 기도한다! 지식의 말씀, 지혜의 말씀으로 당신에게 복 주시길 기도한다! 수비태세를 벗고 주님을 위해 다시금 일어설 준비를 하는 당신에게 예언과 방언 통변의 은사가 임하길 기도한다. 아멘, 아멘!

# A Warrior's Guide To
# THE SEVEN SPIRITS OF GOD

# 1과

## 진두지휘

*Leading the Charge*

A Warrior's Guide To

# THE SEVEN SPIRITS OF GOD

PART 2: ADVANCED INDIVIDUAL TRAINING

# 1과
/
진두지휘

∶

　　이 과의 편집을 마무리하던 어느 아침, 나는 환상 가운데 천국의 작전실을 보게 되었다. 매우 복잡하게 생긴 곳이었다. 벽에는 대형 스크린, 고화질의 모니터들이 걸려 있었다. 각각의 스크린과 모니터에는 다양한 지역에서 벌어지고 있는 전쟁 현황이 모니터되고 있었다. 이외에도 수많은 조작 패널 및 통신 기구들도 눈에 띄었다. 총 사령관이신 예수님은 참모진들과 작전회의를 하고 계셨다. 총 25-30명으로 구성된 참모진은 타원형 테이블에 앉아 있었고 그들 뒤에는 간부들이 여러 줄에 걸쳐 앉아있었다. 공석은 하나도 없었다. 회의실에 모인 모든 사람은 최근 전투소식을 기다리며, 또 그날 발동할 작전명령들을 검토했다. 회의실의 분위기는 기대감으로 가득 차 있었다.

　그때 예수님께서 몸을 살짝 앞으로 기울이시더니 비장한 목소리로 말씀하셨다. "오늘 나는 여러 참모들 중 몇 명에게 진두지휘를 맡길 것이다. 그들에겐 엄청난 용기와 능력이 필요하다. 참모들 중 몇 명은 사자의 심장을 갖고 있다. 나는 이들의 손에 지휘봉을 넘길 것이다. 나머지 참모들은 이들의 명령을 따라주기 바란다. 참모들 중에는 이 정도 수준의 용기를 지니지 못한 사람도 있다. 오늘, 그들은 진두지휘할 수 없다. 바라건대 내일은 용기를 내어 지휘자의 자리에 설 수 있기를!"

오랫동안 그곳에는 긴장감이 맴돌았다. 이미 임무를 감당할 준비가 된 사람, 지휘관의 역할을 자원하는 사람들도 많았다. 하지만 예수님은 자원자를 선택하지 않으셨다. 그들의 마음속 생각을 이미 알고 계셨기 때문이다. 그들이 준비되었는지 아닌지는 예수님께서 판단하실 일이었다. 누가 사자의 심장을 가졌는지, 누가 아직도 양의 심장을 가졌는지 예수님은 알고 계셨다. 만일 오늘 예수님께서 임무를 맡기신다면, 과연 진두지휘할 준비가 된 사람이 몇이나 될지 궁금하다.

참전 용사 중 보병 지휘관들에게 헌정된 그림 혹은 동상을 본 적 있는가? 전쟁 중 그들은 화약 냄새가 가득한 대기를 헤치며 적진으로 돌격한다. 한 손에는 소총을, 다른 한 손으론 적진을 가리키는 그들의 모습은 우리의 뇌리에서 쉽게 지워지지 않는다. 사자의 심장을 가진 용사들은 항상 다른 부대원들보다 앞서 달리며 "나를 따르라!"라고 외친다. 예수님은 맹렬한 포화 속으로 달려가며 동료 병사들을 향해 "나를 따르라"라고 외칠 용사들을 찾으신다.

병사들은 "돌격 앞으로!"만을 연발할 뿐, 정작 본인은 후방에 앉아 사태를 주시하는 지휘관들을 존경하지 않는다. 아무리 지휘관이라 해도 이런 사람이 명령하면 부하들은 주저한다. 돌격은커녕 자기 목숨 하나 챙기느라 바쁜 지휘관과 앞장서서 달려 나가는 지휘관의 경우는 다르다. 그가 부하들을 향해 "나를 따르라!"라고 말하면 병사들은 그의 희생정신에 감동을 받고 그를 따라 나선다. 용기를 내어 포화 속으로 뛰어 들어간다. 심지어 자신이 가진 모든 것을 희생하며 죽음까지도 불사한다. 나는 사무엘하서에 기록된 다윗의 외침을 기억한다.

> 여호와여 주는 나의 등불이시니 여호와께서 나의 어둠을 밝히시리이다 내가 주를 의뢰하고 적진으로 달리며 내 하나님을 의지하고 성벽을 뛰어넘나이다 하나님의 도는 완전하고 여호와의 말씀은 진실하니 그는 자기에게 피하는 모든 자에게 방패시로다 삼하 22:29-31

환상 중에 나는 치열한 전투가 벌어지고 있는 광활한 전쟁터를 보았다. 우리 진영에서 어떤 젊은 용사가 일어나더니 적진을 향해 돌격하기 시작했다. 그리고 큰 소리로 외쳤다. "나를 따르라!" 그의 모습을 본 여러 지휘관들은 감동을 받고 용기를 내기 시작했다. 한 사람, 한 사람 자리를 털고 일어나 적진으로 달려가기 시작했다. 그들 역시 동료병사들을 향해 외쳤다. "나를 따르라!" 마치 사무엘하 22장 34-35절에 기록된 다윗의 노래가 대대적으로 성취되는 것 같았다. "나의 발로 암사슴 발 같게 하시며 나를 나의 높은 곳에 세우시며 내 손을 가르쳐 싸우게 하시니 내 팔이 놋 활을 당기도다"(삼하 22:34-35). 힘과 용기를 얻은 젊은 지휘관들, 그리고 그들을 따르는 병사들 모두가 적군을 향해 맹공격을 퍼붓기 시작했다.

바로 그때, 주님의 말씀이 들려왔다. "원수가 우리 땅을 침범하는 현 상황에서 내 병사들이 요새에 숨어 지내는 것을 더 이상은 용납할 수 없다. 싸움을 회피하고자 광야의 요새로 도망치는 아군의 장수들은 필요 없다. 이 지루한 소모전에서 더 이상 원수가 승리하는 것을 허용하지 못하겠노라. 내 백성이 싸움을 두려워하는 동안 원수는 내 땅을 조금씩, 조금씩 갈취해왔다. 그러나 더 이상은 안 된다." 우리에겐 사도행전 4장 29-31절처럼 기도할 수 있는 용사들이 필요하다. "주여 이제도 그들의 위협함을 굽어보시옵고 또 종들로 하여금 담대히 하나님의 말씀을 전하게 하여 주시오며 손을 내밀어 병을 낫게 하시옵고 표적과 기사가 거룩한 종 예수의 이름으로 이루어지게 하옵소서!"(행 4:29-30). 그들이 이렇게 기도했을 때, "모인 곳이 진동하더니 무리가 다 성령이 충만하여 담대히 하나님의 말씀을 전할 수 있었다"(행 4:31). 이렇게 기도하는 사람들은 주님 안에서 힘을 얻고, 또 다윗이 노래했던 그대로를 몸소 체험하게 될 것이다. "이는 주께서 내게 전쟁하게 하려고 능력으로 내게 띠 띠우사 일어나 나를 치는 자를 내게 굴복하게 하셨사오며"(삼하 22:40). 이 싸움은 하나님의 전쟁이다. 하나님께서 친히 원수를 물리쳐 주신다는 것을 잊지 말라.

군대에서 흔히들 말하는 중요한 격언이 하나 있다. "훌륭한 병사에겐 훌륭한 (상급) 훈련이 필요하다." 군에서 상급자 훈련을 실시하는 것은 몇 가지 목표하는 바가 있기 때문이다. 그중 주요한 네 가지 목표를 살핀다면, 첫째, 훈련을 통해 병사들의 기술을 높은 차원으로 끌어 올린다. 둘째, 기초 훈련에서 배운 기술을 유지하는 한 편, 하나 또는 그 이상의 영역에서 전문 기술을 익히게 한다. 셋째, 각각의 병사들이 자부심을 갖게 한다. 넷째, 테스트를 통과한 병사들에게 보직을 주고 수행임무를 부여한다.

현대전은 과히 기술전이라 할 수 있다. 그러므로 병사들은 준비태세를 유지하기 위해 끊임없이 훈련을 받아야 한다. 기초 훈련 과정을 마치고 퇴소하는 장병들은 그곳에서 배운 기술을 유지하라는 도전을 받는다. 만일 기초 훈련에서 배운 기술과 상급 훈련에서 배우게 될 기술 사이에 단절이 생길 경우 병사들은 상급 훈련 중 종종 '감'을 잃고 헤매곤 한다. 특히 기초 훈련 일정과 상급 훈련 일정 사이에 크리스마스나 추수감사절 같은 연휴가 낄 경우 더더욱 그렇다. 군 환경을 벗어나 가족과 친지들을 만나며 오랜 시간을 보내게 되기 때문이다. 그렇게 되면 기초 훈련에서 배운 기술과 상급 훈련에서 배우게 될 기술 사이에 연속성이 사라지고 만다. 가장 빨리 사라져버리는 기술은 아마 '경례하는 법' 일 것이다. 상급자 훈련을 받기 위해 휴가에서 복귀한 병사들은 자신이 '경례하는 법'을 잊었으리라곤 상상조차 안 한다. 그러다가 부대 안에서 장교와 마주쳤을 때 비로소 이 사실을 깨닫게 된다. 대부분은 혹독한 질타를 받고 다시금 군인정신을 회복한다. 이후 상급 훈련소의 훈련교관들과 처음으로 대면한다. 그리 유쾌한 만남은 아니다. 그들과 만나자마자 전투복 착용을 지적 받고 처음부터 다시 배우게 된다. 이미 기초 훈련을 끝마쳐 기분도 좋고, 자신감도 충만했는데, 또 다시 풋내기 신세가 되어버렸다. 상급 훈련소의 교관들은 때와 장소를 가리지 않고 그들에게 고함을 지르며 큰소리로 꾸중한다.

군대에서와 마찬가지로 당신은 영적 전쟁 기초 훈련소에서 배운 기술을 유지해야 한다. 상급 훈련소에서 친절한 교관을 만나지 않을 수도 있다. 스스로 훈련하는 자세를 계발하고 꾸준히 SMART교본(성경책)을 참고하며 공부하라. 영적 전쟁의 기초 훈련소에서 성도들은 원수들의 정체를 하나하나 배워가며 즐거운 시간을 보냈다. 하나님의 일곱 영이 삶 가운데 임하시는 것을 보며 기뻐했다. 하지만 훈련과정을 마친 후엔 이 모든 것을 잊어버린다. 원수가 공격해오면 당황한 나머지 노트 필기한 것을 찾느라 정신없다. 이 영들을 어떻게 다뤄야 하는지 기억해내기 위해 안간힘을 쓰지만, 이미 총알이 빗발치는 상황이 되어버렸다. 이것보단 나아야 하지 않겠는가? 총군 사령관이신 예수님께서 항상 깨어 기도할 것을 명령하셨다. 준비태세 갖출 것을 경고하셨다. 순종하는 자녀라면 예수님께서 명령하신 대로 행해야 할 것이다. 깨어 준비하라. 경계태세를 늦추지 말라!

상급 훈련을 받기 위해 새로운 임지에 도착하면 병사들은 CTT라는 녹색 책자를 받는다. 그것은 '일반 임무수행 훈련 교범'(Common Task Training)의 약자이다. 그런데 흔히들 CTT의 'T'를 'Training' 대신 'Testing'이라고 농담 삼아 이야기한다. 왜냐하면 훈련 기간 중 병사들은 매 6개월마다 일반 임무수행 능력을 테스트 받기 때문이다. 군목도 일반 임무 수행 테스트를 받아야 한다.

　이 테스트와 관련, 나는 부하 군목들을 관리하느라 진땀을 빼야했다. 군목은 비전투요원이기 때문에 무기 다루는 훈련은 받을 수 없다. 당연히 무기 다루는 테스트도 받지 못한다. 하지만 어떤 군목들은 무기를 다루고 싶어 한다. 그러므로 상급 군목들은 부하 군목들이 상기 훈련에 참가하지 못하도록 적극적으로 감시해야 한다. 즉 무기 훈련을 받지 못하게 하는 나름의 '훈련'이었던 것이다. 내가 말하려는 요지는 이것이다. 무기 다루는 법을 훈련 받지 못하는 군목도 항상 깨어 있어야 한다. 부하를 관리하는 나름의 기술도 개발해야 한다. 결국, 어떠한 직무를 담당하든 상관없이 모든 군인은 훈련 및 기술의 감각을 잃지 말아야 하며, 항상 깨어있어 언제든 긴급 명령이 떨어질 때 곧바로 출동할 수 있어야 한다.

　서울 용산 기지 내, 121 의무중대(121 Evacuation Hospital)로 임지를 명 받아 그곳에서 군목으로 복무할 때였다. 당시 중대장은 모든 의료진에게 일반 임무수행 훈련을 받으라고 명령했다. 아무리 의사라 하더라도 기초군사훈련을 받지 않으면 군대 안에서 제 역할을 할 수 없다는 생각에서 내린 결정이었다. 그의 목적은 이들을 '준비된 군사'로 만드는 것이었다. 만일 이 훈련을 완수하지 못하면 그들은 군대를 떠나야 했다. 오랫동안 훈련을 면제받아왔던 의사들은 이렇게 생각했을 것이다. "이런, 이제 잔치는 끝났구나…." 사실 이것은 의사들만의 문제는 아니었다. 일반 임무수행 테스트를 싫어했기 때문에 수많은 군인들이 어떻게 해서든 의무중대로 배치 받고자 노력했다(이러한 이유로 의무여단 안에 별 필요 없는 보직이 만들어지기도 했다). 이러한 상황을 더 이상 눈감아줄 수 없었던 중대장은 그동안 병원 시스템 뒤에 숨어 편안히 휴식을 취했던 군요원들에게 충격적인 메시지를 날린 것이다. "이제야 군대에 오셨군요. 일단 환영합니다! 마음에 새기시기 바랍니다. 당신은 의료진이기 전에 군인이라는 사실을 말입니다."

그 중대장은 의료진 중 '야전 전문 의료진'(Expert Field Medical) 배지(Badge)를 달지 않은 요원들과는 만나지도 대화하지도 않았다. 의무중대 안에 엄청난 변화를 일으킨 것이다. 게다가 의무중대에 소속된 모든 의료진은 자신의 책꽂이에 항상 CTT 교범을 비치해 두어야 했고 또 그 내용을 숙지하여 언제든 테스트 받을 준비를 해야만 했다.

나는 121 의무중대 안에 이처럼 파격적인 변화는 처음이었음을 알게 되었다. 이후 그 중대장은 연거푸 세 차례 진급했다. 매번 진급할 때마다 그는 더 많은 의료진에게 이 훈련을 강요할 수 있었다. 얼마 안 있어 그는 육군의 모든 의료진을 훈육하는 '미 육군 의무 교육국'(Army Medical Education Department)의 사령관으로 진급했다. 이제 더 이상 의료진들이 CTT를 피할 방법은 없었다. 결국 그는 자신이 가장 높이 올라갈 수 있는 계급에까지 진급하여 '미 육군 의무감(監)'(Surgeon General of the Army)이 되었다.

당시 121 의무중대에서 복무하던 의료진과 군인들은 그가 의사들의 반발을 못 견디고 아주 먼 곳으로 임지를 옮기게 될 것이라고 생각했다. 그래서 CTT훈련을 강요하는 '난동'이 곧 끝나리라 기대했다. 하지만 그들의 예상은 철저하게 빗나가 버렸다. 이제 CTT는 전 육군 의료진의 필수 과목이 되었다. 이 지도자는 아주 중요한 사실을 알고 있었다. 의사든 간호사든 의무병이든, 군사 훈련을 제대로 받지 않으면 전쟁 중 자신은 물론 환자의 목숨까지 위험에 빠뜨릴 수 있다는 사실 말이다.

모든 병사는 상급자 훈련을 받은 후 주특기를 부여 받는다. 이것을 가리켜 MOS(Military Occupational Specialty)라고 부른다. 군 직무 주특기의 약자이다. 모든 병사는 MOS를 부여 받았다. 상급자 훈련을 시행하는 주된 이유 중 하나가 MOS이다. 만일 주특기 테스트를 통과하지 못하면 해당 병사는 다른 주특기를 부여받기 위해 또 한 번 주특기 훈련을 받아야만 한다. 만일 주특기 시험에서 또 떨어지면 대부분의 경우 11B MOS를 부여받는다. '보병'이다. 보병으로 군 복무하는 것은 매우 힘들다. 보병 주특기를 피하기 위해 많은 훈련병들이 상급 훈련에서 최선을 다한다. 물론 보병을 1순위로 선택하는 훈련병들도 있다. 보병 부대원은 전쟁에 참여해야 하고 항상 훈련을 받아야 한다. 101 공수부대(보병)의 군목으로 복무할 때, 나는 그들이 수행하는 모든 훈련에 따라가야 했다. 그들이 소화해내는 훈련 일정은 굉장히 힘들다. 특히 군목에겐 더욱 더 힘들다. 왜냐하면 군목은 일반 병사들보다 대개 열 살에서 스무 살이 더 많기 때문이다. 나이를 먹을수록 고도의 육체적 수행임무는 점점 더 버거워진다.

나 역시 군목 학교(Chaplain's School)의 훈련 과정을 수료한 후에 군목 MOS를 부여받았다. 주특기 MOS를 부여받은 후엔 다양한 기술 훈련을 추가로 받을 수 있다. 그러면 주특기 MOS 뒤에 '추가 특기 사항'이 따라 붙는다. 인사 행정 여단에서는 나의 군 경력 보고서에 기재된 MOS와 추가 특기 사항을 살펴본 후 내게 어떤 기술이 있는지를 확인하고, 적절한 임무를 맡긴다.

앞서 말했듯 현대전은 기술전이다. 고도의 기술을 요하는 전쟁 양상을 띤다. 과거 해병대는 '난폭자'(leather neck 혹은 jar head)로 불렸다. 전투에 나가 많은 사람을 죽이고 없애는 것이 그들의 주특기였다. 하지만 오늘날의 해병대는 다르다. 그들이 도입한 무기 중에는 굉장히 복잡한 것들이 많고 고도의 기술이 집약된 도구들도 많기 때문에 해병이 되려면 이 모든 것을 다룰 수 있는 '기술자'가 되어야 한다.

과거의 노동 집약적 무기는 점점 기술 집약적 무기로 대체되고 있다. 따라서 이를 사용하기 위한 훈련의 필요성이 점점 더 많이 대두되고 있다. 임무 수행 준비태세를 갖추기 위해 오늘날의 군대는 과거 그 어느 때보다 더 많은 기술과 더 많은 훈련을 요구한다.

그런데 흥미롭게도 더 많이 준비된 병사는 더 많은 훈련을 받게 된다. 재미있는 현상 아닌가? 육군 보병 훈련에서 탁월한 성적을 거둔 병사는 공수부대(jump school) 훈련을 받는다. 거기에서도 탁월한 실력을 선보이면 특수부대(ranger) 훈련을 받는다. 특수부대 훈련병 중 걸출한 병사는 특공대원(special operations command)으로 차출된다. 훈련과정을 신속하게 수료할수록 더 높은 직급으로, 더 빨리 올라가게 된다.

훈련과 준비태세는 진급의 지름길이다. 그런데 군인에게 있어서 진급은 자기 영광을 취하는 수단이 아니다. 군인이 진급하는 이유는 한 가지다. 자신이 속한 부대와 부대장에게 더욱 쓸모 있는 도구가 되기 위해서다. 게다가 군대에서의 진급은 일반 회사의 그것과 다르다. 만일 당신이 1계급을 진급하면 군은 당신이 2상위 계급의 책임을 감당할 것으로 기대한다. 당신이 가진 '가능성' 및 '잠재력'을 상정하여 진급시킨다는 뜻이다. 예를 들어 현재 당신의 계급이 '대위'라고 하자. 그런데 '소령'으로 1계급 진급한다면, 그것은 군 인사 위원회가 당신의 2계급 진급 가능성을 보았기 때문이다. 즉, 당신이 '중령'으로서도 충분한 역량을 나타내 보일 것이라 예상하는 것이다. 2계급 진급할 수 있는 잠재력이 있기 때문에 현재 1계급 진급시키는 것이다.

나는 하나님께서 이와 비슷한 방법으로 사람들을 세우신다고 생각한다. 하나님께서 어떤 위치로 당신을 높이신 이유는 당신에게 그보다 더 높이 올라갈만한 잠재력이 있기 때문이다. 이처럼 하나님은 '하나님 나라를 위해 준비된' 사람들을 높여주신다. 자신의 새로운 직급이 요구하는 임무보다 더 많은 것을 해낼 수 있는 사람들을 높이시는 것이다. 이것은 상급자 훈련 과정을 받는 훈련생들이 반드시 알아야 할 사항이다.

지금은 하나님 나라를 위해 당신이 어떻게 쓰임 받을 수 있는지, 또 이를 위한 당신의 잠재력이 무엇인지 주님께 여쭤볼 '좋은 시간'이다. 당신은 오늘 두 계급 진급할 준비가 되었는가? 아니라면, 더 많은 훈련을 받아야 한다.

## 하나님 나라를 위한
## 당신의 잠재력은 무엇인가?

또 하나, 알아야 할 사실은 "두려워하는 사람은 진급하지 못한다"이다. 만일 당신이 두려움에 쉽게 무너지는 사람이라면 진급할 수 없다. 물론 두려움 없이 전쟁에 나갈 수 있는 사람은 없다. 아무리 훌륭한 병사라도 두렵긴 마찬가지다. 두려움이 없다면 그것은 성격 결함이다. 그러한 사람은 동료 병사 및 주변 사람들을 위험에 빠뜨릴 가능성이 짙다. 군대가 요구하는 사람은 두려움을 다루는 법을 알기 때문에 용감하게 출전하여 효과적으로 싸울 수 있는 용사이다. 이러한 사람들은 두려움으로부터 오히려 유익을 창출해낸다. 두려움 때문에 보다 날카로운 통찰력을 얻고, 전쟁을 철저하게 준비한다. 또한 기술을 연마하고 자신의 임무에 보다 더 집중한다. 그들에게 두려움은 훈련 및 임무 완수의 '동기부여제' 일 뿐이다. 반면, 두려움에 잠식당하는 군인은 전쟁터에서 아무짝에도 쓸모없는 사람일 뿐이다. 자신이 두려움을 다루는 사람인지, 두려움에 잠식당하는 사람인지는 총알이 빗발치는 전장에 나가기 전까지 알 수 없다.

군대훈련 기간 중 실탄 사격 환경을 만들고 훈련을 실시하는 때가 있다. 만일 이러한 훈련 중 두려움 때문에 꼼짝달싹 못하는 병사가 있다면 그들은 실전에 나갈 준비가 안 된 병사일 뿐이다. 전투력에 보탬이 되어도 모자랄 판인데 그들은 부대원들의 짐이 될 뿐이다. 게다가 그들을 돌보느라 후방에 잔류해야 하는 병사도 생긴다. 이것은 추가적 병력 손실이다. 훌륭한 병사가 되고 싶은가? 두려움을 해결하라!

'두려움'(fear)은 전쟁에서 중요한 요소이기 때문에 영어성경에는 '두려움'에 대한 언급이 253회나 등장한다. 그리고 '무서워하다'(afraid)라는 형용사는 206회나 등장한다. 이렇게 뉴 킹제임스(NKJV) 역본에는 '두려움'에 대한 언급이 459회 나타나는데 그 중 84회는 "두려워 말라", "무서워 말라"라는 명령이다. 하나님께서 "두려워 말라", "무서워 말라"라고 명령하신 것이다. 디모데에게 보내는 서신을 통해 바울은 이 주제를 언급하면서 두려움의 배후에는 '두려움의 영'이 있다는 사실을 이야기했다. 그러므로 두려움은 단순한 '감정' 그 이상이다. 두려움의 영은 사탄이 우리를 압제하기 위해 보내는 마귀다. 그는 공포를 조장하여 우리가 주의 군대에서 활약하지 못하게 방해한다.

> 하나님이 우리에게 주신 것은 두려워하는 마음이 아니요 오직 능력과 사랑과 절제하는 마음이니 딤후 1:7

만일 '하나님의 능력'에 관한 성경구절을 읽는다면 권고하건대, 목에 힘을 주고 큰 소리로 읽기 바란다. 성령께서 주신 힘과 열정을 곁들여 위의 구절을 큰 소리로 읽으라. 만일 두려움을 느낄 때가 있다면, 그것이 하나님께로부터 오지 않았다는 사실을 상기하기 바란다. 그런데 두려움이 하나님께로부터 오지 않았다면 어디에서 왔을까? 그렇다. 두려움은 사탄에게서 온다! 바울은 "믿음은 들음에서 나고 들음은 그리스도의 말씀으로 말미암는다"고 말했다(롬 10:17 참조). 그런데 내 생각에 두려움은 사탄의 말을 들을 때 생기는 것 같다. 그리스도의 말씀을 들으면 믿음이 생기지만 사탄의 말을 들으면 두려움이 생긴다. 나는 사람들에게 성경을 큰 소리로 읽으라고 권한다. 그렇게 자신의 귀에 들리게 하라고 말한다. 말씀을 '듣는' 것이 믿음을 얻는 주요 열쇠이기 때문이다. 두려움에 대해서도 마찬가지이다. 만일 사탄이 떠들어대는 말을 들으면 당신의 마음에 두려움이 찾아온다. 만일 그 말을 입술로 고백하면 그 말한 내용은 점점 현실화 되고 두려움은 더욱 커질 것이다. 그러므로 사탄이 내뱉는 말 대신 하나님의 말씀을 고백하라. 그러면 두려움 대신 믿음 안에서 행할 수 있을 것이다.

현대인들은 그 옛날 열 명의 정탐꾼과 같은 실수를 저지르고 있다. 사탄의 능력을 과대평가하는 실수 말이다! 전쟁에 나가면 온갖 해괴한 말을 듣게 된다. 걸프 전 때의 일이다. 방송 매체마다 전쟁 중 끔찍한 일이 벌어질 것이라는 보도를 냈다. 그 결과 미국 시민들의 마음속에 커다란 두려움이 자리하기 시작했다. 이에 그들은 나라 곳곳에 수천 구의 시신을 매장할 수 있는 묘지를 설립하기까지 했다(감사하게도 그 묘지를 사용하지 않아도 되었다). 뉴스 보도자들은 사담 후세인이 지닌 군사력을 과대 포장하여 설명했다. 심지어 자칭 '군사 전문가'라는 사람들이 논평자로 초대되어 공포심을 고조시켰다. 그들의 말을 듣노라면 이미 우리는 죽음의 입구까지 와 있다. 그것도 그럴 것이 적군이 보유하고 있는 무기들과 군사력에 대해서만 떠들어댔으니 말이다. 하지만 결과적으로 볼 때, 그 얼마나 허무한 전파 낭비, 시간 낭비, 에너지 낭비였던가?

막상 뚜껑을 열고 보니 그 모든 염려와 걱정은 기우에 불과했다. 미군이 '모든 전쟁의 어머니' 격인 사담 후세인을 축출하겠다고 나섰을 때, 후세인은 제대로 저항 한 번 해보지 못한 채 자취를 감췄다. 전쟁 발발과 동시에 숨어 지냈던 것이다. 하지만 그당시 수많은 미국 시민은 쓸데없는 염려에 사로잡혀 온 나라가 공포분위기로 가득했다.

우리 군이 전장으로 진격했을 때, 소위 사담 후세인의 '공화국 엘리트 수비대'는 파리 떼처럼 사방으로 흩어지기 시작했다. 아마 최대한의 속도로 도망치느라 정신이 없었을 것이다. 심지어 자기들에게 날아오는 총알보다 더 빠른 속도로 후퇴했을지도 모른다.

영계(靈界)에서도 이와 동일한 일이 벌어진다. 열 명의 정탐꾼처럼 이

시대 사람들 역시 사탄의 능력을 과대평가하고 두려움에 사로잡힌다. 나는 사람들이 영적 전쟁에 대해 말하면서 사탄이 얼마나 강한 존재인지 필요이상으로 강조하는 것을 수 없이 봐 왔다. 사탄의 능력을 과대평가한 것이다. 하나님의 놀랍고 위대한 능력을 고백하는 대신 사탄의 능력을 시인하고 만 것이다. 만일 사탄의 능력을 과대평가하면 그것은 그에게 힘을 실어주는 것과 같다. 사탄이 당신을 집어 삼키도록 목을 내어 주는 행위와 뭐가 다른가?

이처럼 하나님의 능력을 삶의 테두리 밖으로 집어던지면 당신에게 남는 것은 연약함과 두려움뿐이리라. 하나님의 능력이 차지했던 자리는 두려움으로 채워질 것이다. 기억하라. 열 두 명의 정탐꾼 중, 오직 두 명만이 아군의 전력에 '하나님'이라는 변수를 대입했다. 나머지 열 명은 공포에 벌벌 떨면서 너나 할 것 없이 이렇게 고백했다. "그 땅에는 거인들이 있습니다. 그들 앞에서 우리는 메뚜기와 같습니다. 성읍은 견고한 요새입니다. 점령하기에 힘든 땅이죠. 너무 늦기 전에 얼른 짐을 싸서 다른 곳으로 가야 할 것 같습니다. 젖과 꿀은 기억에서 지워주십시오. 가나안 거민들에게 다가갈 생각은 꿈에도 하지 말자고요." 우리 중 얼마나 많은 사람이 매일같이 이 같은 생각으로 스스로를 세뇌시키는가? 심지어 주님의 용사요, 중보기도 사역자라 자칭하는 사람들조차 날마다 패배주의의 태도로 옷 입고 있지 않는가?

그러나 갈렙을 보라! 모두가 적의 능력을 과대평가할 때, 그는 하나님을 찬양하고 경외했다. 하나님의 놀라운 능력을 입으로 시인했다. 갈렙은 두려움의 안경을 쓴 채로 자신의 상황을 해석하지 않았다. 80세가 되었지만(정탐 사건 이후 약 40년이란 시간이 흘렀을 때) 여전히 그의 마음은 하나님을 향한 믿음으로 충만했다. 갈렙은 거인 아낙 자손이 점령하고 있던 헤브론 산지를 쟁취하겠노라 선포했다. 40년이 흘렀건만 갈렙의 마음에는 40년 전의 투지가 그대로 살아있었다. 옛날 시골에선 이런 속담이 나돌았다. "개싸움에서 중요한 건 투견의 몸집 크기가 아니라, 투견이 갖고 있는 투지의 크기다." 갈렙은 투지로 충만했다. 그는 헤브론으로 올라가 남들이 두려워했던 거인들을 상대했다. 이제 여든 다섯이 된 전쟁 용사 갈렙, 그가 헤브론 산지에 발을 들이자 거인들은 목숨을 부지하기 위해 도망치기 시작했다.

전쟁 중 하나님께서 당신과 함께 하시면 이와 동일한 일이 일어난다. 하나님과 당신은 근사한 팀을 이루었다. 이 사실을 잊지 말기 바란다. 하나님은 위대한 전쟁용사시다. 그가 당신을 자신의 팀, 곧 이기는 팀으로 초대하셨다. 이러한 상황에서 무엇이 두렵단 말인가?

성경은 우리가 믿음으로 두려움을 극복하게 될 '때'에 대해 여러 번 언급했다. 그때는 언제가 될 것인가? 참으로 궁금하다. 하지만 그보다 먼저 우리는 하나님의 능력이 영원무궁하다는 사실을 알아야 한다. 원수가 소유한 그 어떤 능력의 합(合)보다 훨씬 더 큰 능력이 바로 우리 하나님의 능력이다! 그러므로 힘주어 선포하라. "우리 하나님은 크고 놀라우신 분이다. 원수보다 훨씬 더 큰 능력의 하나님이시다!" 할렐루야! 이러한 사실을 큰 목소리로 외쳐 거룩한 믿음과 자신감을 쌓아야 한다. 고백하고 또 고백하라. "하나님과 비교할 때 원수 사탄은 작고 미미한 악령에 불과하다. 하나님의 전능하신 임재 앞에 그는 벌벌 떨고 엎드릴 것이다!" 할렐루야! 사탄에 대한 두려움이 사라질 때까지 이 사실을 고백하고 또 고백하라. 사탄에 대한 두려움은 하나님에 대한 불순종이다. 하나님께서는 두려워 말라고 명령하셨다.

그런즉 너희는 하나님께 복종할지어다 마귀를 대적하라 그리하면 너희를 피하리라 하나님을 가까이하라 그리하면 너희를 가까이 하시리라 죄인들아 손을 깨끗이 하라 두 마음을 품은 자들아 마음을 성결하게 하라 슬퍼하며 애통하며 울지어다 너희 웃음을 애통으로 너희 즐

거움을 근심으로 바꿀지어다 주 앞에서 낮추라 그리하면 주께서 너희를 높이시리라 약 4:7-10

사탄과의 싸움을 큰 규모의 전쟁으로 예상하는가? 당신이 할 일은 그를 대적하는 것뿐이다. 그러면 그가 도망할 것이다. 만일 그가 당신의 믿음에 겁을 먹고 도망친다면, 당신이야말로 얼마나 큰 용사겠는가? 심지어 당신은 '싸울' 필요조차 없다. 그저 전쟁터에 모습을 드러내고, 그를 대적하기만 하면 된다. 이후 야고보서의 말씀이 증거가 되어, 겁을 먹은 사탄은 자신이 뿌린 씨앗을 깨끗이 제거한 뒤 도망갈 것이다. 이 광경을 지켜본 연약한 사람들은 용기를 얻을 것이다. 두 마음을 품은 자들(믿음은 선포했으나 여전히 사탄을 두려워하는 사람들)은 눈물을 흘리며 하나님에 대한 자신의 불신앙을 회개할 것이다. 10절의 말씀은 7절을 다시 한 번 강조하고 있다. "하나님께 복종하라. 주 앞에서 낮추라." 하나님 앞에서 스스로를 낮추면, 하나님은 사탄 앞에서 우리를 높여주신다.

과연 이러한 일이 어떤 과정을 거쳐 일어나겠는가? 성경은 하나님께서 겸손한 사람들을 세워주시는 일화들로 가득하다. 그러나 하나님께서 교만한 사람들을 세우시는 것은 볼 수 없다. 교만은 "내 힘으로 할 수 있어. 하나님은 필요치 않아"라고 말하는 것이다. 반면 겸손은 하나님을 철저하게 의지하는 행위로 나타난다. 그러므로 겸손한 사람은 하나님의 은혜를 받을 수 있다. 그 스스로 은혜의 자리에 나아가기 때문이다. 이에 관한 좋은 예를 역대하에 기록된 여호사밧 왕의 일화에서 찾아볼 수 있다.

# 여호사밧은 하나님께서
# 스스로 싸우시도록 했다

여호사밧은 선한 왕 축에 속한다. 하지만 그의 선함에도 불구하고 강한 군대가 그를 대적했다. 세 나라가 힘을 합쳐 이스라엘을 대항했다. 많은 수의 이스라엘 백성을 멸하기 위해 힘을 뭉친 것이다. 인간의 눈으로 봤을 때, 이 상황은 소망이 없다. 큰 군대가 대적해오지만 맞설 힘이 없기 때문이다. 이런 상황에서 여호사밧의 선택은? 먼저 그가 행하지 않은 것부터 살펴보자. 여호사밧은 겁을 먹거나 두려워하지 않았다. 두려움이 엄습하지 못하도록 스스로의 마음을 굳게 다잡았다. 그리고 숨거나 도망치지 않았다. 대신 이 상황을 하나님께 아뢰었다. 금식과 기도를 선포했다. 하나님께 나아가 어떻게 해야 할 지를 물으며 현재의 상황을 하나님께 고했다. 이처럼 겸손한 태도와 믿음을 가졌기 때문에 하나님께서는 야하시엘이라는 레위인의 입술을 통해 응답해주셨다.

> 여호와의 영이 회중 가운데에서 레위사람 야하시엘에게 임하셨으니 그는 아삽 자손 맛다냐의 현손이요, 여이엘의 증손이요, 브나야의 손자요, 스가랴의 아들이더라 야하시엘이 이르되 온 유다와 예루살렘 주민과 여호사밧이여 들을지어다 여호와께서 이같이 너희에게 말씀하시기를 너희는 이 큰 무리로 말미암아 두려워하거나 놀라지 말라 이 전쟁은 너희에게 속한 것이 아니요 하나님께 속한 것이니라 대하 20:14-15

하나님께서 "두려워 말라"라고 명령하셨다면, 이미 사람들은 큰 두려움에 사로잡힌 상태일 것이다. 아마 두 다리가 후들 후들거려 땅바닥에 주저앉은 상태일지도 모른다. 이러한 상황에서 하나님은 유머감각을 발휘하신다. 두려움에 벌벌 떨고 있는 사람들을 향해 "두려워 말라!"라고 말씀하시다니! 사실, 불신의 연속이기에 별로 놀랄 일은 아니지만, 여기서 또 한 번, 백성들은 하나님이 얼마나 크신 분인지를 망각했다.

하지만 이런 어려움이야말로 하나님이 얼마나 크신 분인지를 고백할 수 있는 좋은 기회 아닌가? 확신을 갖고 큰 소리로 외치라. 우리의 마음과 생각은 하나님의 광대하심에 사로잡혀야 할 필요가 있다.

너무도 많은 사람이 '덩치 큰 사탄'을 보고 있다. 그리고 하나님이 그와 비슷한 사이즈일 것이라고 생각한다. 이처럼 사탄을 과대평가하고 하나님을 과소평가할 때 사람들의 입에서는 한결같은 고백이 나온다. "지금 우리가 치르는 전쟁은 너무도 크고 치열하단 말이지. 그래서 어떻게 진행될는지는 아무도 몰라. 하나님이 이기실지 사탄이 이길지 그 누가 알겠어?" 더 이상 이런 식의 사유(思惟)는 금물이다. 이제는 믿음의 눈으로 사태를 파악하고 하나님이 얼마나 크신 분인지를 확인해야 할 것이다. 하나님은 얼마나 크신 분인가? 하늘에서 사탄을 쫓아내셨을 뿐만 아니라 그와 당을 지은 천사들의 무리도 쫓아내셨다. 그들을 쫓아내실 때 하나님께서 땀을 흘리시거나 힘든 숨을 몰아쉬셨는가? 그렇지 않다! 사탄과 그를 따르는 천사들의 무리를(전체 천사 중 3분의 1) 내쫓으신 후, 하나님은 하늘 문의 빗장을 지르셨다. 사탄의 방문조차 금하신 것이다. 이 싸움이 막상막하의 경기 혹은 손에 땀을 쥐게 할 정도의 비등한 싸움이라 생각하는가? 사탄이 하늘에서 쫓겨나 이 땅으로 내팽개쳐진 데에는 1초도 안 걸렸다. 번개보다 빠른 속도로 내동댕이쳐진 것이다. 그러므로 당신이 믿음의 눈을 들면 거대하신 하나님을 보게 될 것이다. 그리고 작고 보잘것없는 사탄이 눈에 띌 것이다.

하나님은 끊임없이 전쟁의 주재(主宰)가 누구이신지를 가르쳐주신다. 야하시엘 선지자는 임박한 전쟁이 여호사밧의 주재 하에 치러질 싸움이 아니요, 하나님의 전쟁임을 선포했다. 사탄과의 싸움은 전부 하나님의 전쟁이란 사실을 이해하는 것이 중요하다. 사탄은 하나님께 속한 모든 것을 빼앗고 죽이고 파멸시키길 원한다. 그가 이러한 자신의 목적을 이룰 수 있겠는가? 당신이 허락하지 않으면 사탄은 당신을 빼앗거나 죽이거나 파멸시킬 수 없다. 하지만 사탄의 공격이 시작될 때, 수많은 사람들은 이것을 개인의 전쟁으로 생각해버린다. 자신을 대적하는 악한 세력을 어떻게 처리해야 할지 고민하고 또 고민한다. 결국엔 개미소리로 불평하면서 기도 아닌, 기도를 드린다. "도대체… 왜 이런 일이 제게 일어나는 겁니까? 저더러 어떻게 하라고요? 주님, 모두가 제게 손가락질 하는 것 좀 보십시오. 저를 쥐 잡듯이 잡으려 합니다. 제 상황을 모르시겠어요, 주님? 안보이세요? 전 이제 어떻게 해야 하죠? 너무도 끔찍합니다. 오, 가련하다. 나여! 가련하다. 나여!"

어려운 상황이 닥칠 때, 개미소리로 투덜대는 대신 야하시엘 선지자가 여호사밧에게 했던 말을 기억하기 바란다. "이것은 당신의 전쟁이 아니요, 하나님의 전쟁이라!" 우리에게 닥친 어려운 상황은 보다 큰 소리로, 또 보다 깊은 확신을 갖고 다음의 말을 선포할 기회이다. "이것은 나의 전쟁이 아니다. 이것은 하나님의 전쟁이다!"

참전 중인 형들을 방문하러 엘라 골짜기에 당도했던 어린 다윗을 기억하는가? 그 역시 블레셋과의 전쟁을 '하나님의 전쟁'으로 선포하지 않았던가?

당시 이스라엘 진영의 모든 병사는 골리앗이라는 거인 때문에 두려워 떨고 있었다. 그 모습을 지켜본 다윗이 입을 열어 겁 많은 병사들의 심장에 비수를 꽂았다. "도대체 뭐가 문제입니까? 이해 못하겠어요? 이것은 당신들의 전쟁이 아니라 하나님의 전쟁입니다!" 다윗은 거인과의 맞대결을 자청했다. 갈렙이 가졌던 투지를 다윗에게서도 동일하게 볼 수 있다. 이에 이스라엘 병사들은 전신갑옷을 다윗에게 입혔다. 하지만 갑옷은 걸음을 불편하게 했다. "제겐 갑옷이 필요 없습니다. 이 물매 하나면 그만이지요. 돌멩이 몇 개 주워가겠습니다. 아 참, 막대기 하나 정도 필요하군요." 그는 매끈한 돌멩이 다섯 개를 주워 제구에 넣었다. 순전히 나의 사견이지만 아마도 다윗은 골리앗에게 네 명의 형제가 있음을 알았기 때문에 돌멩이 다섯 개를 준비하지 않았나 생각한다. 그 형제들이 골리앗을 도우려고 자신에게 달려들 것을 예상했는지도 모르겠다.

어쨌든 성경은 이 어린 소년이 막대기를 들고, 물매를 손에 쥐고 골리앗을 향해 달음질하기 시작했을 때 어떤 일이 일어났는지 이야기해준다. 기사를 통해 우리는 하나님께서 적군 최고 사령관이었던 골리앗에게 어떤 일을 행하셨는지도 알게 된다.

우리는 인간의 관점으로 상황을 해석하는 일을 멈춰야 한다. 더 이상 '내가' 뭘 해야 할지를 생각하느라 고민하지 말라. 그 대신 여호사밧이 했던 것처럼 하라. 하나님께 맡기라! 그 앞에 낱낱이 고하라. '내 전쟁'이 아니라 '여호와의 전쟁'이라는 올바른 관점을 갖게 되면 하나님의 능력을 맛볼 수 있다. 이후 상황은 변화될 것이다.

이러한 관점으로 상황을 해석하면 엄청난 무게의 부담감이 사라질 것이다. 전능하신 하나님께서 상황을 통제하시기 때문에 두려워할 필요도 없다. 사탄이 하나님과 필적할 수 있겠는가? 어림없다! 다시 역대하의 말씀을 펴고 하나님께서 야하시엘의 입을 빌려 전하신 말씀을 살펴보자.

> 내일 너희는 그들에게로 내려가라 그들이 시스 고개로 올라올 때에 너희가 골짜기 어귀 여루엘 들 앞에서 그들을 만나려니와 이 전쟁에는 너희가 싸울 것이 없나니 대열을 이루고 서서 너희와 함께 한 여호와가 구원하는 것을 보라 유다와 예루살렘아 너희는 두려워하지 말며 놀라지 말고 내일 그들을 맞서 나가라 여호와가 너희와 함께 하리라 하셨느니라 하매 대하 20:16-17

이 말씀을 읽으면 오늘날의 전투 양상에 대해 생각하게 된다. 전쟁터에 파견된 군인들은 적진을 향해 항오를 펼친다. 기세등등한 적군의 모습을 보면 두려운 게 당연하다. 하지만 그들이 두려워하는 이유는 몇 시간 전, 미주리 주의 전투비행장으로부터 몇 대의 폭격기가 출동했다는 소식을 못 들었기 때문이리라. 그런데 갑자기 적위 상공으로 B-52 폭격기(B로 시작되는 군 비행기명은 폭격기(Bomber)를 뜻하고 F로 시작되는 군 비행기명은 전투기(Fighter)를 뜻한다-역자 주) 편대가 날아간다. 폭격기들은 적이 감지할 수 없는 높이로 날고 있다. 이후 적군이 점유하고 있는 영토 위에 수많은 포탄이 일제히 투하된다. 수백 혹은 수천의 포탄이 동시 다발적으로 폭파하는 장관이 아군의 눈앞에 생생하게 펼쳐진다. 수많은 시체와 건물의 파편 외에 적진에서 발견되는 것은 없다. 먼지 구름과 포화가 걷히면, 아군은 시야를 확보하나 눈에 띄는 것은 아무것도 없다. 폭격에서 살아남은 사람이 있다 하더라도 회생 불가능할 정도의 큰 부상을 입었을 것이기에, 그들이 할 수 있는 일이라곤 그저 참호로 기어들어가 숨는 것뿐이다. 그들에게는 생존 외엔 여타의 다른 목적이 없다.

전쟁 중 하나님이 보이시는 능력은 이와 같은 폭격과 '아주 약간' 닮아있다. 하나님께서 전장에 나타나시면 사탄과 마귀는 벌벌 떤다. 그들의 머리 위로 엄청난 양의 포탄이 일제히 투하될 것을 알기 때문이다. 하나님의 갑작스런 개입에 적진은 '쇼크 상태'가 된다. 폭격을 피해 살아남은 적군은 정신을 못 차리고 서로를 공격하기 시작한다.

하나님께서 자신의 계획을 사람들에게 알리시면, 그들은 종종 혼란을 겪는다. 도무지 이해할 수도 없고, 납득할 수도 없는 계획일 때가 많기 때문이다. 하지만 하나님은 우리가 생각하는 것과 다르게 생각하시고, 우리가 싸우는 것과 다르게 싸우신다. 우리는 이 사실을 기억해야 한다.

## 하나님은 여호사밧에게
## 특이한 전쟁계획을 제시하셨다

성경을 보면 하나님께서 특이한 계획을 제시하시는 것이 한 두 번이 아님을 알 수 있다. 사람들은 그때마다 당황한다. 사람들은 '인간'적인 마인드로 생각한다. 어떤 시스템을 조직해야 할지, 어떤 계획을 세워 발표해야 할지, 그리고 어떻게 그 계획을 다른 사람과 공유할지를 고민한다. 성공을 거두기 위해 스스로 모든 계획을 수립해야 한다고 생각하는 모양이다.

하지만 갑자기 하나님께서 개입하신다. 그리고 모든 사람의 눈에 '어리석게 보이는' 계획을 제시하신다. 이때 우리는 하나님을 신뢰해야 한다. 아니, 그분의 계획을 신뢰할 줄 알아야 한다. 왜냐하면 하나님의 입 밖으로 나온 모든 말씀은 다시 하나님께로 헛되이 돌아가는 법이 없으니까 말이다(사 55:11 참조). 언제나 하나님은 자신의 목적을 이루신다. 역대하로 돌아가 하나님의 계획을 살펴보자.

> 이에 백성들이 아침에 일찍이 일어나서 드고아 들로 나가니라 나갈 때에 여호사밧이 서서 이르되 유다와 예루살렘 주민들아 내 말을 들을지어다 너희는 너희 하나님 여호와를 신뢰하라 그리하면 견고히 서리라 그의 선지자들을 신뢰하라 그리하면 형통하리라 하고 백성과 더불어 의논하고 노래하는 자들을 택하여 거룩한 예복을 입히고 군대 앞에서 행진하며 여호와를 찬송하여 이르기를 여호와께 감사하세 그의 인자하심이 영원하도다 하게 하였더니 대하 20:20-21

맨 앞에서 여호사밧의 편대를 이끄는 무리는 워십팀(worship team)이었다. 오늘날의 전쟁에서도 이럴 수 있겠는가? 나는 성경에 기록된 이 사건을 오늘날의 상황 속에서 이해해보고자 한다. 만일 찬양팀에게 진두지휘를 맡기면 그들은 어떻게 반응하겠는가? 약 20만의 적군이 아군 진영을 향해 총구를 겨누고 있는데, 악기를 들고 선두에 서서 진격해야 한다면? 많은 경우 하나님의 계획을 따르는 데에는 엄청난 믿음이 요구된다. 당신은 하나님의 명령을 따를 수 있는가? 그만큼 하나님을 신뢰하는가?

이미 하나님께서는 그들이 부를 노래를 주셨다. 가사는 다음과 같다. "여호와께 감사하세! 그의 인자하심이 영원하도다!" 이것은 승리의 노래이다. 하나님은 이 노래를 건네시며 전쟁에 앞서 부를 것을 명령하셨다. 승리에 대한 확신을 갖고 전쟁에 나간다는 생각은 참으로 기쁘기 그지없다. 첫 번째 총성이 울리기 전, 이미 승리를 확신하고 하나님을 찬양하는 것만큼 즐거운 일이 있겠는가? 그리고 전장에 승리의 노래가 울려 퍼질 때, 적군의 마음엔 어떤 생각이 들겠는가? 사탄은 하나님의 백성이 승리의 개가를 부르며 전선을 넘어 자신에게 달려드는 것을 볼 것이다.

일반적으로 우리는 싸움에서 이긴 후에야 승전가를 부를 수 있다고 생각하기 때문에 전쟁 전, 찬양이 발산해내는 하나님의 능력을 놓쳐버린다. 하지만 하나님을 신뢰한다면 우리는 찬양을 통해 퍼져나가는 그분의 능력을 목도하게 될 것이다.

역대하 20장 22절을 보라. "그 노래와 찬송이 시작될 때에 여호와께서 복병을 두어 유다를 치러 온 암몬 자손과 모압과 세일 산 주민들을 치게 하시므로 그들이 패하였으니." 아무 생각 없이 이 구절을 읽으면 모든 것을 당연한 듯 받아들이기 십상이다. 게다가 이러한 상황을 경험해보지 않았으니 사건 하나하나가 그다지 특별하지 않은 것처럼 다가올 것이다. 그러나 우리의 반응(노래와 찬송)에 의해 하나님의 약속이 활성화되었다는 사실을 주목하기 바란다.

위의 구절을 읽을 때마다 나는 요단강 도하사건을 떠올린다. 이스라엘 백성이 약속의 땅으로 들어갈 즈음, 그 지역은 우기(雨期)였기 때문에 요단강의 수위가 한껏 높아진 상태였다. 강둑을 덮을 정도로 물이 넘쳤고 강폭의 중앙부는 물살이 거셌다. 이때, 여호수아는 담대하게 일어서서 백성에게 명령했다. "강을 건너라!" 백성들의 주저하는 모습이 눈에 선하지 않은가? 내 귓전에는 그들의 볼멘소리가 쩌렁쩌렁 울린다. "이 강을 맨발로 건너라고요? 하하. 그럽죠 뭐, 그까짓 거… 여호수아여, 지금 장난치십니까!" 모세가 홍해를 갈랐을 때는 밤새도록 강풍이 불었기 때문에 바닥이 온전히 드러났다. 이스라엘 백성은 갈라진 바닷물 사이로 마른 땅이 드러난 것을 보고 그제야 발을 내밀었다. 홍해를 건널 땐, 그렇게 마른 땅을 밟은 것이다. 그러나 지금은 상황이 다르다. 갈라지지도 않은 물속에 발을 들여야 하니까 말이다. 그렇게 이스라엘 백성은 요단강 앞에서 주저했다. 하지만 언약궤를 맨 제사장들이 강물에 발을 담그자, 위에서부터 흘러내리던 물이 그쳐 벽처럼 쌓이기 시작했다. 먼저 행동을 취하자 비로소 하나님의 약속이 발동된 것이다.

여호사밧과 그의 군대, 그리고 찬양팀 역시 이와 동일한 경험을 했다. 하나님의 능력이 발산되기 전, 그들은 믿음의 행동을 취해야 했다. 물론 예언의 말씀을 받았다. 승리하리라는 약속의 말씀이었다. 하지만 찬양을 부르기 전까지 그 약속의 말씀은 활성화되지 않았다. 당신이 믿음으로 반응하지 않았기 때문에 아직까지 '미래의 일'로 남아있는 예언(당신이 받은 예언의 말씀들)이 얼마나 많은지 생각해본 적 있는가?

> 그 노래와 찬송이 시작될 때에 여호와께서 복병을 두어 유다를 치러 온 암몬 자손과 모압과 세일 산 주민들을 치게 하시므로 그들이 패하였으니 곧 암몬과 모압 자손이 일어나 세일 산 주민들을 쳐서 진멸하고 세일 주민들을 멸한 후에는 그들이 서로 쳐죽였더라 대하 20:22-23

이러한 전쟁이라면 얼마든지 참전하고 싶다. 그러나 안타까운 일은, 우리들 대부분이 모든 일을 우리 스스로, 또 자기 방법대로 수행하려 한다는 것이다. 얼마나 많은 중보기도자들이 사탄을 다루는 '새 방법'을 알아내려고 혈안이 되어 있는지 아는가? 그들은 자신의 계획을 개발하고 행동을 조직하는 일에 매우 열정적이다. 하지만 정작 자신이 해야 할 일은 예배뿐이었음을, 그들은 알지 못했다. 상급자 훈련과정에서 수련하게 될 중요한 상급 기술 중 하나가 '예배'라는 사실을 꼭 기억하기 바란다.

예배를 '상급 기술'로 부르는 것이 부자연스러울 수도 있다. 하지만 나름의 이유를 설명해볼 테니 귀담아 듣기 바란다. 처음 크리스천이 되었을 때엔 예배드리는 방법을 알지 못한다. 물론 항상 예배를 드리겠지만 방법을 모르는 것이 사실이다. 예배 중 듣기 좋은 노래를 부른다. 또 그렇게 노래를 부르고 나면 기분이 좋아진다. 듣기 좋은 기도를 드린다. 또 그렇게 기도하고 나면 기분이 좋아진다. 듣기에 좋은 성경구절 몇 개를 암송한다. 물론 기분이 좋아진다. 그러나 이 모든 것은 다른 사람의 예배를 모방한 것뿐이다. 그렇게 신앙의 초창기를 보낸다.

하지만 어느 정도 시간이 지나면 하나님과의 관계를 정립해나가면서 진정한 예배를 배우기 시작한다. 예배에 대한 경험 자체에 변화가 생기는 것이다. 이렇게 변화된 이후엔 예배 가운데 능력이 발산된다. 하나님의 능력 안에서 예배를 드리면 분위기가 변화되고 그 자리에 하나님의 영광이 임한다. 이때 마귀는 떠나가고 참된 예배가 '흐르기' 시작한다.

진정한 찬양과 예배로 주님을 영화롭게 하면 영적 능력이 발산되기 때문에 악한 영들은 이를 싫어하고 천사들은 좋아한다. 하나님의 천사들이 예배 중 현현하면 마귀는 그 자리를 떠날 수밖에 없다.

이방 모든 나라가 여호와께서 이스라엘의 적군을 치셨다 함을 듣고

> 하나님을 두려워하므로 여호사밧의 나라가 태평하였으니 이는 그의 하나님이 사방에서 그들에게 평강을 주셨음이더라 대하 20:29-30

위 구절을 보면 단지 전쟁에서의 승리 이외에도 많은 일이 일어났음을 알게 된다. 우리들 대부분은 자신의 힘으로 거둔 승리가 오래가지 못한다는 사실을 안다. 이후 원수는 되돌아오고 우리는 또 다시 싸워야 한다. 이러한 행위는 끝없이 반복된다. 하지만 하나님께서 출전하실 경우 원수는 산산조각난다. 전쟁의 안개 속에서 원수는 자신의 전력에 큰 손상이 가해졌음을 깨닫게 된다. 하나님께서 승리하실 경우 원수는 되돌아오지 못한다. 게다가 다른 원수들도 이 소식을 듣기 때문에 자신이 겪게 될 참사에 대해 미리 알고 함부로 덤비질 못한다. 이후 하나님께서는 당신에게 전방위적인 평안과 휴식을 선사하신다.

기초군사훈련을 통해 배웠던 하나님의 일곱 영을 기억하는가? 하나님께서는 온 땅에 이 강력한 영들을 보내주셨다. 역사를 통해 알 수 있듯, 하나님은 자신의 일곱 영을 시시때때로 보내주셨다.

이스라엘 백성이 애굽을 탈출했을 때 하나님의 능력이 그들과 함께했다. 하나님의 능력은 낮에는 구름기둥, 밤에는 불기둥으로 가시화되어 나타났다. 홍해 앞에 선 이스라엘 백성의 눈앞에 하나님의 능력이 나타났다. 큰 바람이 불어 바다가 갈라졌다. 이스라엘 백성은 하나님의 능력으로 마른 땅을 밟고 바다를 건널 수 있었다. 그런데 바로 그 동일한 하나님의 능력이 파라오와 그의 군대를 밤새도록 막아섰다. 이스라엘을 추격하지 못하도록 방해한 것이다. 하나님의 능력이 물 벽을 이루고 이스라엘을 안전하게 인도하여 홍해를 건넸다. 파라오와 애굽의 군병들은 이때다 싶어 이스라엘을 추격하여 갈라진 바다 속으로 들어갔다. 그러나 애굽 군대가 중간쯤 지났을 때 하나님의 능력이 애굽 군대 위로 물을 쏟아냈다. 삽시간에 그들 모두가 수장되었다. 이스라엘의 승리였다. 그러나 백성이 한 일은 없었다. 그저 바닷가에 서서 하나님이 하시는 일을 지켜본 것뿐이다. 하나님께서 친히 그들을 위해 싸워주셨다. 우리는 다윗이 치렀던 전쟁, 히스기야와 여호사밧의 전쟁 속에서도 이 동일한 하나님의 능력을 목격하게 된다. 그러나 승리의 현장에서 하나님의 능력을 몸소 체험했던 이스라엘 백성은 하나님을 신뢰하지 못했다. 어쩔 수 없이 하나님께서는 강하고 충실한 지도자를 보내셔서 이들을 일으키셔야만 했다.

우리 역시 이와 동일한 과정을 겪고 있다. 삶 가운데 역사하신 하나님의 그 모든 능력을 체험했으면서도 우리는 하나님을 신뢰하지 못한다. 오늘의 전쟁 중 하나님의 도우심을 경험했어도 내일의 전쟁에선 하나님을 믿지 못하는 게 우리의 현주소다. 하지만 과거 위대한 승리를 쟁취해 낸 바로 그 하나님의 능력이 오늘날도 유효하다는 사실을 잊지 말아야 한다. 과거 자신의 백성을 위해 하나님께서 행하신 그 일들, 하나님께선 오늘 당신을 위해 그 일들을 행하실 것이다. 이 사실을 믿으라.

하나님을 신뢰하는 법, 이것은 상급 기술 중 하나다. 신뢰는 신앙생활의 기본 단계 요소처럼 들린다. 하지만 신뢰를 연습하지 않기 때문에 수많은 사람들이 '신뢰'의 단계에까지 오르지 못한다. 흔히들 믿음을 근육에 비교하곤 한다. 운동을 하면 근육이 강해진다. 믿음도 마찬가지이다. 믿음 역시 신앙(신뢰)의 고백을 통해 견고해진다. 지금 신앙을 고백하라. 힘주어 선포하라. 권위를 갖고 외치라. "나는 하나님을 신뢰하리라! 하나님은 항상 내게 선하신 분이다. 나는 하나님께서 앞으로도 변함없이 내게 선하신 분이심을 믿는다. 그러므로 내 믿음을 주님께 둔다!"

이제 우리의 믿음을 보다 높은 차원의 신뢰로 향상시키자. "하나님께서 나를 위해 해주시겠지…"라는 막연한 기대는 버리라. 대신 "하나님께서 나를 위해 반드시 행하실 것이다"라는 확신을 가지라. "하나님에겐 치유의 능력이 있어"라는 고백은 '믿음'이 아니라 사실의 '인정'이다. "하나님은 나를 치유하실 것이다"라야 참된 믿음이다. 우리는 이 믿음을 보다 높은 차원으로 향상시킬 수 있다. 이를테면 "하나님은 이미 나를 치유하셨어"라고 믿는 것이다. 이러한 믿음은 하나님께서 이미 치유하셨음을 기정사실로 받아들인다. 그렇기 때문에 이 믿음의 소유자는 현실에서 병 낫는 현상이 나타나기를 기다린다. 믿음은 영계(靈界)에서 일어난 일을 '보고' 자연계(自然界)에서 그 현상이 확실히 나타나리라 '예상' 하며 그 일이 이뤄지기를 '기다리는' 것이다.

무슨 일을 만나든지 주님께 아뢰라. 하나님께서 당신을 위해 자신의 싸움을 싸우시도록 허락해드리라. 당신이 할 일은 하나님을 찬양하고 예배하는 것뿐이다. 다시 한 번 강조한다. 힘을 주어 큰 목소리로 하나님의 능력을 선포하는 것이 중요하다. 나는 힘없고 나약한 기도는 신물이 난다. 반신반의는 질리도록 싫다. 주님을 온전히 신뢰하는 마음으로 목소리에 힘과 권세를 실어 하나님의 능력을 선포하기 바란다. 매일같이 이것을 훈련하기 바란다.

시편 18편으로 연습해보라. 물론 도입부는 다소 온화하다. 나지막한 목소리로 주님께 사랑을 고백하라. 하지만 나머지 부분은 큰 소리로, 하나님의 능력을 확신하는 우렁찬 목소리로 선포하라.

> 나의 힘이신 여호와여 내가 주를 사랑하나이다 여호와는 나의 반석이시요 나의 요새시요 나를 건지시는 이시요 나의 하나님이시요 내가 그 안에 피할 나의 바위시요 나의 방패시요 나의 구원의 뿔이시요 나의 산성이시로다 내가 찬송 받으실 여호와께 아뢰리니 내 원수들에게서 구원을 얻으리로다 시 18:1-3

능력과 권세를 갖고 이 시를 읽어야 한다. 놀라우신 하나님께 우리의 신뢰를 둔다는 선포이기 때문이다. 그가 나의 반석, 나의 요새, 나의 구원자이시다! 그는 내 요새, 내 산성, 내 찬양을 받기에 합당하신 분이다!

상급자 훈련 과정에서 배워야할 상급 기술 중 하나는 전쟁에서 승리하기 전 하나님을 찬양하는 기술이다. 전쟁의 소문이 돌 때부터, 하나님이 이미 승리하셨음을 믿고 찬양하기 시작하라. 이것이 신뢰이고 믿음이다. 하나님이 '승리하실 수 있음'을 믿을 뿐만 아니라 '반드시 승리하실 것'을 믿는 것이다. 믿음이 실린 당신의 찬양을 들으실 때 하나님께서는 원수를 포획할 함정을 마련하시고 매복하신다. 만일 당신이 군인이라면 '매복'의 효과를 잘 알 것이다. 군인이라면 누구든 그 효과를 알기 때문에 적군의 매복을 끔찍하게도 싫어할 것이다. 만일 당신이 부대원들과 이동 중에 매복해있던 적으로부터 급습을 당한다면 당신이 받게 될 충격은 이루 말할 수 없을 것이다. 그런데 우리가 찬양하면 하나님이 매복하신다. 하나님의 급습에 원수가 얼마나 놀래고 두려워할지 상상할 수 있겠는가?

그러므로 전쟁을 시작하기 전 하나님께 모든 찬양을 올려드리라. 전쟁이 끝난 후엔 승리를 기뻐하며 하나님께 모든 영광과 찬양을 올려드릴 수 있을 것이다. 물론 전쟁의 승리에 대한 우리의 공로는 없다. 그러므로 하나님의 승리를 자신의 공로로 돌리지 않도록 늘 주의해야 한다. 하나님의 전쟁이고 하나님의 승리다. 만일 이것을 인정할 줄 안다면 우리는 계속해서 하나님에 대한 신뢰와 믿음을 견고히 다질 수 있다. 이렇게 전쟁이 끝나면 믿음 위에 서서 다음 전쟁에서의 승리를 준비할 수 있다. 다윗이 버릇처럼 했던 말을 기억하는가? "내가 주의 이름을 높이며 회중 가운데 주님을 찬양하리라. 주께서 행하신 일을 만방에 선포하리라. 주께 영원토록 영광을 돌리리라!" 이것이야말로 우리가 매일같이 개발하고 연습해야 할 상급 기술이다.

예배는 우리가 처한 모든 상황 속에서 우리가 내려야 할 결단이다. 이 사실을 잊지 말라. 혹시 "예수님이 해답이시다"라는 문구의 자동차 범퍼 스티커를 본 적 있는가? 나는 어떤 비평가가 그 문구에 대해 다음과 같이 말했던 것을 기억한다. "그렇다면 질문이 뭔데?" 믿음의 사람은 예수님께서 인생의 모든 큰 문제들에 대한 해답이심을 확신한다. 확신하건데, 어떤 문제든 어떤 고통이든, 예배가 해답이다.

## 어떤 상황이든
## 예배가 해답이다

물론 세상은 보이는 것을 믿으라고 말하며 싸우기 전부터 이미 승리했다고 믿는 우리의 믿음을 '어리석다' 라고 평가할 것이다. "부화하기도 전에 병아리 수를 세지 마라"라는 속담도 있지 않은가? 이처럼 세상은 '보는 대로 믿는다' 라고 말한다. 하지만 우리는 '믿는 대로 본다' 라고 말한다. 자연계에 '승리' 라는 현상이 나타나기 전, 우리는 영계에서 이미 승리의 깃발이 나부끼는 것을 본다. 그러므로 양자 간에 선택하라. 세상의 지혜를 택하겠는가? 아니면 하나님의 말씀을 듣겠는가? 이 세상 그 누구든, 언젠가는 이 두 가지 선택 사이에서 결정을 내려야 할 것이다. 누가 전쟁의 주재인지를 빨리 알면 알수록 더 빨리 올바른 선택을 할 수 있게 된다.

훈련과 연습을 통해 어려운 상황 속에서도 올바른 결정을 내릴 수 있다. 끊임없는 훈련과 연습을 거치면 훌륭한 군인으로 거듭나게 된다. 그러므로 아무리 작은 어려움을 겪더라도, 그것을 훈련의 기회로 삼으라. 작은 문제부터 시작하여 점차 큰 문제에까지 도달하는 것이 최상의 훈련법이다. 당신의 기술을 여러 차례 담금질해 보기 전, 정말 큰 문제가 닥치기를 기대하지 말라. 큰 문제가 닥치면 당신은 그 문제의 무게에 쉽게 압도당하여 훈련내용을 기억조차 못하는지도 모른다. 그러므로 작은 문제부터 시작하라. 즉시 예배를 드릴 수 있는 환경부터 시작하라. 예배 중 하나님의 능력이 흘러나와 문제가 해결될 때 자신감을 얻게 될 것이기 때문이다. 하나님께서 역사하시고 원수를 대적하며 매복하시는 것을 보게 될 때 당신은 기뻐 춤출 것이다. 이러한 훈련이 반복되면, 어떤 어려움을 만나도 예배는 당신의 첫 번째 선택사항이 될 것이다. 차츰차츰 그렇게 변화될 것이다. 그제야 비로소 보다 큰 문제와 대면할 준비가 된다.

원수로부터 최악의 공격을 당할 때, 당신은 예배만이 해결책임을 깨닫게 될 것이다. 수없이 들었기 때문에 이미 당신은 원수의 목표를 알고 있다. 요한복음 10장 10절에 의하면, 그의 목적은 훔치고, 죽이고, 파멸시키는 것이다. 만일 사탄이 당신의 건강, 재산, 친구, 사랑하는 사람을 빼앗아 가려 한다 해도 놀라지 말라. 겁먹지 말라. 다만 주님을 예배하라. 사탄이 당신의 기쁨과 영광을 앗아가고 당신이 하는 일을 망치려 한다 해도 두려워 말라. 그저 주님을 예배하기 시작하라. 예배가 해결책이기 때문이다. 어떠한 공격이 와도 예배는 우리의 1순위 선택이어야 한다.

> 내 영혼아 네가 어찌하여 낙심하며 어찌하여 내 속에서 불안해 하는가 너는 하나님께 소망을 두라 그가 나타나 도우심으로 말미암아 내가 여전히 찬송하리로다 내 하나님이여 내 영혼이 내 속에서 낙심이 되므로 내가 요단 땅과 헤르몬과 미살 산에서 주를 기억하나이다 주의 폭포 소리에 깊은 바다가 서로 부르며 주의 모든 파도와 물결이 나를 휩쓸었나이다 시 42:5-7

깊음이 깊음을 부른다. 당신이 깊은 어려움 속에 빠진 상황에서, 낙망이 차오르기 시작한다면 당신은 무엇을 하겠는가? 하나님을 기억하고 그를 경배하기 시작하라. 하나님이 누구이신지를 기억하고 그분이 하실 수 있는 일과 과거에 행하신 일, 앞으로 하겠노라 약속하신 일들을 기억하라. 하나님을 기억하면 당신이 처한 환경이 다르게 보이기 시작할 것이다. 만일 두려움을 끌어안는다면, 하나님을 향해 "주님은 그리 크신 분이 아닙니다. 오히려 제 문제가 하나님보다 더 큽니다. 그래서 지금 하나님을 신뢰할 수 없습니다"라고 불평하는 것과 같다. 이처럼 두려움에 충동되어 반응하기 시작하면 하나님께서 주시는 응답을 제대로 받을 수 없을 것이다. 예배를 선택하라. 예배로 반응하라. 하나님의 말씀을 되새기는 것으로 시작하라. 그렇게 믿음을 쌓으면서 두려움을 몰아내라. 다윗이 취했던 방법이 이것이다.

> 내가 두려워하는 날에는 내가 주를 의지하리이다 내가 하나님을 의지하고 그 말씀을 찬송하올지라 내가 하나님을 의지하였은즉 두려워하지 아니하리니 혈육을 가진 사람이 내게 어찌하리이까? 시 56:3-4

위 구절을 몇 번이고 큰소리로 반복하여 읽으라. 가장 성결한 믿음으로 권세를 가지고 선포하기 바란다. 그렇게 이 말씀을 마음에 저장하여 언제든지 두려움이 엄습할 때 이 말씀으로 반응하기 바란다. 앞선 훈련을 통해 하나님의 말씀이 성령의 검임을 배웠다. 이 강력한 구절을 외치고 또 외칠 때 이 말씀이 당신의 마음에 담길 것이다. 이것은 검술 훈련이다. 두려움이 찾아오면 성령의 검으로 잘라내라. 하나님의 말씀으로 모든 두려움을 소멸하라.

찬양과 예배는 하나님을 향한 올바른 시선의 회복을 도와준다. 또한 찬양과 예배를 통해, 당신은 자신이 갖고 있는 문제에 대한 참된 이해, 새로운 시각을 얻게 된다. 이것이 하나님의 전쟁임을 기억하도록 도와주는 것도 예배이고, 하나님께 주권을 내어드려 그분으로 하여금 싸우시도록 허락해드리는 것도 예배를 통해서다. 예배를 드리면 하나님과의 관계가 돈독해진다. 보다 강한 사역자, 보다 나은 사역자가 되어 하나님을 섬기게 된다.

원수는 당신을 공격할 뿐, 장차 당신에게 어떠한 일이 일어날지에 대해서 혹은 당신의 복리후생에 대해서 아무 관심도 없음을 기억하기 바란다. 사탄은 하나님께서 하시는 일을 방해하기 원한다. 이 사실을 깨달으면 모든 상황을 해석하는 당신의 눈이 달라질 것이다. 새로운 시각을 통해 하나님의 능력을 체험하게 될 것이고, 이를 통해 스스로를 견고히 다져나가게 될 것이다. 찬양과 예배는 당신의 믿음을 견고히 세워준다. 주님을 예배하면 할수록 당신은 더욱더 강해질 것이다. 요엘 3장 9-10절을 기억하라. "너희는 모든 민족에게 이렇게 널리 선포할지어다 너희는 전쟁을 준비하고 용사를 격려하고 병사로 다 가까이 나아와서 올라오게 할지어다 너희는 보습을 쳐서 칼을 만들지어다 낫을 쳐서 창을 만들지어다 약한 자도 이르기를 나는 강하다 할지어다."

약한 자 스스로가 "나는 강하다"라고 말할 때 그들은 강해질 것이다. 정말로 강해질 것이다. 그들은 자신을 전쟁터로 부르신 분이 주님이심을 기억하면서 이 전쟁을 주님께 맡길 것이다. 전쟁이 주님의 것이기에! 주께서 그들을 위해(대신하여) 싸우신다. 그들은 하나님의 임재가 있으면, 자신도 그 옛날 용맹스런 용사처럼 될 수 있다는 사실을 안다. 전쟁을 피해 도망치는 것이 아니라 화약 냄새를 향해 돌진하는 용사가 될 수 있음을 안다.

> 여호와를 찬송함이여 내 간구하는 소리를 들으심이로다 여호와는 나의 힘과 나의 방패이시니 내 마음이 그를 의지하여 도움을 얻었도다 그러므로 내 마음이 크게 기뻐하며 내 노래로 그를 찬송하리로다 시 28:6-7

과거에 하나님께서 행하신 일을 기억할 때, 신뢰가 쌓이기 시작한다.

하나님의 위대한 역사를 기억하면 믿음이 자란다. 요한계시록 19장 10절의 말씀을 보라. "…오직 하나님께 경배하라. 예수의 증언은 예언의 영이라."

예수님이 어떤 분이신지, 또 예수님께서 어떤 일을 하셨는지 기억할 때 우리의 마음은 장차 예수님께서 하실 일에 대한 기대와 예언으로 차오르기 시작한다. 주님의 그 모든 치유의 기적을 기억할 때, 그분이 우리를 고치실 수 있고 또 고쳐주실 것을 확신하게 된다. 예수님께서 축사(逐邪)하신 것을 기억할 때 그가 우리를 자유케 해 주실 수 있고 또 자유케 해 주시리라 확신하게 된다. 예수님께서 사람들을 세우시고, 격려하시고, 위로해주셨던 그 모든 사건들을 기억할 때, 우리 안에서 예언의 말씀은 더욱 더 강력해질 것이다.

예배 중 하나님의 능력이 우리의 삶 속으로 파고든다. 문자 그대로 우리 삶 가운데 하나님의 능력이 흘러들어오는 것이다. 고통스럽고 위협적인 일이 발생할 때 우리의 일반적인 반응은 '두려움' '공포' '근심'이기 때문에 '예배'는 가히 상급 기술이라 할 수 있다. 훈련되지 않은 사람들은 어려움이 닥칠 때 도망치거나 숨어버린다. 이것이야말로 하나님을 시험하는 것이 아니고 무엇이겠는가? 어떤 사람은 이러한 상황을 '어려움을 겪고 있는 작은 마을'로 묘사했다. 마을의 교회에 사람들이 모여 있다. 누군가가 일어서서 말했다. "지금 이 어려움을 벗어나기 위해 기도해야 하지 않을까요?" 그때 그곳에 앉아있던 다른 사람이 일어서서 이렇게 대답했다. "기도해야 할 정도로 심각한가요?" 많은 사람들은 기도를 최후의 보루인양 생각한다. 일단 인간의 힘으로 해보고, 노력해도 안 될 경우 기도하는 것으로 생각하는 모양이다. 하지만 기도는 최후의 보루가 아니라 첫 번째 선택이어야 한다. 문제가 발생하자마자 기도와 찬양과 예배로 하나님께 나아가는 고급 기술을 익히면 우리 삶의 모든 환경이 변화될 것이다.

그런즉 이 일에 대하여 우리가 무슨 말 하리요 만일 하나님이 우리를 위하시면 누가 우리를 대적하리요 자기 아들을 아끼지 아니하시고 우리 모든 사람을 위하여 내주신 이가 어찌 그 아들과 함께 모든 것을 우리에게 주시지 아니하겠느냐 누가 능히 하나님께서 택하신 자들을 고발하리요 의롭다 하신 이는 하나님이시니 누가 정죄하리요 죽으실 뿐 아니라 다시 살아나신 이는 그리스도 예수시니 그는 하나님 우편에 계신 자요 우리를 위하여 간구하시는 자시니라 누가 우리를 그리스도의 사랑에서 끊으리요 환난이나 곤고나 박해나 기근이나 적신이나 위험이나 칼이랴 기록된 바 우리가 종일 주를 위하여 죽임을 당하게 되며 도살 당할 양 같이 여김을 받았나이다 함과 같으니라 그러나 이 모든 일에 우리를 사랑하시는 이로 말미암아 우리가 넉넉히 이기느니라 내가 확신하노니 사망이나 생명이나 천사들이나 권세자들이나 현재 일이나 장래 일이나 능력이나 높음이나 깊음이나 다른 어떤 피조물이라도 우리를 우리 주 그리스도 예수 안에 있는 하나님의 사랑에서 끊을 수 없으리라 롬 8:31-39

위 말씀에 제시된 일련의 사실들을 고백해야 한다. 어려운 상황 앞에서 무엇보다 먼저 하나님을 생각하라. 우리의 첫 번째 반응은 예배여야 한다. 어떻게 진두지휘하겠는가? 예배로 부대원들을 이끌라. 예배! 예배! 예배!

어떻게 하면 예배의 중요성을 기억할 수 있겠는가? 군대에서는 암기 훈련을 통해 중요한 교훈을 병사들의 마음에 각인시킨다. 암기 훈련이란, 반복해서 말하고, 또 말하는 것이다. 육군 훈련 공식 교범에는 모든 수업을 다음의 순서대로 진행하도록 규정하고 있다.

1. 말하려는 내용을 병사들에게 말하라.

2. 병사들에게 말하라.

3. 병사들에게 말한 것을 다시 또 말하라.

　강의실에서 배운 모든 주제는 적어도 세 번씩 반복된다. 이후 실전 훈련을 통해 여러 차례 반복한다. 사실, 시간이 지나면 기술은 자연히 퇴보하게 되어 있다. 어떤 기술은 정말 빠른 속도로 퇴색되기 때문에 매일같이 연마해야 유지할 수 있다. 그러므로 군대에서는 가장 중요한 기술을 반복하여 강조하고 또 여러 차례 훈련시킨다.

　상급자 훈련에서 우리는 상급 기술들을 배울 것이다. 내가 아는 한 가장 높은 단계의 기술은 예배를 통해 하나님의 능력을 발산시키는 것이다. 하나님을 멈출만한 힘은 이 땅에도, 광활한 우주 어디에도 없다. 이 땅에 보냄 받은 하나님의 일곱 영을 저지할 만한 힘도 존재하지 않는다.

　진두지휘할 준비가 되었는가? 예배의 용사들 모두는 진형의 선두에 서서 군대를 지휘해야 한다.

## 예배의 용사들을 위한 기도

　아버지 하나님, 이 시간 찬양과 경배를 드립니다. 때때로 우리는 어려움을 겪습니다. 우리들 모두는 이 모양 저 모양으로 힘든 시간을 보내고 있습니다(잠시 멈추고 각각의 상황 속에서 하나님의 도우심이 있을 경우 어떤 좋은 결과가 나타날지 묵상해보기 바란다). 주 하나님, 우리가 직면한 모든 전쟁 속에서 주님을 찬양합니다. 이 모든 어려움은 원수가 주님을 대적하기 위해 일으킨 문제들의 집합체임을 인식합니다. 원수가 우리에게 던지는 모든 것을 대적하며 믿음으로 일어서겠습니다. 주님은 우리의 반석이시며 우리의 구원이십니다! 우리의 요새시고 강한 산성이십니다! 하나님의 나라 안에서 이미 성취된 승리를 인하여 주님께 감사드립니다. 승리하신 주님을 찬양하고 경배합니다. 주님을 경배하오니 주님의 능력을 보내사 원수로 두려워 떨게 하시며 도망치게 하옵소서. 장차 이루실 승리를 미리 감사드리며 메시아이신 예수님의 영광스런 이름으로 기도합니다. 아멘, 아멘!

당신의 마음이 용기와 담대함으로 가득차길 기도한다. 담대하게 일어서서 원수를 향해 전쟁을 선포할 수 있기를! 전장으로 달려나가며 동료 병사에게 이렇게 외칠 수 있기를 기도한다. "나를 따르라!" 그렇게 할 수 있다면, 당신은 사자의 심장을 지닌 참된 영적 용사임에 틀림없다. 아멘, 아멘!

# 2과

# 승리의 인식

*Recognizing the Victory*

A Warrior's Guide To

THE SEVEN SPIRITS OF GOD

PART 2: ADVANCED INDIVIDUAL TRAINING

# 2과 / 승리의 인식

'승리를 분별하여 인식하는 것', 과연 이것을 상급 기술이라 말할 수 있을까? 굳이 훈련을 받지 않아도 승패가 무엇인지는 다들 알고 있지 않은가? 승리를 인식하는 것이 어찌 상급 기술이란 말인가? 대부분의 사람은 누가 전쟁의 승자인지 인식하는 것이 쉽다고 생각한다. 하지만 이것은 간단한 일도, 쉬운 일도 아니다. 당신은 자칭 크리스천이라지만 입으로는 연속해서 패배를 고백하는 사람들을 알고 있을 것이다. 정의상 크리스천이라면 승자인데 자신의 승리를 인식하지 못한 탓인지 그들은 '패배한 옛 원수'에게 삶의 주권을 내다바친다. 그들의 말을 듣노라면 좌절하지 말아야 할 이유를 도통 찾을 수가 없다. 근심과 걱정이 한도 끝도 없이 되풀이되기 때문이다. 독자들이여, 이러한 태도는 옳지 않다! 예수 그리스도께서는 십자가에서 승리하셨다. 우리 역시 승리했기 때문에 승리의 능력으로 살아가야 한다. 하지만 그 옛날 위대한 용사들도 연약한 감정과 영적인 나약함 때문에 하나님의 승리를 패배와 맞바꾸곤 했다. 승리하신 하나님께 자신의 믿음을 고백했던 아름다운 시편의 대가 다윗, 그처럼 위대한 용사마저 자신의 감정을 주체하지 못해 승리를 패배로 변질시킨 적이 있다.

> 어떤 사람이 요압에게 아뢰되 왕이 압살롬을 위하여 울며 슬퍼하시나이다 하니 왕이 그 아들을 위하여 슬퍼한다 함이 그 날에 백성들에게 들리매 그 날의 승리가 모든 백성에게 슬픔이 된지라 그 날에 백성들이 싸움에 쫓겨 부끄러워 도망함 같이 가만히 성읍으로 들어가니라 왕이 그의 얼굴을 가리고 큰 소리로 부르되 내 아들 압살롬아 압살롬아 내 아들아 내 아들아 하니 요압이 집에 들어가서 왕께 말씀드리되 왕께서 오늘 왕의 생명과 왕의 자녀의 생명과 처첩과 비빈들의 생명을 구원한 모든 부하들의 얼굴을 부끄럽게 하시니 이는 왕께서 미워하는 자는 사랑하시며 사랑하는 자는 미워하시고 오늘 지휘관들과 부하들을 멸시하심을 나타내심이라 오늘 내가 깨달으니 만일 압살롬이 살고 오늘 우리가 다 죽었더면 왕이 마땅히 여기실 뻔하였나이다 이제 곧 일어나 나가 왕의 부하들의 마음을 위로하여 말씀하옵소서 내가 여호와를 두고 맹세하옵나니 왕이 만일 나가지 아니하시면 오늘 밤에 한 사람도 왕과 함께 머물지 아니할지라 그리하면 그 화가 왕이 젊었을 때부터 지금까지 당하신 모든 화보다 더욱 심하리이다 하니 삼하 19:1-7

다윗의 소규모 군대가 압살롬의 대규모 군대를 무찔렀다. 반항적이고 거만한 아들, 압살롬은 요압과 그 군대에 의해 사살되었다. 압살롬의 죽음과 함께 다윗에 대한 반역사건은 삽시간에 사그라졌다. 그의 반역이 해프닝으로 끝났던 이유는 다윗과 함께한 용사들이 자신의 생명을 걸고 싸워줬기 때문이었다. 그들의 희생으로 가능했던 대승리였다. 하지만 다윗은 부하들에게 고마움을 표하기보다는 자신의 반항적인 아들이 죽었다는 사실 앞에 슬퍼하고 애통해했다. 다윗의 이러한 행동 때문에 참전 용사들은 승리를 기뻐할 수 없었다. 모두들 고개를 숙인 채 각자의 집으로 돌아갔다. 승리했건만 부끄럽고 민망했다. 다윗의 행동은 승리를 수치심으로, 기쁨을 슬픔으로 변질시켰다. 사사로운 개인의 문제에 시야가 가려져 부루퉁해진 다윗은 이 위대한 승리를 제대로 인식하지 못했다.

교회 안에서 이러한 모습을 얼마나 자주 보게 되는지! 위대한 승리의 한복판에서 패배를 껴안은 채 애통해하는 성도들이 얼마나 많은지! 사사로운 감정 때문에 용기를 잃고 예수 그리스도의 승리를 잊는 경우가 얼마나 많은지! '승리 인식' 훈련의 나머지공부는 끊임없이 반복되어야만 한다. 이제 우리는 자신의 테두리를 벗어나 하나님이 하시는 일을 바라봐야 한다. 자신의 복리만을 생각하는 구습을 벗고 온 교회의 복리를 신경 쓰는 성도가 되어야 한다. 패배하는 크리스천들의 끔찍한 이야기를 듣고 얼마나 많은 교회가 좌절하며 용기를 잃는지 알고 있는가?

이제 영적 전쟁 상급 훈련과정, 두 번째 과를 시작한다. 지난 과에서는 진두지휘법을 배웠다. 그 내용은 아래의 네 가지 주제로 짧게 요약된다.

1. 하나님 나라를 위한 자신의 잠재력을 알라.
2. 하나님께서 싸우시도록 허락해 드리라. 하나님께서 모든 원수를 직접 상대하실 것이다.
3. 전투복을 입으라. 전장에 나가라. 하지만 당신이 해야 할 일은 예배이다. 하나님의 승리를 목도하게 되리라.
4. 예배는 가장 효과적이고 강력한 진두지휘 방법이다.

상급자 훈련을 받는 동안 당신이 꼭 기억해야 할 사항이 있다. 새로운 기술을 습득할 때 기초기술을 잊어서는 안 된다는 것이다. 기초기술을 더욱 정교하게 다지면서 새로운 기술을 쌓아가라. 승리의 전략을 세우기 위해선 든든한 기초부터 세워야 한다. 기초가 놓이지 않거나 무너진 상태에선 어떠한 전략도 쌓을 수 없다. 영적 전쟁을 위한 우리의 기초를 염두에 두고 상급자 훈련을 수행하라. 우리의 기초가 무엇인지 기억하는가? 온 땅에 보냄을 받은 하나님의 일곱 영이다.

하나님의 일곱 영 덕분에 지금도 우리는 신약시대의 성도들처럼 하나님의 능력을 사용할 수 있다. 하나님의 일곱 영이 발하시는 능력은 그때나 지금이나 동일하다. 장차 예수 그리스도의 통치가 완성될 때에도, 그 직전의 대 환란에도 하나님의 일곱 영은 지금과 동일한 강력을 발휘할 것이다. 성령의 능력이 줄어드는 일은 없다. 1세기 성도들이 성령의 능력을 활용할 수 있었던 것처럼 오늘날 우리들도 성령의 능력을 활용할 수 있다.

기초 훈련소의 군목으로 복무할 때, 나는 훈련병들을 위해 매주 성경공부를 열었다. 당시 TV에서는 '진짜 사람들!'(Real People)이라는 인기 프로그램이 방영되었다. 나는 TV 프로그램의 인기를 이용하여, 훈련병들이 성경공부 모임에 쉽게 다가올 수 있도록 그 모임의 이름을 '진짜 사람들'로 정했다. 첫 모임 때 나는 성경을 손에 쥐고 이렇게 말했다. "이 책은 실패하고 넘어지고 다시 일어나 회복되어 주님의 위대한 일을 수행한 '진짜 사람들'의 이야기로 가득하다." 나는 훈련병들에게 과거 다윗, 베드로, 도마 및 그 외의 수많은 사람들을 회복시키신 하나님께서 오늘도 우리를 회복시키신다는 사실을 알리고 싶었다. 이제 상급자 훈련을 받고 있는 독자들 차례다. 하나님께서 당신을 회복시키실 것이다. 예수님께서 제자들에게 "너희는 내가 한 일을 할 것이요, 그보다 더 큰 일도 하리라"라고 말씀하신 사실을 기억하는가? 그 말씀이 무엇을 의미하는가? 그렇다. 예수님은 당신을 회복시키신 후 당신을 통해 다른 사람을 회복시키실 것이다. 그리고 당신은 자신이 회복된 것 이상으로 다른 사람을 놀랍게 변화시킬 것이다.

> 내가 진실로 진실로 너희에게 이르노니 나를 믿는 자는 내가 하는 일을 그도 할 것이요 또한 그보다 큰 일도 하리니 이는 내가 아버지께로 감이라 너희가 내 이름으로 무엇을 구하든지 내가 행하리니 이는 아버지로 하여금 아들로 말미암아 영광을 받으시게 하려 함이라 내 이름으로 무엇이든지 내게 구하면 내가 행하리라 요 14:12-14

하나님께서는 지원해주시겠다는 약속을 철회하지 않으신다. 그러므로 당신을 빈손으로 내버려두지 않으신다. 다시는 두려움의 영에게 돌아가지 말라. 그의 속박을 받을 필요가 없기 때문이다. 이것이 우리의 믿음이다. 믿음은 "하나님은 지원해주실 수 있다"라는 사실을 받아들이는 것, 그 이상이다. 하나님의 능력을 인정하더라도 그것이 나와 아무런 상관이 없다면 그것은 믿음이 아니다. 그러므로 믿음은 "하나님께서 우리를 지원해주신다"라고 믿는 것이다. 하나님께서 모세, 다윗, 여호사밧, 히스기야에게 하셨던 것과 동일한 일을 우리에게도 행하시리라 믿는 것, 그것이 믿음이다. 이런 믿음이 우리의 믿음이어야 한다.

이 사실을 믿는가? 하나님을 신뢰할 수 있는가? 하나님은 변개치 않으시는 분임을 믿을 수 있는가? 하나님의 말씀이 이러한 사실들을 언급할 때, 그 말씀을 받아들일 수 있겠는가? 예수님은 어제도 오늘도 내일도, 영원토록 동일하시다는 말씀을 믿을 수 있는가? 주님께서 당신을 위해 일하신다는 사실을 믿는가? 그렇다면 고백하라. 당신의 믿음을 거듭 고백하라. 매일매일 고백하라! 아래에 기재된 믿음의 선언문을 큰 소리로 읽으라. 확신과 믿음으로 선포하길 바란다.

나는 하나님께서 변하지 않으심을 믿는다! 과거 하나님께서 행하신 일들, 이제 하나님은 나를 위해 그것을 행하실 것이다! 나는 하나님이 신뢰할 수 있는 분임을 믿는다. 그가 진리이심을 믿는다. 그러므로 나는 항상 그를 의지할 수 있다! 예수님은 어제도, 오늘도, 그리고 영원토록 불변하심을 믿는다. 그는 신뢰할 수 있는 분이다. 예수님은 진리이시다. 나는 하나님을 신뢰하리라! 즐거운 날, 하나님을 신뢰하리라. 슬픈 날, 하나님을 신뢰하리라. 각양 좋은 선물이 하나님으로부터 온다는 사실을 믿는다. 나는 하나님을 믿는다. 아멘!

지난 과에서 '예배'가 곧 전쟁이라는 사실을 배웠다. 지금 어떤 환란을 겪고 있든, 예배가 돌파구임을 잊지 말라. 원수가 어떤 궤계를 꾸미든 상관없다. 예배가 그 모든 술수를 좌초시킬 것이기 때문이다. 사람들이 뭐라고 생각하든 상관없다. 그들은 계속해서 그렇게 생각할 테니까…. 사람들을 두려워하지 말라. 그들이 무엇을 말하든, 무엇을 행하든 흔들리지 말라. 영적 지혜로 그 모든 것을 분별하고 견고한 믿음 위에 서라.

오늘 우리가 다룰 주제는 약간 이상해 보일지도 모른다. 우리는 '승리를 인식하기'라는 상급 기술을 살펴볼 것이다. "정말 승리를 인식하는 것이 힘든 일일까?" 당신은 의아해할지도 모른다. "승리와 패배를 분별하지 못하는 사람이 많을까?" 의심할 수도 있다. 승리를 인식하는 것은 간단해 보인다. 그러나 실은 그렇지 않다. 주변에 "나는 예수님 안에서 승리를 누린다"라고 말하는 사람이 있는가? 그러나 자신의 삶과 가족에 대해선, 원수의 계속되는 승리를 넌지시 고백하고 있지는 않은지? 만일 그렇다면 그들은 이론상 하나님의 말씀에 선포된 승리를 주장하는 것이다. 그러나 실상은 패배감에 빠져 살아간다. 두려움, 수치심, 중독, 우울증, 좌절, 절망, 질병에 압도된 채로 근근이 살아가는 것이다. 그들의 삶을 자세히 들여다보면 승리의 기색은 조금도 발견되지 않는다.

우리는 하나님의 말씀과 우리의 고백이 일치되는 지점으로 자라나야 한다. 예수 그리스도의 승리가 삶 가운데 나타날 때, 비로소 우리는 증인의 삶을 살 수 있다. 그 어떤 누구도 연약하고, 아프고, 지쳐 있고, 우울해 보이고, 패배한 사람에게 마음을 주지 않는다. 우리의 삶을 바라보라. 불신자들이 예수님을 받아들일 만한 이유가 발견되는가? 우리는 이 질문에 답변하는 삶을 살아야 한다.

아마 당신은 '이라크의 자유'(Iraqi Freedom)라는 군 작전명을 기억할지도 모르겠다. 작전 중 미군은 이라크 사담 후세인의 정예군과 충돌했다. 하지만 작전 개시로부터 며칠 지나지 않았을 때, 이미 후세인의 군대는 무너졌고 뿔뿔이 흩어져버렸다. 그들에게 남은 선택이라곤 항복하거나, 아니면 군복을 벗고 숨어 지내거나, 둘 중 하나였다. 적군의 섬멸과 동시에 작전의 '공격' 단계는 종료되었다. 물론 후속 단계가 남아있었지만 주요 작전은 완수된 것이었다. 그 시점에서 부시 대통령은 군의 승리를 축하하고 작전 성공의 성명을 발표했다. "우리의 임무는 완수되었습니다!"

군사 작전상, 그의 성명은 옳았다. 적군은 패배했고 와해되었기 때문이다. 그러나 미국의 언론사들은 앙심을 품은 듯 부시 대통령의 승전 성명 발표를 조롱하기에 바빴다. 미군의 승전보를 알리기보다는 자신이 지지하지 않은 대통령에게 불신의 의사를 표하는 것이 더 중요했던 모양이다. 그들은 용감하게 싸웠던 미군을 조롱함으로써 적군의 사기를 진작시키는데 일조했다. 이 같은 언론의 태도는 이미 패배한 이라크군에게 힘을 실어주었다. 자신의 정치적 입장을 표명하기 위해, 승리의 한복판에서 '패배'의 실마리를 끄집어내려고 고군분투한 것이다.

영적 전쟁에서도 이 같은 일은 비일비재하다. 이미 이긴 싸움인데, 덮어두면 그만인 것을, 사람들은 계속 들춰내느라 바쁘다. 이미 패배한 적을 다시 일으켜 세우고 또 한 판 크게 붙자며 으르렁댄다. 이미 결정적인 승리를 쟁취했건만, 그들의 눈에는 아직 원수의 눈가리개가 덮여있다. 그들의 불평은 원수에게 힘을 실어주기 때문에 원수는 재기의 기회를 노린다. 아마도 그들은 이 사실을 알지 못하는 것 같다. 이러한 성도들 역시 승리의 한복판에 서서 패배의 실마리를 건지려고 노력한다.

하지만 예수님의 시각은 다르다. 예수님은 싸움이 시작되기 전에 이미 승리를 확신하신다. 첫 번째 총성이 울리기도 전에 원수가 번개처럼 떨어지는 것을 보신다. 일찌감치 십자가에서의 죽음을 패배가 아닌 최후 승리로 규정하셨다. 그리고 승전보를 발표하셨다. "내가 땅에서 들리면 모든 사람을 내게로 이끌겠노라"(요 12:32 참조). 하나님께 신뢰를 두셨기 때문에 예수님은 전쟁의 결과를 확신하셨다—승리의 퍼레이드부터 계획하실 수 있었다.

## 십자가 사건 일주일 전, 예수님은 승리의 퍼레이드를 감행하셨다

이미 감람 산 내리막길에 가까이 오시매 제자의 온 무리가 자기들이 본 바 모든 능한 일로 인하여 기뻐하며 큰 소리로 하나님을 찬양하여 이르되 찬송하리로다 주의 이름으로 오시는 왕이여 하늘에는 평화요 가장 높은 곳에는 영광이로다 하니 무리 중 어떤 바리새인들이 말하되 선생이여 당신의 제자들을 책망하소서 하거늘 대답하여 이르시되 내가 너희에게 말하노니 만일 이 사람들이 침묵하면 돌들이 소리 지르리라 하시니라 가까이 오사 성을 보시고 우시며 이르시되 너도 오늘 평화에 관한 일을 알았더라면 좋을 뻔하였거니와 지금 네 눈에 숨겨졌도다 날이 이를지라 네 원수들이 토둔을 쌓고 너를 둘러 사면으로 가두고 또 너와 및 그 가운데 있는 네 자식들을 땅에 메어치며 돌 하나도 돌 위에 남기지 아니하리니 이는 네가 보살핌 받는 날을 알지 못함을 인함이니라 하시니라 눅 19:37-44

이 말씀을 묵상할 때, "혹 오늘날의 방송 매체라면 이 사건을 어떻게 보도하려나?" 하고 생각해보았다. 주일 오후 시사 보도 프로그램에서 이 주제를 다룰 것이다. 앵커 및 해설자가 등장하여 심층 취재한 내용을 설명하기 시작할 것이다. 아마 한밤의 토크쇼 진행자들이 건네는 것과 같은 저급한 농담들도 오갈 것이다. 싸움이 시작되기도 전에 승리의 개선행진을 하는 이 남자를 조롱하기 위해 자극적인 코멘트가 뒤를 이을 것이고, 수백만 달러를 들여 작가나 보도대변인을 초청하여 이 사람을 '격식 있게' 조롱하는 방법도 강구할 것이다.

예수님의 정신건강 상태에 대한 간접 진단 결과도 보도할 것이고 그를 종교 운동가로 규정한 뒤, 과연 그에게 종교단체를 이끌만한 리더십이 있는지를 의심하며 다양한 문제를 제기할 것이다. 예수님과 만났던 사람들과의 인터뷰를 따내려고 노력할 테지만, 인터뷰의 내용은 그에 대한 조롱으로 제한해 놓았기에 인터뷰 대상자의 선별작업에서부터 신중을 기할 것이다. 아마 예수님의 가족부터 만나지 않았을까 생각해본다. 예수님의 형제 중 몇 명이 인터뷰를 자처하면서 "우리는 형님을 정신병원에 입원시키려고 했습니다. 그런데 수많은 사람들이 형님을 따랐기 때문에 우리는 형님 근처에도 가지 못했습니다"라고 말하지 않았을까? 예수님의 사고체계 및 그가 행하신 일과 계획은 소위 '가방끈이 긴' 기득권층 엘리트들의 그것과는 거리가 멀었기 때문에 몇몇 언론사에서는 예수님의 신뢰도를 떨어뜨리기 위해 고도의 언론플레이를 시행했을 것이다.

그러나 이 세상의 지혜는 하나님의 지혜에 비해 상당히 열등하므로,

영적이지 않은 사람들은 예수님의 말씀과 그의 행동을 이해조차 하지 못한다. 하나님의 지혜는 인간의 지혜를 훨씬 상회한다. 대부분의 사람은 그것을 이해할 만큼의 충분한 지혜를 갖고 있지 않다. 이 세상 그 누구도 '죽음으로 승리한다' 라는 전쟁계획을 생각해내지 못했다. 아니, 이해조차 하지 못했다. 세상을 이기는 방법이 세상으로부터 채찍질 당하고 망치질 당해 십자가에 달리고 죽을 때까지 그곳에 매달리는 것이라는 사실을, 그 누가 이해할 수 있겠는가? 3년 동안 예수님과 개인적인 친분을 쌓았던 제자들도 이 계획을 이해할 수 없었다. 실제로 이 사건이 일어난 후에야 예수님의 마음을 '조금' 헤아릴 수 있었던 것이다. 하지만 무한의 지혜를 소유하신 우리 하나님은 이것이 인류를 회복할 수 있는 유일한 길임을 알고 계셨다.

> 그러나 우리가 온전한 자들 중에서는 지혜를 말하노니 이는 이 세상의 지혜가 아니요 또 이 세상에서 없어질 통치자들의 지혜도 아니요 오직 은밀한 가운데 있는 하나님의 지혜를 말하는 것으로서 곧 감추어졌던 것인데 하나님이 우리의 영광을 위하여 만세 전에 미리 정하신 것이라 이 지혜는 이 세대의 통치자들이 한 사람도 알지 못하였나니 만일 알았더라면 영광의 주를 십자가에 못 박지 아니하였으리라 고전 2:6-8

오늘날 영적인 것에 대한 믿음을 조롱하는 사람들, 그리고 예수님께 가까이 나아가는 자들을 조롱하는 사람들은 예수님 시대의 수많은 이들이 저질렀던 실수를 그대로 반복한다. 기회가 주어진다면 그들 역시 영광의 주님을 십자가에 못 박았으리라.

TV를 틀거나 토크쇼에서 이러한 세태를 쉽게 접할 수 있지 않은가? 소위 학식 있는 엘리트들이 TV에 출연하여 예수님께 온전히 헌신하는 성도들을 앞장서서 조롱한다. 예수님의 말씀을 믿는다는 이유 때문에 그들은 크리스천을 증오범죄자로 규정한다. 심지어 크리스천들을 감옥에 보내야 한다는 입장을 펴는 사람도 있다. 그들 대부분의 증오심은 이루다 말할 수 없다. 예수님만 십자가에 못 박는 것이 아니라 전 세계 모든 크리스천들을 십자가에 못 박을 기세다. 그들은 기독교의 '사랑'을 왜곡하기 위해 자신의 허점투성이인 논리를 앞세운다. 하지만 기독교의 사랑을 '혐오'로 규정짓는 그들 자신이 지독한 '혐오감'을 분출한다는 사실은 알지 못한다. 자신이 받은 모든 교육을 동원하더라도 그들은 과거 한 때 복수심에 불타올라 기독교를 참소했던 '어리석은' 엘리트주의자들 만큼도 지혜롭지 못하다.

이제 우리가 던져야 할 질문은 이것이다. "동일한 실수를 반복하지 않으려면 어떻게 해야 하는가?" 하나님에 대한 새로운 사실을 배워야 한다. 영적 전쟁을 분별, 인식할 줄 알아야 한다. 현대인들은 영적 전쟁에 대한 언급을 어리석게 여긴다. 영계에 대한 지식이 전무(全無)하기 때문에 악령에 대해 '떠드는 것'을 원시문화의 산물정도로 생각하는 것이다. 자유주의 신학자들, 믿음이 없는 엘리트들을 출연시켜 영적인 세계를 '정신 질환자들의 전유물'로 치부해버리는 다큐멘터리도 있다. 이들의 이름 뒤엔 '신학박사'라는 타이틀이 붙지만 기껏해야 '의심'과 '불신앙'을 판매하는 장사치에 불과하다. 자신이 세운 이론을 바탕으로 실존하는 증거들을 부정하면서 그들은 하나님에 대한 지식을 모호하게 만들어버린다. 당신이 영적인 것을 언급하면 그 즉시 이들의 공격을 받게 될 것이다. 이들은 당신과 당신의 주장의 신뢰도를 떨어뜨린다. 이 혼란의 홍수 속에서 부디 하나님 말씀의 약속을 붙들기 바란다.

자녀들아 너희는 하나님께 속하였고 또 그들을 이기었나니 이는 너희 안에 계신 이가 세상에 있는 자보다 크심이라 그들은 세상에 속한 고로 세상에 속한 말을 하매 세상이 그들의 말을 듣느니라 우리는 하나님께 속하였으니 하나님을 아는 자는 우리의 말을 듣고 하나님께 속하지 아니한 자는 우리의 말을 듣지 아니하나니 진리의 영과 미혹의 영을 이로써 아느니라 요일 4:4-6

하나님의 말씀대로라면 우리는 현재 영적 전쟁 중이다. 우리는 그렇게 믿는다. 이러한 상황에서 우리에게 필요한 것은 분별의 은사이다. 분별의 은사를 통해 영들을 분별할 수 있고 또 원수가 언제 공격해올지 알 수 있기 때문이다.

그러나 분별해야 할 것은 원수의 공격뿐만이 아니다. 영적 승리를 인식할 줄 알아야 한다. 우리는 승리의 시점이 언제인지, 또 승리의 결과로 얻은 것이 무엇인지, 그 다음 임무는 무엇인지를 알아야만 한다. 단순해 보이지만 결코 그렇지 않다. 과거 사람들의 방법대로 '눈'에 보이는 것에만 집중한다면 그들과 동일한 실수를 저지르게 되기 때문이다. 영적인 영역에서 세상의 지혜는 훨씬 더 쓸모가 없어지기 때문에 훨씬 더 어리석은 실수를 범하게 된다. 문제는 인간의 본성이 변하지 않는다는 것이다. 아무런 노력을 기울이지 않으면 우리 역시 동일한 실수를 반복하게 되어 있다. 그러므로 영적인 승리를 인식하기 위해 상급 훈련이 필요한 것이다.

우리 역시 이 세상의 질서를 따라 세상 사람들과 동일한 학문을 배우기 때문에 우리가 가진 지혜로는 영적인 것을 분별할 수 없다. 우리의 지혜 가운데 돌파구가 열려야 한다. 학교에 가서 책을 읽고, 다큐멘터리를 보고 세상의 지혜에 귀를 기울인다. 그러나 성경은 이 모든 세상 지식이 '없어질 것'이라고 말한다. 우리는 이 세상 교육 시스템에 따른 제한적 사고방식으로부터 벗어나 사람을 두려워하는 구습에서 해방되어야 한다. 하지만 세상 문화의 주류(主流)를 역행할 만큼 담대한 사람이 얼마나 되겠는가? 너무도 많은 사람이 '사람을 두려워하여' 이 세상 문화를 그대로 따른다. 대다수가 스스로를 성별(聖別)하지 못하기에 "나는 예수님과 함께한다!"라는 고백도 들을 수 없는 시대가 되었다. 우리는 사람을 두려워하는 대신 하나님을 두려워하고 하나님을 존중해야 한다. 예수님께서 이미 승리하셨다는 사실을 기억하라. 단번의 승리로 우리 모두는 그 승리를 공유하게 된다. 사도 요한의 확신에 찬 고백을 들으라.

> 자녀들아 너희는 하나님께 속하였고 또 그들을 이기었나니 이는 너희 안에 계신 이가 세상에 있는 자보다 크심이라 요일 4:4

승리의 인식이란 말은 쉽지만, 우리가 가진 세상 가치관의 한계를 넘어서야 가능하기에 실로 상급 기술임에 틀림없다. 이를 위해 강력한 믿음이 필요하다. 주님을 부인하지 않으며 그가 전하신 진리를 져버리지 않겠다는 굳은 다짐이 동반되어야 한다. 육신의 속박을 벗어버리고 성령을 따라 살아가야 할 것이다.

올바른 분별력으로 영계를 인식하는 것은 고급 기술이다. 이것은 성령께서 주셔야만 받을 수 있는 선물(은사)이다. 성실한 자세로 이 은사를 구하라.

## 예수님은 사탄의 패배를 목격하셨다

70명의 제자들(열 두 제자들 이외의 또 다른 제자들)이 '단기선교'를 다녀온 후 예수님께 보고한 내용을 기억하는가? 불신자들에게 복음을 전한 뒤 그들은 기쁨에 겨워 예수님께 나아왔다. 주님이 주신 권세를 사용하여 마귀와 귀신들을 쫓아낸 후 그들은 기쁜 마음으로 주님께 보고하기 시작했다. 그때, 주님께서는 자신이 목격한 것을 말씀해주셨다.

> 칠십 인이 기뻐하며 돌아와 이르되 주여 주의 이름이면 귀신들도 우리에게 항복하더이다 예수께서 이르시되 사탄이 하늘로부터 번개 같이 떨어지는 것을 내가 보았노라 내가 너희에게 뱀과 전갈을 밟으며 원수의 모든 능력을 제어할 권능을 주었으니 너희를 해칠 자가 결코 없으리라 그러나 귀신들이 너희에게 항복하는 것으로 기뻐하지 말고 너희 이름이 하늘에 기록된 것으로 기뻐하라 하시니라 눅 10:17-20

예수님은 사람들이 보지 못한 것을 보셨다. 시공을 초월한 '영원'의 관점으로 사탄이 번개 같은 엄청난 속도로 하늘에서 떨어지는 것을 보신 것이다. 우리가 현장에 있었다면 아마도 "네? 뭐라고요? 사탄이 추락하는 것을 보셨다고요? 그가 언제 떨어졌다는 말씀이십니까?"라고 물었을 것이다. 사탄의 추락사건은 역사 기록 이전에 발생했다. 엄밀히 말하면 인류 역사가 시작되기 전에 발생했다. 그런데 예수님께서 그 사건을 목격하셨다니!

많은 사람이 내게 물어왔다. "하나님께서는 왜 사탄을 에덴동산에 두셨습니까? 사탄이 그곳에 있었기 때문에 인류가 큰 피해를 입지 않았습니까?" 이해할 수는 있으나 이것은 잘못된 관점에서 비롯된 질문이다. 하나님은 사탄을 동산 '안'에 두시지 않았다. 하나님은 동산을 사탄 '위'에 두시므로 아담과 그의 자손들로 하여금 사탄(뱀)을 통제하거나 무찌르도록 하셨다. 그러므로 이 땅에서 사탄이 행사하는 모든 권세는 그에게 속은 사람들이 건네준 것이다. 사탄은 이미 패배하여 땅으로 추락했으나 사람들의 눈이 가려졌기 때문에 그들은 하나님의 승리와 사탄의 패배를 알아보지 못했다. 그래서 사탄에게 자신의 권세를 넘겨준 것이다.

하지만 예수님은 사탄의 패배를 보셨고 이 사건의 생생한 목격자이시다. 그러나 예수님께서 이것을 목격하셨다는 사실에 당황하는 사람들은 여전히 앞을 보지 못하는 소경이리라. 그들은 사탄이 추락하는 것을 목격했다는 예수님의 말씀을 이해하지 못한다. "사탄이 언제 추락했는데? 그렇다면, 지금 우리 눈앞에 시퍼렇게 살아있는 이 사람이 유사(有史)이전에도 살아있었다는 얘기야? 논리에 안 맞는 말이잖아? 어떻게 사람이 그렇게 오랫동안 살 수 있단 말이야?" 그들은 예수님이 어떤 분이신지 알지 못했기 때문에 그분의 말씀도 이해하지 못했다. 예수님이 영광의 주, 영생하신 하나님이심을 알지 못했다. 성육하시기 전, 삼위 안에 계신 그리스도가 '천지창조'를 수행하셨던 '행동요원'이었음을 알지 못했다. 인간의 창조 이전에도 예수님은 살아계셔서 역사하셨다는 사실을 그들이 알 리 없다.

예수님이시기에 사탄의 패배를 인식하실 수 있었던 것이다. 예수님은 우리 모두가 이 사실을 알게 되길 원하신다. 이러한 이유로 하나님 아버지께서 성령을 통해 모든 진리 가운데로 우리를 인도하시지 않는가? 하지만 예수님을 죽인 사람들은 성령의 내주하심을 입지 못했다. 성령의 인도를 받지 못한 것이다. 예수님을 십자가에 매달았을 때 그들의 눈이 가려졌다는 사실을 기억하기 바란다. 눈이 가려졌기 때문에 승리를 패배로 인식했다. 하지만 예수님의 눈은 단 한 번도 가려진 적이 없다. 그래서 사탄의 패배를 인식하셨던 것이다.

이라크 전쟁의 예를 하나 더 들겠다. 나는 이라크 전쟁을 예화로 소개하길 좋아한다. 일단, 이 전쟁의 교훈이 참으로 명쾌하기 때문이다.

전쟁 중, 미국의 언론사들은 패배한 적군을 끊임없이 격려해주었다. 이라크 군이 심하게 타격을 입어 항복하거나 도망쳐야 할 시점이 되었을 때에도, 미국의 언론은 미군이 패배하고 있다는 뉘앙스를 전달하며 이라크 군을 두둔했다. 이라크 군은 모든 국지전에서 패배하였다. 게다가 사상자도 연합군의 10배 내지 100배에 달했다.

총 19명의 미 해병이 사망했던 국지 전투가 생각난다. 나는 우리나라의 용사들이 목숨을 잃는 것을 원치 않는다. 누구도 그들의 죽음을 달가워하지 않을 것이다. 온 나라의 국민이 그들의 유족과 친지가 느꼈을 아픔과 상실감을 공유했다. 그러나 언론은 이 19명의 아군전투력 손실만 집중보도했기 때문에 온 국민은 제대로 된 정보를 얻지 못했다. 해당 전투로 인한, 이라크 군의 전력손실은 전혀 보도된 바 없었다. 적군의 사상자 및 포로는 총 2,600명에 달했다.

만일 한 번의 소규모 국지전에서 아군 병력 2,600명이 손실을 봤다면, 이러한 통계치를 기반으로 산정해 볼 때, 더 이상 이 전쟁을 계속할 수 없다는 결론이 날 것이다. 그러므로 해병대원 19명의 희생으로 얻어낸 승리는 실로 위대한 승리이다. 전쟁사 속에서도 위대한 승리로 추앙될 정도의 위대한 승리였다. 하지만 언론은 이 위대한 승리를 패배로 전락시켜버렸다. 그들의 언론플레이에 지속적으로 노출된 미국 시민들은 용기를 잃었다. 반면 패배한 적군은 용기를 얻었기에 이미 승산 없는 전쟁으로 평가된 이 싸움을 지속할 수 있었던 것이다. 언론은 미군의 승리를 인정하지도 않았고, 인정할 의향도 없었다.

사탄의 패배에 대한 예수님의 말씀은 결코 새로운 메시지가 아니었다. 수세기 전 이사야가 예언했던 내용 그대로였다. 이사야 선지자는 타락한 천사 루시퍼에 대해 다음과 같이 말했다.

> 너 아침의 아들 계명성이여 어찌 그리 하늘에서 떨어졌으며 너 열국을 엎은 자여 어찌 그리 땅에 찍혔는고 네가 네 마음에 이르기를 내가 하늘에 올라 하나님의 뭇 별 위에 내 자리를 높이리라 내가 북극 집회의 산 위에 앉으리라 가장 높은 구름에 올라가 지극히 높은 이와 같아지리라 하는도다 그러나 이제 네가 스올 곧 구덩이 맨 밑에 떨어

> 짐을 당하리로다 너를 보는 이가 주목하여 너를 자세히 살펴 보며 말하기를 이 사람이 땅을 진동시키며 열국을 놀라게 하며 사 14:12-16

　사람들은 승리를 너무도 쉽게 잊는 경향이 있다. 예수님께서 사셨을 당시, 그들은 이사야의 말을 잊었다. 이사야가 이미 사탄의 몰락을 이야기 했건만 사람들은 마치 사탄에게 큰 능력이 있는 것처럼 생각했다.

　예수님은 성령 안에서 사탄의 추락을 보셨다. 사실 예수님은 유사 이전 사탄의 추락 현장에서 목격하셨던 그때의 일을 기억하신 것이다. 하지만 이스라엘 사람들은 겨우 몇백 년 전, 이사야가 했던 말도 기억하지 못했다. 계속해서 승리를 기억하고, 지속적으로 승기(勝氣)를 붙드는 것이 매우 어려운 일처럼 느껴질 정도다. 지금도 마찬가지이다. 자연계에서든 영계에서든, 승리를 제대로 인식하지 못할 때가 많다. 오늘날의 성도들은 예수님의 말씀을 잊었다. 이사야의 말도 잊었다. 전시의 언론사처럼, 우리는 패배한 사탄에게 용기를 북돋워주고 있다.

　이라크 전쟁포로 중 몇몇은 자신들이 붙잡히기 훨씬 전부터 항복하려 했다는 사실을 이야기했다. 연합군의 괴력은 저항하기조차 힘겨웠기 때문에 일찌감치 포기하려 했다는 것이다. 하지만 미국과 영국 언론사의 종군기자들이 했던 말에 힘을 얻어 끝까지 저항할 수 있었다고 했다. 종군기자들의 '희망적인' 보도를 들은 중동지역 주변국들 역시 용기를 얻고 '미국'으로 대표되는 서구문화의 저지 차원에서 이라크의 게릴라전에 동참했다. 패배의 한 복판에서 게릴라군은 승리의 실마리를 찾았던 것이다.

　지난 과에서 배운 대로라면 수많은 사람이 사탄의 능력을 과대평가한다. 이것은 완전히 잘못된 일이다. 정말 크고 놀라운 분, 강한 용사는 하나님이기 때문이다. 하나님과 비교하면 너무도 작은 사탄인데, 그는 마치 자신이 '큰 세력'인양 행동하며 사람들을 속인다. 반역 때문에 하늘에서 쫓겨난 사탄이다. 그는 우리를 꾀어 자신과 동일한 반역에 동참시키려고 노력한다. 한 때, 사탄은 하나님의 보좌 앞에서 찬양을 인도했던 워십 리더였다. 그러나 자신의 아름다움을 본 후, 그의 마음에 교만이 똬리를 틀었다. 이제 정해진 수순대로 그는 하늘로부터 내던져졌다. 번개보다 빠른 속도로…. 사탄은 하나님보다 높은 곳에 좌정하여 하나님을 내려다 볼 수 있을 것으로 착각했다. 달콤한 착각으로 반역을 계획하던 중, 빛보다 빠른 속도로 내던져진 것이다. 이후 거짓말, 속임수, 살인, 박해, 증오는 그의 주특기가 되었다. 불의 연못은 그의 최종 목적지이다.

사탄과 동일한 잘못을 저지르고 싶은가? 이런 옛 속담이 있다. "비극은 동료를 부른다." 패배하여 비참해진 사탄은 당신을 속여 자신처럼 비참하게 만들고자 한다. 영원한 비극으로 당신을 초청하는 것이다. 하지만 그의 속임수에 빠지지 말라. 성령께서 당신의 눈을 여셔서 진리를 볼 수 있게 되길 기도한다. 사탄의 능력과 하나님의 능력 사이에는 '영원'한 간격이 있다. 사탄은 패배했고 그의 운명은 이미 결정되었다. 그러므로 더 이상은 그를 격려하지 말라. 그를 일으켜 세우지 말라. 패배자라는 정체성, 그 이상으로 사탄을 높이지 말라. 성령의 도움으로 눈을 떠서 그의 참모습을, 비참하게 패배한 원수를 보게 되기를! 아직도 승리에 동참할 기회는 있다. 전진하라. 뒤를 돌아보지 말라. 뒤에 남겨진 패배자를 불쌍히 여기지 말라.

## 어떻게 해야 영적 승리를 인식할 수 있는가?

기초 훈련소에서 배운 첫 번째 기술은 꾸준히 스마트 북(Smart Book)

을 읽는 것이었다. 나는 '거듭났다'고는 말하나 좀처럼 성경을 읽지 않는 사람들을 볼 때마다 깜짝 놀란다. 자칭 '성령 충만' 하다는 사람 가운데에도 성경을 읽지 않는 이가 많다. 심지어 목회자들 중에도 성경을 읽지 않는 사람이 있다니 기가 막힐 노릇이다. "성경 읽을 시간이 없습니다." 그들의 핑계다. 수년간 사역해온 목회자들 중에도 아직 성경 일독을 하지 않은 사람이 있다고 한다. 만일 그들에게 예언을 전하거나 그 내용과 관련된 성경이야기를 말한다면, 아마도 그들은 "미안합니다. 처음 듣는 얘기라서…"라고 말할 것이다. 그다지 부끄러운 기색도 없을 것이다. 이런 사람들을 만날 때마다 나는 깜짝깜짝 놀란다.

군대에서 배우는 중요한 내용 중 하나는 그들의 손에 SMART 지침서(Soldier's Manual and Readiness Training, 준비태세 훈련을 위한 군사 지침)가 있다는 것이다. 군인이라면 이 지침서를 갖고 있어야 한다. 정기적으로 공부해야 하며 기재된 내용을 암기해야 한다. 현명한 성도라면 우리의 SMART 지침서인 성경을 정기적으로 읽고, 연구하고, 암송해야 하지 않겠는가? 당신에게 필요한 모든 것이 그 책 안에 들어있다. 하지만 그 모든 것을 얻기 위해선 먼저 그 책을 마음에 새겨 넣어야 한다. 이 교훈을 스스로 상기하라. 군사 훈련에서 반복은 기초 기술을 배우고 익히는 주요 방법임을 잊지 말라.

아이들은 자신의 부모가 동일한 이야기를 반복해서 들려줄 때 기뻐한다. 어쩌면 예수님께서 "어린아이와 같지 않으면 결단코 천국에 들어갈 수 없느니라"라고 말씀하신 이유가 여기에 있지 않나 하고 생각해본다. 아이들은 반복을 좋아한다. 익숙한 이야기, 예측 가능한 스토리의 전개에 편안함을 느끼기 때문이다.

아이들이 좋아하는 동화책에서 착한 사람은 항상 이기고 악한 사람은 항상 패배한다. 권선징악의 주제는 동일한 이야기의 반복청취를 통해 어린 마음에 각인된다. 권선징악은 모든 사람이 공감하는 인간 본연의 갈망이다. 우리 역시 '반복학습'을 통해 착한 사람이 승리하고 악한 사람이 패배한다는 주제를 배울 수 있다.

하나님의 이야기에 질리지 않으려면, 반복을 사랑해야 한다. 영적 영역에서 반복의 중요성은 더욱 두드러진다. 반복을 선호하는 마음은 성령께서 주시는 선물 중 하나이다. 내 경우, 아무리 많이 들어도 성경 이야기는 질리지 않는다. 읽고 또 읽어도 재밌다. 신앙이 성숙할수록, 또 더 많은 일을 감당할수록, 동일한 말씀에서 찾아내는 가르침은 점점 더 깊어져간다. 성령께서 깊은 의미를 짚어주시기 때문이다.

한때 나는 쉽게 잠들지 못했던 적이 있었다. 다음날 아침, 잠에서 깨면 성경을 읽을 수 있다는 생각에 너무 기뻐 흥분했기 때문이었다. 그 아침이 오기를 얼마나 기대했던지, 마치 성탄 전야의 어린아이와 같았다. 아침이 되면 성령께서 주신 선물의 포장지를 벗길 수 있다는 생각에, 그 즐거운 상상 때문에 도통 잠을 청할 수가 없었다. 이러한 태도는 절대 버릴 수 없다. 유치찬란한 태도인가? 그래도 버리고 싶지 않다. 하나님 말씀에 대한 열정을 잃고 싶지 않다. 나는 반복을 좋아한다. 매일매일 동일한 말씀을 보더라도, 매일매일 새로운 것을 깨닫는다. 아래에 당신이 매일같이 반복해서 읽어야 할 말씀 하나를 소개하겠다. 이 말씀을 의지하여 기도하지 않고서 하루를 보낸다는 것은 생각만 해도 끔찍하다. 나는 이 구절을 암송하지 않은 채 하루를 그냥 흘려보낼 수 없다.

> 그런즉 너희는 하나님께 복종할지어다 마귀를 대적하라 그리하면 너희를 피하리라 약 4:7

피하는(도망치는) 적은 패배한 적이다. 만일 그가 당신을 피한다면, 그를 두려워할 이유가 있겠는가? 당신이 해야 할 일은 하나님께 복종하는 것과 마귀를 대적하는 것뿐이다. 이 사실을 인식할 때 마음의 '확신'을 얻게 될 것이다. 당신은 마귀와 크게 싸움을 벌일 필요가 없다. 칼을 들고 그를 뒤쫓을 필요도 없다. 당신이 해야 할 일은 오직 대적하는 것뿐이다. 약간의 의심이나 두려움이 찾아올 때, 나는 그 즉시 기도한다. "하나님 아버지, 아버지께 순복합니다. 제 영과 혼과 육을 하나님께 올려드립니다. 저의 전 존재, 제 모든 소원과 꿈, 제가 가진 모든 것, 갖고자 소망했던 모든 것을 주님께 내어드립니다. 그리고 원수 마귀를 대적합니다. 당신의 말씀대로, 그리고 예수님의 강한 이름으로 마귀는 떠나며 자신이 뿌려놓은 모든 씨앗을 거두어 갈 것입니다. 아멘, 아멘!" 이 짧은 기도를 끝마치면, 나를 대적하던 것이 무엇이든 이미 사라져버리고 없다.

　당신 스스로 중요하다 생각되는 성경구절을 찾아 여러 번 반복해서 선포하기 바란다. 언제든 적의 공격이 감지될 때 즉시 빼낼 수 있도록 그 말씀들을 마음에 새기라. 성령의 검 곧 하나님의 말씀을 휘둘러 적의 화전을 소멸하기 바란다. 성경 말씀은 전부 좋은 말씀이다. 하지만 반드시 기억해야 할 말씀도 있다. 이를테면 야고보서 4장 7절의 말씀이 그것이다. 누가복음 10장 19절도 반드시 기억해야 할 말씀 중 하나이다. "내가 너희에게 뱀과 전갈을 밟으며 원수의 모든 능력을 제어할 권능을 주었으니 너희를 해칠 자가 결코 없으리라"(눅 10:19).

　예수님께서는 군사정보의 궁극적인 원천을 우리에게 제공해주셨다. 이제 당신은 이 강력한 정보를 손에 넣을 수 있다. 전시에 당신에게 가장 중요한 자원은 아마도 군사정보(기밀)일 것이다. 적군의 현황을 알아야 작전을 계획할 수 있지 않은가? 전장(戰場)의 지형적 특성을 알아야 미리 대비할 수 있지 않은가? 적의 정체, 적의 전투력, 그리고 적의 진영에 대해 가능한 많은 정보를 얻어야 승산이 높아질 것이다. 그런데 예수님께서 이러한 정보의 원천을 우리에게 선사하셨다. 아래의 말씀이 그것인데, 이 말씀 역시 우리의 마음에 새겨야만 할 예수님의 말씀이다. 나는 예수님께서 하신 말씀에 각별히 주의한다.

> 그러나 진리의 성령이 오시면 그가 너희를 모든 진리 가운데로 인도하시리니 그가 스스로 말하지 않고 오직 들은 것을 말하며 장래 일을 너희에게 알리시리라 요 16:13

이러한 정보 원천을 소유한 군 지휘관을 상상할 수 있겠는가? 현 상황에 대한 모든 진리, 곧 군 지휘관에게 이러한 정보의 가치가 얼마나 클지 상상할 수 있는가? 심지어 지휘관이 장래의 일을 알게 된다면? 전쟁이 시작되기도 전에 그 결과를 알 수 있다면? 지휘관이 장차 일어날 일을 안다면, 아마 철저히 대비할 수 있을 것이다. 용기를 가지라. 이러한 정보가 당신 손에 놓여있다.

성령께서 모든 진리를 당신에게 제공해주신다. 우리는 지금 이 세상의 지혜에 대해 이야기하는 것이 아니다. 이미 당신은 이 세상의 지혜를 너무 많이 소유하고 있다. 장차 무용지물이 되어버릴 지혜를 말이다.

주목하라. 성령께서는 하나님의 입에서 나오는 말씀을 당신에게 전달하실 것이다. 사실이다. 나는 매일같이 성령께서 하시는 '하나님의 말씀'을 듣는다. 성령께서 예언적 환상을 주실 것이다. 현 상황에 대한 천국의 관점을 선사하실 것이다. 오늘 하나님의 나라에서 선포된 말씀을 당신에게 전달하실 것이다. 그러므로 성령을 선물로 받는 것은 참으로 중요하다. 예수님께서 하신 말씀을 기억하라. "너희가 악할지라도 좋은 것을 자식에게 줄 줄 알거든 하물며 너희 하늘 아버지께서 구하는 자에게 성령을 주시지 않겠느냐?"(눅 11:13) 이것 역시 마음에 저장하고 정기적으로 반복해야 할 말씀이다.

성령의 은사를 구하는 것 역시 중요한 일이다. 성령의 다양한 은사들 중 하나는 영계를 분별하는, 분별의 은사이다. 마지막 날이 가까워옴에 따라 영적 전쟁은 날로 치열해질 것이다. 한껏 가열된 영적 전쟁에서 가장 중요한 은사 중 하나는 '영들 분별하는 은사'이다.

어떤 사람에게는 성령으로 말미암아 지혜의 말씀을, 어떤 사람에게는 같은 성령을 따라 지식의 말씀을, 다른 사람에게는 같은 성령으로 믿음을, 어떤 사람에게는 한 성령으로 병 고치는 은사를, 어떤 사람에게는 능력 행함을, 어떤 사람에게는 예언함을, 어떤 사람에게는 영들 분별함을, 다른 사람에게는 각종 방언 말함을, 어떤 사람에게는 방언들 통역함을 주시나니 고전 12:8-10

위 구절에 성령의 아홉 가지 은사가 나열되어 있다. 이 중 하나님의 허락하에 당신이 구할 수 있는 은사는 몇 개인 줄 아는가? 전부! 물론 성령께서 당신에게 허락하신 은사만 받을 수 있다. 하지만 구하는 데에는 제한이 없다. 성경은 이 모두를 구하라고 명령한다.

고린도전서 14장 1절을 생각해보라. "사랑을 추구하며 신령한 것들을 사모하되 특별히 예언을 하려고 하라"(고전 14:1). '신령한 것들'을 사모하라고 말씀한다. 다양한 은사를 사모하라는 가르침이다. 성경 어디에도 "특정한 은사 몇 가지만을 구하라"는 명령은 없다. 나는 우리가 이 모든 은사를 구해야 한다고 믿는다.

나는 수많은 강연과 강의를 통해 성령의 은사를 가르쳐왔다. 강의를 통해 나는, 수많은 학생들이 '악령 분별 능력'을 얻고자 한다는 사실을 알게 되었다. 이것 역시 은사이다. 그러나 분별의 은사 중 최고 수준의 것은 아니다. 최고 수준의 분별 은사는 성령의 역사를 분별하는 능력이다. 성령을 분별하여 인식하는 능력은 악령을 분별하는 능력과는 비교조차 안 된다.

영들을 분별하는 분별의 은사는 세 가지 독특한 기술과 연관된다.

    1. 승리하시는 성령의 역사를 분별하는 기술. 하나님의 일곱 영의 역사와 그들의 임재를 인식하는 능력이다. 분별의 은사를 받은 사람

은 하나님이 일찌감치 쟁취하신 승리와 사탄의 패배를 인식하게 된다.
2. 패배한 사탄의 역사를 분별하는 기술. 사탄은 이미 패배했다. 다만 우리가 건네준 권세를 자신의 것처럼 과시할 뿐이다. 사탄의 역사가 감지될 때 누가복음 10장 18-19절의 말씀을 항상 기억하라.
3. 분별한 대로 행동하는 기술. 분별했으나 행동이 따라주지 않으면, 은사의 낭비일 뿐이다. 분별한 대로 행동하도록 노력하라.

모든 은사를 추구하는 것은 괜찮다. 어차피 성령께서 허락하시지 않는 은사는 받지 못할 것이기 때문이다. 하지만 은사를 받고 싶으면 먼저 갈망해야 한다. 그리고 간구해야 한다. 하나님께서 은사를 주실 것이라 믿고 받아들여야 한다. 바울이 전한 고린도전서 14장 1절의 말씀에 귀를 기울여라. "사랑을 추구하며 신령한 것들을 사모하되…." 스스로에게 묻기 바란다. "이것은 제안인가? 아니면 명령인가?" 제안이라고 하기엔 너무 강력한 어조이다. 내 생각에 이 말씀은 조건이 붙은 명령이다. 조건은 "사랑을 추구하면"이다. 사랑을 추구하며 은사들을 사모하면 지혜 가운데 더 많은 은사를 다루게 될 것이라는 약속이다. 사랑이 없으면 수중의 은사는 위험한 폭발물과 같다. 사랑이 커지면 더 많은 은사를 활용할 수 있다. 바울의 가르침은 기본적으로 '명령'이다. 은사들을 사모하라. 그러나 먼저 사랑을 추구하고 온 마음 다해 사랑을 실천하라. 그러면 성령께서 당신에게 필요한 은사를 선사하실 것이다.

고린도전서 12-14장을 읽을 때, 거기에 담긴 지침대로 행하길 바란다. 사랑을 추구하며 약속된 은사를 받으면 당신은 하나님 나라의 '전력생산소'가 될 것이다. 주님은 당신에게 꼭 필요한 은사만을 주신다는 사실을 기억하고, 모든 은사를 간구하기 바란다. 오늘은 이 은사를, 내일은 저 은사를 필요로 할 수도 있다. 하나님께서 당신이 필요로 하는 은사를, 필요한 때에 주시길 기도하라.

## 지금 승리가 보이는가?

나는 지금 승리를 보고 있다. 당신은 어떤가? 만일 승리를 목도하고 있다면 큰 소리로 외치라. "보인다. 승리가 보인다!" 성경은 하나님께서 시작 단계부터 이미 끝을 보신다는 사실을 이야기한다. 한 번 생각해보라! 성령께서 모든 진리 가운데로 당신을 인도하신다면 당신 역시 시작 단계부터 끝을 볼 수 있지 않겠는가? 요한복음 16장 13절에 기록된 예수님의 말씀을 기억해보라. "그러나 진리의 성령이 오시면 그가 너희를 모든 진리 가운데로 인도하시리니 그가 스스로 말하지 않고 오직 들은 것을 말하며 장래 일을 너희에게 알리시리라"(요 16:13). 성령께서 장래 일을 말씀하신다면, 그분은 당신이 시작 단계에 있을 때 이미 그 일의 끝을 알려주시는 것이다. 예수님처럼 당신 역시 전쟁이 시작되기 전에 이미 승리할 것을 확신하게 된다.

지금은 개선 행진할 때이다. 승리의 행진이다! 왜 지금인가? 궁극적인 승리는 항상 '지금'이기 때문이다. 시간을 초월한 하나님의 '영원' 시간표에서 승리의 때는 언제나 '지금'이다. 성령의 능력과 인도하심 덕택에 당신은 이 개념을 이해할 수 있다. 당신의 '지금'이 바로 승리의 때임을 잊지 말라.

현 상황의 모든 어려움과 사탄의 악행 때문에 자신과 가족이 고통당하고 있다면, 믿음을 갖고 일어서라. 더 이상 비관적인 말투로 불평을 늘어놓지 않겠노라, 원수에게 힘을 실어주지 않겠노라 다짐하라. 만날 때마다 항상 자신의 비관적인 상황을 이야기하고 원수의 공격에 대해 불평을 늘어놓는 친구가 있다면 어떻겠는가? 그 모든 불평과 볼멘소리에 당신은 어떤 기분이 들겠는가? 당신도 우울해지지 않겠는가? 자신이 겪는 모든 어려움과 고난을 이야기하면서, 사탄에게 빼앗길 것을 두려워하면서, 또 자신을 공격하는 모든 세력에 대해 불평하면서, 그들은 사탄의 입지를 견고하게 세워준다. 이미 패배한 적을 다시 일으켜 세우는 것이다.

이 모든 불평으로 그를 격려하는 대신, 우리는 원수에게 그가 받아 마땅한 대접을 해줘야 한다. 사탄의 면전에 대고 예수님의 승리를 선포하라. 주님께서 사탄의 모든 능력과 권세를 빼앗아 우리에게 주셨음을 이야기하라. 매일같이 사탄에게 이 사실을 알리라. "예수님께서 네 머리를 밟으셨다." 이후 큰 소리로 고백하라. "예수님과 마찬가지로, 나 역시 여자의 후손이다. 내 발로 네 머리를 짓누르리라!" 진리의 말씀을 선포하라. "나는 뱀을 집으며 전갈을 밟을 것이다. 사탄의 모든 권세를 압제할 것이다." 사탄이 나타날 때마다 이 사실을 내세워 대적하라.

이후 우리의 왕이신 예수님께 승리의 함성을 드릴 수 있겠는가? "할렐루야! 예수님께서 승리하셨다. 할렐루야!" 왕이신 예수님께 찬양의 함성을! "할렐루야, 왕이신 예수여! 할렐루야!" 더 이상 울며불며 불평할 시간은 없다. 지금은 발을 구르며 큰 소리로 외칠 때이다! 더 이상 원수의 작전에 휘말리지 말라. 원수의 능력이나 성공에 대한 '쓰레기' 같은 거짓말들에 귀를 기울이지 말라. 그의 전략을 진리인양 발설하지 말라. 비용과 손해를 계산하지 말고 오직 믿음의 주인이자 완성자이신 예수님만을 주목하라.

예수님께 집중할 때, 당신은 항상 승리를 인식하게 될 것이다. 나는 승리를 볼 수 있다. 당신은 볼 수 있는가? 주님께 집중하여 승리를 본다면 큰 소리로 고백하라. 다시 한 번 외치라. "승리가 보인다!" 나는 승리를 본다. 그것은 '실제'이다. 내 구주 예수 그리스도는 승자이시다. 나는 승자이신 예수님 편에 함께 서 있다. 당신은 어떤가? 오늘 당신은 어디에 서 있는가? 예수님과 함께 서서 승리를 선포하고 있는가? 아니면 원수의 거짓말을 사실인 양 고백하고 있는가?

옛날 성도들은 우리보다 주님 안에서의 승리를 더 잘 인식했으리라 생각한다. E. M. 바틀렛이 1939년에 만든 찬양, "예수 안의 승리"(Victory in Jesus)를 아는가? 혹 이 찬양을 부르게 된다면, 가사에 집중하기 바란다. 승리에 대한 확신이 마음속에 차오를 것이기 때문이다. 그 찬양의 가사를 자신의 고백으로 삼을 때, 거기에 담긴 믿음의 선포는 당신의 영혼을 일으켜 세워줄 것이다. 확신을 갖고 이러한 말씀을 선포하기 바란다. 하나님의 일곱 영이 역사하셔서 당신의 삶을 능력으로 채워주실 것이다. 이후 당신은 원수의 모든 능력을 압도하게 될 것이다.

더 이상은 상처와 염려, 근심과 걱정만을 내뱉는 패배자로 살 수 없다. 더 이상 원수의 능력을 고백하지 않을 것이다. 이제부턴 예수님의 능력과 그분의 승리만을 고백하리라. 만일 이러한 믿음을 갖고 온 세상에 나가 예수 그리스도의 복음을 증거한다면, 우리를 위해 죄와 사망과 지옥과 무덤의 권세를 이기신 예수 그리스도의 복음을 증거한다면, 세상은 주님께로 나아갈 것이다. 아프고, 지치고, 연약하고, 우울해하고, 상심한 불평자들의 모임을 누가 좋아하겠는가? 이런 집단에 마음이 끌리는 사람은 아무도 없다. 사람들은 승리자를 좋아한다. 정복자의 무리에 속하길 좋아한다. 그러므로 큰 소리로 외치라. "나는 승리자다. 나는 패배자가 아니다. 나를 위해 승리하신 예수님과 함께 서리라! 할렐루야!"

당신이 예수님을 영접한 순간, 이미 승리했다는 사실을 잊지 말라. 거듭난 순간 당신은 승자의 진영으로 발을 옮겼다. 이 사실을 붙들라. 사탄의 싸구려 거짓말과 당신의 승리를 맞바꾸지 말라.

승리를 인식했다면 다음으로 당신이 배울 기술은 '승리를 붙드는 법'(승리의 유지 비결)이다. 이 세상 그 무엇과도 승리를 바꾸지 말라. 원수의 싸구려 위협에 승리를 팽개치고 도망치는 일은 없어야 한다. 두려움과 의심 때문에 승리를 포기하지 말라. 끊임없이 고백하라. "나는 승리했다. 그 무엇도 내게서 이 승리를 앗아갈 수 없다." 거듭해서 외치라. "나는 승리했다. 그 무엇도 이 승리를 빼앗을 수 없다."

당신은 승리했다. 그리고 원수는 패배했다. 이 사실을 믿고, 믿은 대로 행하라. 믿음 위에 서라! 바울이 에베소 교인들에게 가르쳤던 것처럼, 넉넉히 이기고(모든 일을 마친 후) 견고히 서기 바란다. 예수 안에 있는 승리를 포기하지 말라. 절대 물러서지 말라. 요한일서에 기록된 예수님의 약속을 확신하기 바란다.

> 무릇 하나님께로부터 난 자마다 세상을 이기느니라 세상을 이기는 승리는 이것이니 우리의 믿음이니라 예수께서 하나님의 아들이심을 믿는 자가 아니면 세상을 이기는 자가 누구냐 요일 5:4-5

이 믿음을 버리지 말라! 다시는 사탄의 능력을 과대평가하지 말라. 승리를 선포하고 끊임없이 고백하라.

## 승리의 기도

아버지 하나님, 예수님을 통해 승리를 주셔서 감사합니다. 이미 하나님께서 사탄을 무찌르셨고, 결박하셨고, 그의 머리를 짓밟으셨기 때문에 오늘 우리는 사탄과 싸우지 않아도 되니, 감사드립니다. 주님의 놀라운 희생 덕에 우리는 보혈의 강물 속으로 들어가 승리를 쟁취합니다. 그 승리가 우리 모두의 것임을 고백합니다. 주님은 이처럼 선하신 구세주이십니다. 이 사실을 잊지 않도록 도와주세요! 예수님께서 우리를 위해 행하신 일을 잊지 않기 원합니다. 또한 주님께서 일곱 영을 통해 지금 우리에게 행하시는 일도 잊지 않기 원합니다. 하나님의 말씀, 곧 원대한 약속이 우리의 마음과 생각에 새겨질 수 있도록 도와주소서. 주님을 위해, 믿음을 갖고 일어설 수 있도록 도와주시고 주님께서 우릴 위해 행하신 일들을 간직할 수 있게 도와주소서. 주님과 함께 영원토록 승리를 누리기 원합니다. 최후 승리를 주시니 감사드립니다. 주님을 찬양합니다. 메시아이신 예수님의 이름으로 기도합니다. 아멘, 아멘!

# A Warrior's Guide To
## THE SEVEN SPIRITS OF GOD

3과

# 고립된 저항세력을 무찌르기

*Breaking Up Pockets of Resistance*

A Warrior's Guide To

# THE SEVEN SPIRITS OF GOD

PART 2: ADVANCED INDIVIDUAL TRAINING

# 3과

# 고립된 저항세력을 무찌르기

영화나 TV드라마에서 본 것과 달리 실제 전쟁 중 적군은 쉽게 무너지지도 완전히 소탕되지도 않는다. 모든 전쟁이 '명백한 승패'로 귀결되는 것은 아니다. 면도날로 가르듯 승패사이에 말끔한 경계가 생기는 것이 아니기 때문이다. 전후 처리도 간단하지 않다. 무너지고 부서진 부분을 재건하기만 하면 된다고 생각하는데, 실은 그렇지 않다. 영적 전쟁에서도 양상은 마찬가지다. 승리를 자축할 즈음, 적군의 최후 저항 소식이 들리는 경우도 많다. 남은 적들의 공격이 매우 거세기 때문에 또 다시 무장하고 소탕 작전을 펼쳐야 할 때도 있다. 축사사역을 해도 떠나지 않는 마귀가 있다. 에베소 교회의 성도들에게 바울이 전한 가르침을 주목하라.

끝으로 너희가 주 안에서와 그 힘의 능력으로 강건하여지고 마귀의 간계를 능히 대적하기 위하여 하나님의 전신 갑주를 입으라 우리의 씨름은 혈과 육을 상대하는 것이 아니요 통치자들과 권세들과 이 어둠의 세상 주관자들과 하늘에 있는 악의 영들을 상대함이라 엡 6:10-12

바울은 쉽게 제거되지 않는 네 종류의 영들을 언급했다. 그들은 통치자, 권세, 어둠의 세상 주관자, 하늘에 있는 악의 영들이다. 신약에는 이들과의 싸움이 몇 번 소개되었다. 예를 들면 제자들이 귀신을 쫓지 못한 적이 있었는데, 그 상황에서 예수님은 이렇게 설명하셨다. "기도와 금식이 아니면 이런 유가 나가지 아니하느니라"(마 17:21, 개역개정판에는 이 구절이 '없음'으로 표기되어 있다. 하지만 난하주를 보면 '어떤 사본에는…'이라는 부연설명과 함께 위 구절이 소개되었다-역자 주). 제자들이 쫓지 못했던 귀신은 기도와 금식을 통해서만 쫓겨날 부류의 악령이었다. 바울 역시 이러한 종류의 영들이 지금도 역사한다는 사실, 이들은 씨름을 통해 제거해야 한다는 사실을 이야기한다. 어떤 일은 쉽지 않다. 그래서 그 일을 완수하기 위해 고군분투해야 한다.

십자가에서 사탄을 패배시키시므로 인류 역사상 가장 치열한 전투가 끝났다. 예수님은 최종 승자로 우뚝 서셨다. 3일 후, 예수님은 부활하셨다. 그분의 부활에 남아있던 원수들(죄, 사망, 음부, 무덤의 권세)은 모조리 패배당했다.

큼직한 전쟁은 모두 끝났지만 소규모의 적들이 고립된 상태로 항전하고 있다. 하나님께서 이들을 남겨두신 이유는 이들의 뒤처리를 우리에게 맡기시기 위해서이다. 아직 악한 영들이 남아있다. 우리는 예수이름의 권세로 명령하여 이들을 쫓아야 한다. 예수님께서 말씀하셨다. "병든 자를 고치며 죽은 자를 살리며 나병환자를 깨끗하게 하며 귀신을 쫓아내되 거저 받았으니 거저 주라…"(마 10:8 참조). 그리스도 안에서 우리는 이 모든 선물을 받았다. 병이 나았고, 살아났고, 나병에서 깨끗케 되었다. 귀신으로부터 자유케 되었다. 이 모든 선물을 받았으니 이제 이웃에게 전해줄 차례다. 거저 받았으니 거저 주어야 한다.

예수님께서 귀신을 쫓아내라고 명령하셨으니, 아직 남아있는 귀신이 있다는 뜻 아닌가? 아직 무너지지 않은, 원수의 견고한 진이 남아 있다. 어떤 귀신은 일언지하에 쫓겨날 테지만, 어떤 귀신은 씨름을 통해 무릎 꿇려야 한다. 씨름으로 쫓아내야 할 네 종류의 악령들은 마지막 날, 최후 심판 가운데 불의 연못으로 던져질 것이다. 그때에야 비로소 완전히 제거될 수 있다.

## 대규모 전쟁에서 고립된 적들의 저항은 간과된다

대규모 군대는 '가능한 한 빨리' 적진에 침투하고자 한다. 그들의 목표는 적의 영토를 '가능한 한 많이' 빼앗는 것이다. 상당량의 영토와 전투력을 상실할 경우 적군은 유동성을 잃는다. 영토를 빼앗겼으니 더 이상 자유롭게 이동할 수 없다. 게다가 엄청난 수의 전투 병력을 잃었으니 작전을 펼칠 능력도 없다. 사태가 이 정도까지 되면, 원수는 '거기까지'가 자신의 한계임을 인정해야 한다. 상대가 너무 강하기 때문에 저항해 봤자 승산이 없다. 새로운 베이스캠프를 찾는 이동 자체가 제한되기 때문에 선택의 폭도 좁다. 항복하지 않는 것을 전제한다면, 적군에게 남은 선택 사항은 '마지막 저항' 혹은 '최후수비'를 위해 가장 적절한 장소를 물색하는 것뿐이다.

반면, 아군의 경우 인정사정 볼 것 없이 강하게 밀어붙여야 한다. 멈추지 않고 전진하려면 소규모로 전개되는 저항 정도는 무시해야 한다. 이동 중 적군의 미미한 저항에 대응하기 위해 행군을 멈춘다면 전쟁의 향방을 판가름할 주요작전 수행에 차질이 생길 것이다. 아군의 목적은 가능한 한 빠른 속도로 적진을 향해 진군하면서, 가능한 한 많은 피해를 입히는 것이다. 그러므로 이 같은 대규모 전쟁에서 소규모의 위협 정도는 무시되는 게 정상이다. 대규모 싸움에서 이기고 승리를 선포한 후, 저항세력들을 제거해도 늦지 않다. 여호수아와 아모리의 다섯 왕이 펼친 전쟁이 좋은 예가 된다.

> 어떤 사람이 여호수아에게 고하여 이르되 막게다의 굴에 그 다섯 왕들이 숨은 것을 발견하였나이다 하니 여호수아가 이르되 굴 어귀에 큰 돌을 굴려 막고 사람을 그 곁에 두어 그들을 지키게 하고 너희는 지체하지 말고 너희 대적의 뒤를 따라가 그 후군을 쳐서 그들이 자기들의 성읍에 들어가지 못하게 하라 너희 하나님 여호와께서 그들을 너희 손에 넘겨 주셨느니라 하고 수 10:17-19

더 이상 아모리의 다섯 왕은 이스라엘 군에게 큰 위협이 되지 못했다. 동굴에 숨었으니 자기편 군사들과 연락할 방도도 없다. 즉, 지휘통제권을 상실한 상태였다. 부하들을 대동했다 하더라도 동굴에 숨을 정도였으니 그리 큰 규모의 세력은 아니었을 것이다. 전투를 개진하거나 저항을 펼칠 정도도 안 되었다. 여호수아의 판단에도 그들은 결코 위협적인 요소가 아니었다. 게다가 돌을 굴려 굴 입구를 막으라고까지 했으니 이제 아모리 왕들과 그의 측근들은 갇혔고, 포위되었고, 손발까지 묶였다. 보급통로도 막혔다. 보유하고 있던 모든 자원은 빠른 속도로 줄어, 결국 고갈되었다. 포로 신세가 되면 왕이든 보병이든 전투요원으로서의 가치가 없다.

다섯 왕들의 경우처럼 대규모 전쟁에서 패배한 적군은 몇몇 군사의 감시만으로도 충분히 통제가 된다. 이들을 통제하는 군사들은 적의 보급품이 이들에게 전달되지 않도록 보급경로를 확실히 차단해야 하고,

언제든 이들이 반란할 경우 교전을 통해 완전히 제압할 수 있어야 한다. 이 경우 소수의 아군 병력이 다수의 적군을 통제할 수 있다.

걸프전 당시 이러한 일은 빈번했다. 다수의 적군 병사가 소규모 연합군 병사에게 항복하는 사례가 많았던 것이다. 고립된 병사에게선 전투를 지속할 만한 의욕이 발견되지 않는다. 일반적으로 포위되거나 고립되면 그곳의 사기는 완전히 바닥을 친다. 물론 다시금 용기를 얻어 재기하는 경우도 있다. 그러므로 패배당하여 의기소침해하는 적의 사기를 다시금 진작시킬 만한 언행은 삼가야 한다. 틈을 보여줘선 안 된다는 뜻이다.

포로로 잡은 적군을 그냥 방치해두는 경우도 있다. 이들의 감시통제를 위한 최소한의 병력도 남겨두지 않는 경우를 말한다. 아마도 작전상, 다음 전투에 최대 병력을 투입해야 하기 때문일 것이다. 철저한 계산을 통해, 해당 포로들을 방치해도 큰 위협이 안 된다는 판단이 섰을 것이다. 물론 이러한 결정은 일시적으로만 허용된다. 그리고 오직 지휘관의 판단에 의존한다.

## 큰 전쟁을 승리한 후
## 복귀하는 병사들은 '청소 작전'을 펼친다

적군이 고립된 곳이 방어하기에 유리한 지역일 수도 있다. 아군의 진입경로를 차단시키므로써 적은 수의 병력으로도 효과적인 방어전을 펼칠 수 있다. 이를테면 동굴 입구를 선점한 적군은 아군 병사의 침투를 효과적으로 막아낼 수 있다. 아무리 많은 수의 아군 병력이 투입되더라도 동굴 입구의 진입로는 좁기 때문에 적군은 소수의 병력으로도 아군의 침입을 확실하게 저지해낸다. 동굴 안에 충분한 무기와 식량, 기타 보급품을 보관하고 있을 경우 전투는 장기화된다. 하지만 '시간'은 아군의 편이다. 적군의 항복을 받아내는 것은 시간문제다. 아무리 보유자원이 많더라도 새로이 충당되지 않으면 언젠가는 고갈될 것이기 때문이다.

고립된 적군과의 싸움은 때때로 '치열한' 양상을 띤다. 모든 사람이 전쟁에서의 승리를 기뻐하지만, 승리의 선포 이후에도 사상자가 속출하는 경우가 있다. 바로 이러한 이유 때문이다. 국지전에서의 패배는 대규모 전쟁을 승리로 이끌었던 장본인들보다 먼 곳에서 전쟁의 소식을 듣는 대중에게 더 충격적인 뉴스가 된다. 사람들은 전쟁에서 패배했다는 소식을 좋아하지 않는다. 그래서 소규모 전투 및 국지전에서의 패배 사실은 감추는 경향이 있다. 특히 전쟁의 말미에는 이러한 현상이 두드러진다. 하지만 언론은 아무런 부연 설명 없이 아군의 사상자 수가 증가한다는 뉴스를 내보내고, 이 소식을 접한 대중은 "전쟁에서 패배했다"라고 쉽게 결론짓는다. 이러한 때 참전 용사들이 자국민으로부터 지지를 받는 일은 힘들다. 전쟁을 지지했던 사람들조차 등을 돌려버린다.

소규모의 전투지만 엄청난 소모전이다. 막대한 시간, 돈, 인력과 전투력을 투입하지만 이를 통해 얻는 결과는 미미하다. 어느 정도 시간이 흐르면 파병국의 시민들은 전쟁에 소요된 비용과 전쟁을 통한 이득을 따져보기 시작한다. 물론 비용 계산이 훨씬 쉽다. 이득은 산출하기도 어렵고, 항상 보고되는 것도 아니기 때문이다. 손익 계산 후, 전쟁을 포기하는 경우도 있다. 이에 전쟁이 중단되거나 패배로 마무리된 적도 많다.

현대인들은 참을성이 없다. 대부분의 사람들이 '즉각적인 결과물'을 기대한다. TV수사물이나 추리영화를 보라. 사건 발발 후 30분 내지 90분 안에 전부 해결되지 않는가? 빠른 시일 내에 명백한 이득이 보고되지 않으면, 사람들은 쉽게 흥미를 잃거나 하던 일을 중도에 포기해버린다.

반면 원수와 오랜 전쟁을 치르는 사람들도 있다. 그들은 너무도 오랫동안 수많은 고통을 참고 견뎌왔다. 특히 원수의 공격에 건강상의 문제를 안고 있는 사람들이 많다. 하지만 이러한 부상자들은 존경받지 못하고 오히려 '주류' 성도그룹으로부터 격리되곤 한다. 사기저하가 예상되기 때문이란다.

사람들은 고통을 참지 못한다. '오래 참음'은 혐오할 덕목이 되었다. "여기까지가 내 한계다"라는 생각이 드는 순간 곧바로 포기해버린다. 공생애 기간 중 예수님 역시 이러한 상황과 맞닥뜨리셨다. 예수님은 아주 오랫동안 병을 앓았던 '만성' 질병 환자들과 많이 만나셨는데, 그 중, 18년 동안 질병의 영과 싸워왔던 한 여성의 이야기가 도드라진다.

> 열여덟 해 동안이나 귀신 들려 앓으며 꼬부라져 조금도 펴지 못하는 한 여자가 있더라 눅 13:11

이 여성은 18년 동안이나 전쟁을 치르고 있었다. 거의 포기한 상태에 이르기까지 병마와 싸운 것이다. 심지어 몸이 뒤틀려버렸으니 예수님께 나아갈 수도 없었고, 치유를 간구할 수도 없었다. 전쟁의 말미에, 그녀는 자신의 고통과 아픔을 '수긍'하는 지경에까지 이르렀다. 하지만 이것은 그녀를 향한 예수님의 계획과 어긋나버렸다. 그래서 예수님이 먼저 그녀에게 다가가 치유의 기적을 베푸셨다.

> 예수께서 보시고 불러 이르시되 여자여 네가 네 병에서 놓였다 하시고 안수하시니 여자가 곧 펴고 하나님께 영광을 돌리는지라 눅 13:12-13

물론 남아있는 적들과 싸우며 고통당할 수도 있다. 하지만 끊임없는 고통과 아픔으로 살아가는 것은 주님의 뜻이 아니다. 주님께서 우리를 자유케 하셨다. 사탄의 모든 일을 훼파하셨다. 이제 당신을 잠식하려는 사탄의 모든 권세를 끊으실 것이다. 당신은 정사(통치자)와 권세를 완전히 말살시키지 못한다. 그렇다고 해서 그가 안겨주는 고통을 고스란히 안고 살아가야 한다는 말은 아니다. 당신은 그의 권세와 영향력을 끊고 자유롭게 일어설 수 있다. 이것이 바로 당신의 삶을 향한 예수님의 목적이다. 당신의 눈을 가려 진리를 보지 못하게 하고, 거짓말을 사실로 믿게 만드는 것, 이것이 사탄의 목표이다. 하지만 당신은 그의 영향력 아래에 매여 있을 필요가 없다. 속박을 끊고 비상(飛翔)하라!

예수님께서 모든 속임의 끈을 끊으시고 당신을 자유케 하시도록 허락해 드리라. 이후 당신은 하나님 나라의 임무를 훌륭하게 완수할 것이다. 고립된 적군이 남아있으나 말 그대로 고립된 상태다. 그들은 당신에게 권력을 행사할 수 없다. 누가복음 10장 19절의 말씀을 기억하라. "내가 너희에게 뱀과 전갈을 밟으며 원수의 모든 능력을 제어할 권세를 주었으니 너희를 해할 자가 결단코 없으리라"(눅 10:19). 당신은 이 말씀에 약속된 '모든'을 주장해야 한다. 당신의 손에 원수의 '모든' 능력을 제어할 권세가 놓여 있다. 그 권세가 당신의 것임을 주장하기 바란다. 또한 이 말씀이 약속하고 있는 '결단코'도 주장해야 한다. 어떠한 원수도 '결단코' 당신을 해할 수 없을 것이기 때문이다.

우리는 동시에 두 영역을 살아간다. 먼저는 자연계이다. 우리는 자연계에 발을 붙이고 살아간다. 만일 그리스도 안에서 거듭난다면 이후로는 영계를 살아가기 시작한다. 두 영역 모두 하나님께서 창조하신 세계이다. 게다가 이 두 영역에는 한 가지 동일한 기본 원칙이 적용된다. 그러므로 자연계에서 배운 것을 영적 원칙으로 삼고 적용할 수 있을 것이다.

## 자연계에서의 전쟁 원칙이
## 영계에도 그대로 적용된다

예수님은 사탄과 싸워 그를 패배시키셨다. 사탄이 알고 있었는지는 확실치 않으나, 그가 승리할 가능성은 제로였다. 하나님의 능력이 사탄의 능력보다 무한대 이상으로 크기 때문이다.

성경에 나와 있기 때문에 우리는 최후의 승자가 누구인지 알 수 있다. 우리가 이긴다. 사탄은 패배한다. 지금부터 이 '사실'(우리가 승리한다는 사실) 속에서 살아가기 시작하라. 사탄과 모든 악령의 운명은 이미 정해졌다. 아무리 발버둥쳐도 그는 자신의 운명을 변경시킬 수 없다. 시작부터 마지막을 알고 계신 하나님이시다. 그 마지막 역시 천지 창조 이전에 계획된 것이다. "예수께서 이르시되 사탄이 하늘로부터 번개같이 떨어지는 것을 내가 보았노라"(눅 10:18). 승리는 주님의 전유물이자 그에게 속한 모든 사람의 소유라는 사실을 결코 잊어서는 안 된다.

사탄이 하나님을 대적하려고 마음먹은 순간 그는 그길로 하늘에서 쫓겨났다. 하나님과 사탄 사이에 싸움이 있었거나 갈등이 있었던 것도 아니다. 사탄이 일방적으로 쫓겨난 것이다. 번개보다 약 1,000분의 1초 더 빠른 속도로 이 땅에 내던져졌을 것이다.

우리는 사탄이 비열하다는 사실을 잘 안다. 하나님 나라를 점령하려던 계획이 좌초되자 눈을 돌려 당신을 타깃으로 삼았다. 그는 당신으로부터 '하나님 나라'를 빼앗으려 한다. 스스로 생명을 얻지 못하면, 당신의 생명을 빼앗을 것이다. 자신의 계획이 지속될 수 없다면, 당신의 계획도 무너뜨릴 것이다. 3대 목적(훔치고, 죽이고, 파멸시키는 것)을 이루기 위해 그가 사용하는 최고의 도구는 '속임수'이다. 지금도 그는 당신을 속여 자신이 막강한 존재임을 믿게끔 만들 것이다. 또한 스스로를 복의 근원이라 주장하며 당신을 속일 텐데, 만일 당신이 그의 거짓말에 속지 않으면 사탄은 당신에게 달려들어 당신의 복을 빼앗아 갈 것이다. 그가 입을 열면 거짓말뿐이다. 그의 속임수에 넘어가지 말라. 고립된 소규모의 적군을 두려워하지 말라. 그들이 당신을 위협하지 못하도록 철저히 막아서라. 사탄의 거짓말에 속으면 당신은 승리를 포기하게 될 것이다. 바울이 로마 교회의 성도들에게 전한 경고의 말씀을 들으라.

> 그러나 이 모든 일에 우리를 사랑하시는 이로 말미암아 우리가 넉넉히 이기느니라 내가 확신하노니 사망이나 생명이나 천사들이나 권세자들이나 현재 일이나 장래 일이나 능력이나 높음이나 깊음이나 다른 어떤 피조물이라도 우리를 우리 주 그리스도 예수 안에 있는 하나님의 사랑에서 끊을 수 없으리라 롬 8:37-39

당신은 '넉넉히 이기는' 정복자, 그 이상이다. 당신은 나라를 세우는 건축가이다. 당신이 하나님 나라를 세워나가는 동안 원수로부터의 소규모 저항이 있을 것이다. 이를 예상하고 놀라지 말라. 두려워 말고 걱정하지 말라. 싸움에서 패배하지도, 승리를 포기하지도 말라. 당신은 넉넉히 이길 수 있다. 고립된 영들이 여기 저기 널려있다. 당신이 할 일은 예수님께서 하셨던 것과 동일한 일이다. 겟세마네 동산에서 예수님이 악한 영들을 쫓으셨듯이 당신도 동산에서 그들을 쫓아내라. 그리고 동산 안으로 모든 사람을 인도하라.

> 회당에 더러운 귀신 들린 사람이 있어 크게 소리 질러 이르되 아 나사렛 예수여 우리가 당신과 무슨 상관이 있나이까 우리를 멸하러 왔나이까 나는 당신이 누구인 줄 아노니 하나님의 거룩한 자니이다 예수께서 꾸짖어 이르시되 잠잠하고 그 사람에게서 나오라 하시니 귀신이 그 사람을 무리 중에 넘어뜨리고 나오되 그 사람은 상하지 아니

한지라 다 놀라 서로 말하여 이르되 이 어떠한 말씀인고 권위와 능력으로 더러운 귀신을 명하매 나가는도다 하더라 눅 4:33-36

　미약한 귀신들과 큰 전쟁을 벌일 필요는 없다. 예수님은 권위를 갖고 명령하셨을 뿐이다. "잠잠하고 그에게서 나오라!" 대다수의 성도들이 지닌 문제점은 그들이 권위를 갖고 말하지 않는다는 것이다. 예수님께서 모든 권세를 회복하여 취하신 후 우리에게 전해주셨다는 사실을 잊지 말라. 우리에겐 원수의 모든 능력을 압도하는 권위가 있다(눅 10:19 참조).
　원수의 속임수에 넘어가 사탄이 능력자이고 권위자라는 거짓말을 믿게 되는 일이 없기를! 예수님은 사탄에게서 권위를 빼앗아 당신에게 넘겨 주셨다. 그러나 사탄은 다시금 그 권위를 넘겨받고자 한다. 그 옛날 동산에서, 아담과 하와를 속여 그들의 권위를 넘겨받는데 성공했듯이…. 더 이상은 사탄의 능력을 과대평가하지 말라. 대신 예수 그리스도의 권위와 능력을 고백하며 믿음 위에 굳게 서라. 예수님의 행동강령(mission statement)은 아래의 말씀에 명시되었다.

　　죄를 짓는 자는 마귀에게 속하나니 마귀는 처음부터 범죄함이라 하나님의 아들이 나타나신 것은 마귀의 일을 멸하려 하심이라 요일 3:8

　요한은 예수님의 임무가 마귀의 일을 멸하는 것임을 명시했다. 예수님께서 이 임무에 실패하셨는가? 절대로! 십자가에 달리신 예수님께서 입을 열고 큰 소리로 외치신 말씀을 들어보겠는가? "다 이루었다!"(요 19:30). 예수님은 자신의 사명이 완수되었음을 선포하셨다.
　많은 사람이 묻는다. "그렇다면 왜 아직도 마귀가 활동하는 겁니까? 예수님께서 실패하신 것 아닙니까?" 그렇지 않다. 이들은 고립된 소규모 저항세력일 뿐이다. 전쟁에서 패배했기 때문에 그들은 십자가 사건 이후로 활동에 큰 제약을 받고 있다. 그들이 행사할 수 있는 능력은 당신이 그들에게 '선사한' 능력뿐이다. 그들의 미래는 이미 결정되었다. 그러나 이들이 활개치는 이유는 수많은 사람이 예수님으로부터 받은 권위를 그들에게 고스라니 넘겨주기 때문이다. 그러므로 이 전쟁터에서 당신은 두 눈을 부릅뜨고 자신의 권위를 지켜야 한다. 하나님의 말씀에 머물라. 그러면 원수가 당신을 속이지 못할 것이다.

성경은 우리에게 모든 영을 시험해보라고 권한다. 테스트에 사용될 도구는 성경 속에 비치되어 있다. 요한일서를 펴고 테스트 도구를 찾아보기 바란다.

> 예수를 시인하지 아니하는 영마다 하나님께 속한 것이 아니니 이것이 곧 적그리스도의 영이니라 오리라 한 말을 너희가 들었거니와 지금 벌써 세상에 있느니라 요일 4:3

요한의 시대에 적그리스도의 영이 사람들 가운데 활동하고 있었으니 지금도 활동하고 있음은 당연한 사실이리라. 물론 이 영은 '적그리스도'가 아니다. 적그리스도는 마지막 날에 등장할 것이기 때문이다. 어쨌든 이 영은 여러 사람과 공조하여 성도들로 하여금 예수 그리스도의 승리, 자신들이 거머쥐게 될 승리를 불신하게 만든다. 또한 과거 예수님께서 행하신 일들과 현재 행하고 계신 일들의 허구화 작업에 몰입한다. 이후 당신과 예수님이 맺은 관계, 당신의 신앙, 예수님과 동행하는 삶을 싸잡아 '허상'이라고 주장할 것이다.

너무도 강력한 속임수이기에 근신하여 깨어있지 못하면 당신은 하나님의 목적을 이룰 수 없다. 성경은 '적그리스도의 영'과의 전쟁이 예수 그리스도의 재림까지 계속될 것을 약속하고 있다. 이 사실에 낙심되는가? 싸움을 포기하고픈 생각이 드는가? 포화와 총성이 들리지 않는 곳으로 도망가길 원하는가? 하지만 참된 용사라면 화약 냄새를 맡고 총포의 굉음을 향해 돌진할 것이다. 자신에게 주어진 임무가 무엇인지 알면, 고립된 적과의 싸움을 비교적 쉽게 개진할 수 있을 것이다.

## 이것은 우리의 임무이다

'여자의 후손'이 십자가에서 뱀의 머리를 밟았다. 그리고 수많은 '여자의 후손들'이 그를 따라 뱀의 머리를 밟을 것이다. 우리 모두는 여자(하와)의 후손들이다. 이제 이 예언의 말씀이 나와 당신을 통해 성취되는 것을 목도하리라! 하나님은 당신의 발을 사용하여 원수의 능력을 말살하신다. 그렇기 때문에 예수님께서 우리에게 뱀과 전갈을 밟으라고 명령하신 것이다. 지금이야 말로 원수의 머리를 밟을 때이다. 고립된 저항군들의 사기를 완전히 꺾어버릴 때이다. 당신이 몸담은 영역에서 마귀는 당신 때문에, 엄밀히 말하면 당신의 발 때문에 겁을 집어먹고 도망쳐야 한다. 그 정도는 되어야 하지 않은가? 그들의 머리를 밟기 시작하라. 그리고 멈추지 말라.

> 내가 너희에게 뱀과 전갈을 밟으며 원수의 모든 능력을 제어할 권세를 주었으니 너희를 해할 자가 결단코 없으리라 눅 10:19

우리는 승리를 거둔 후 원대로 복귀하면서 남아있는 소규모 저항세력을 '청소하는' 군병이다. 그렇게 원수를 무찌름으로써 예수님이 하셨던 일을 이어나간다. 우리는 뱀과 전갈을 밟아야 한다. 우리에겐 원수의 모든 능력을 제어할 권세가 있다. 그런데 교회는 왜 이 사실을 이해하지 못하는가? 무엇 때문에 이 사실을 이해하기가 어려운 것인가? 초대교회의 성도들도 이 사실을 이해하는데 큰 어려움을 겪었다. 바울은 원수가 에베소 교회에 입힌 피해에 대해 지적했다. 그런데 그와 동일한 일이 지금 우리의 교회 안에도 일어나고 있다. 우리는 원수를 짓밟을 때보다 서로를 짓밟는 데에 더 많은 시간과 노력을 투자하고 있다. 오늘날 대다수의 교회는 바울서신에 지적된 교회들과 별반 다를 것이 없다. 서로를 짓밟는 행위는 예수님의 명령에 대한 불복종이며, 성령을 근심시키는 일이다. 이 글을 읽는 독자들은 어떨지 모르겠다. 하지만 나는 성령을 근심시켜 드릴 마음이 추호도 없다.

> 하나님의 성령을 근심하게 하지 말라 그 안에서 너희가 구원의 날까지 인치심을 받았느니라 너희는 모든 악독과 노함과 분냄과 떠드는 것과 비방하는 것을 모든 악의와 함께 버리고 서로 친절하게 하며 불쌍히 여기며 서로 용서하기를 하나님이 그리스도 안에서 너희를 용서하심과 같이 하라 엡 4:30-31

이 같은 바울의 권면이 있은 후 1,900년이나 지났다. 그렇다면 지금 우리는 1,900년 만큼 더 나아져야 하는 것 아닌가? 왜 교회가 이 동일한 문제로 여전히 고생해야 하는가?

내 생각에 주된 이유 중 하나는 너무도 많은 사람이 두려움에 사로잡혀있기 때문일 것이다. 그동안 나는 여러 교회를 방문했는데 그때마다 성도들은 자신이 두려워하는 것들을 끊임없이 열거했다. 두려워하는 것들이 어찌나 많던지, 마치 두려움의 영이 교회를 '떡 주무르듯' 하는 것 같았다. 하지만 성경은 우리가 이러한 삶을 살아선 안 된다고 경고했다. 우리는 믿음의 능력 안에서 살아야 한다. 믿음은 항상 두려움을 몰아낸다. 우리의 삶은 예수 그리스도의 완벽한(온전한) 사랑으로 충만해야 한다. 온전한 사랑은 두려움을 몰아낸다. 만일 믿음이 부족하면, 하나님께 요청하라. 믿음은 하나님의 선물이다. 우리의 노력으로는 믿음을 얻을 수도 믿음을 키워낼 수도 없다. 행위의 결과가 아니니 믿음을 선물로 받기 위해 가야 할 곳은 한 군데뿐이다. 바울이 말한다. "믿음은 들음에서 나며 들음은 그리스도의 말씀으로 말미암았느니라"(롬 10:17 참조). 이것을 믿는가?

 이제 당신에게 묻겠다. 하나님의 말씀을 들을 때 '믿음'이 생긴다면, 두려움은 어디서 오겠는가? 두려움은 원수의 말을 들을 때 생긴다. 두려움은 하나님으로부터 오지 않는다. 우리는 이 사실을 알고 있다. 성경이 이 사실을 증명해준다.

> 하나님이 우리에게 주신 것은 두려워하는 마음이 아니요 오직 능력과 사랑과 절제하는 마음이니 **딤후 1:7**

 만일 당신 안에 두려워하는 마음이 감지된다면 혹은 당신의 영혼이 두려움에 의해 좌지우지된다면, 무엇보다 먼저 두려움의 영이 하나님으로부터 온 것이 아님을 인식해야 한다. 하나님은 각양 좋은 은사를 주셨다. 하지만 두려움은 그 목록에 포함되지 않는다. 하나님은 당신에게 능력을, 또 뚜렷한 사고(思考)를 주셨다. 그러나 원수는 당신의 사고체계를 어둡게 하려고 노력한다. 지금은 하나님의 은사를 받아들이고 원수의 거짓말을 거부함으로써 자유로운 마음을 얻을 때이다. 사탄은 거짓말쟁이요, 거짓의 아비이다. 사탄은 생계를 위해 거짓말한다. 만일 사탄으로부터 일련의 사실을 듣는다 해도, 그것은 오직 더 큰 속임수를 베풀기 위한 함정일 뿐이다.

 사탄은 심리전에 능하다. 그가 당신의 마음에 '이제 곧 위험이 닥칠 것이다' 라는 생각을 심어 넣는데 성공하면, 정말 당신은 뒷걸음쳐 숨으려 할 것이다. 정작 싸워야 할 때 겁을 먹고 뒤로 물러서고픈 욕구가 생길 것이다. 몇몇 성도들은 사탄의 심리전에 놀아나, 지금이 사탄의 시대이며 교회는 그를 제어할 능력이 없다고 생각하기에 이른다. 예수님의 말씀과 너무도 다르지 않은가? 그러나 원수는 자신의 잠재력을 부풀리는데 선수다. 위협을 과장하여 사람들을 공포에 떨게 한다. 마치 자신이 하나님처럼 강한 양 스스로를 꾸며내기도 한다.

> 근신하라 깨어라 너희 대적 마귀가 우는 사자 같이 두루 다니며 삼킬 자를 찾나니 **벧전 5:8**

거듭 강조하지만, 성경은 사탄을 '사자' 라고 말하지 않았다. 그는 사자처럼 으르렁댈 뿐이다. 그러나 사탄의 포효에 사람들은 속는다. 사탄을 사자로 인식하기 시작한다. 이제 사탄은 사람들의 마음에 담긴 두려움을 이용하여 그들을 집어삼킬 것이다. 자신을 사자로 가장하는 일에 실패한다면 사탄은 전략을 바꿔 스스로를 빛의 천사로 가장하기 시작할 것이다.

> 이것은 이상한 일이 아니니라 사탄도 자기를 광명의 천사로 가장하나니 **고후 11:14**

이제, 영들을 시험해야 할 이유가 충분해졌지 않은가? 선한 목자의 음성을 분별하여 그를 따라야 할 이유, 훔치고 죽이는 사탄의 음성을 분별하여 쫓아내야 할 이유가 충분하지 않은가? 이것과 관련하여 예수님께서 말씀하신 경고를 들으라. "거짓 그리스도들과 거짓 선지자들이 일어나 큰 표적과 기사를 보여 할 수만 있으면 택하신 자들도 미혹하리라"

(마 24:24). 물론 예수님은 택하신 자들이 유혹에 '넘어갈 것' 이라 단정하신 것은 아니다. 다만 사탄이 그들까지도 유혹할 것이라는 말씀이었다. 결국 항상 깨어 근신해야 한다는 사실을 말씀한 것이다. 사탄의 허위 과장 광고에 속지 말아야 한다. 다만 성령께서 우리에게 주신 것들만 붙들고 따라가야 할 것이다.

실제 싸움이 일어나기 전, 상대편은 심리전에서 승리한 채로 전장에 나선다. 운동경기에서 이와 같은 일을 자주 목격하게 되는데, 링 위에 오르기 전, 권투선수들은 상대편의 기를 죽이기 위해 다양한 행동을 취한다. 물론 노련한 선수는 상대의 전략을 다 알기 때문에 '요란한 빈 수레' 에 겁먹지 않는다. 당신은 어떤가? 심리전에서 패배하고 싸움을 포기하는가?

하나님의 백성은 하나님의 음성을 듣는다. 주님의 양은 목자의 음성을 알기 때문에 원수의 목소리가 들려올 때 쉽게 분별해낸다. 참된 주님의 양은 도적의 목소리에 귀를 기울이지도, 그를 따르지도 않는다. 그러나 성령의 인도하심을 따르지 않는 사람들은 하나님의 음성을 듣지 않는다.

> 우리는 하나님께 속하였으니 하나님을 아는 자는 우리의 말을 듣고 하나님께 속하지 아니한 자는 우리의 말을 듣지 아니하나니 진리의 영과 미혹의 영을 이로써 아느니라 요일 4:6

이제 한 가지 중요한 질문에 답변해야 한다. 영적 전쟁에서 승리하려면 반드시 답해야만 하는 질문이다. 여기 그 질문을 제시한다.

# 선한 싸움을 싸울
# 결의를 다졌는가?

　장기전에 돌입해도 지치지 않을 자신이 있는가? 수많은 성도가 패배의 분위기에 지레 겁먹고 포기해 버린다. 실제 패배도 아니고, 처음 있는 패배의 분위기인데도 그들은 그 자리에서 칼을 내려놓는다. 아직 장기전을 감당할 준비가 되지 않았기 때문이다. 마음 약한 사람들은 승리가 연속되거나 큰 승리의 분위기가 있을 때에만 싸움을 지속한다. 하지만 잠시라도 진전이 없을 경우 그들은 쉽게 포기해버린다. 국지전에서 몇 번 패배하거나, 무승부의 기색이라도 비칠라치면 그들은 이내 흰 수건을 던지고 자리를 정리한다. 당신은 어떤가? 큰 그림을 볼 수 있는가? 최후의 승리가 보장되었다는 사실을 확신할 수 있는가? 단기전에서의 양상이 어떻든 포기하지 않을 자신이 있는가? 얼마나 오래 지속될는지도 모르고 얼마나 많은 비용을 치러야 하는지도 모르지만, 끝까지 충성할 수 있겠는가? 당신은 심지가 굳은, 충성스런 용사인가? 아니면 겁쟁이인가? 대답하기 껄끄러운 질문이다. 그러나 전쟁에 나서기 전 이 질문에 반드시 대답해야 한다. 전쟁 중 동료들이 포기하고 달아나는 것은 끔찍한 일이다. 그들의 용기 없는 모습을 볼 때, 아군의 사기가 크게 저하될 것이기 때문이다.
　끝까지 포기하지 않도록 스스로를 격려할 방법을 아는가? 어떤 사람은 성경에서 가장 큰 위로와 격려를 받는다. 어떤 일을 겪든지 하나님의 말씀은 '항상 거기에 있어' 우리를 위로해주기 때문이다. 어떤 사람은 성령님께 가까이 나아가 직접 격려의 말씀을 듣는다. 또 어떤 사람은 자신과 동일한 생각을 가진 사람들과 만나 위로를 받고 안정을 취한다.
　최고의 방법은 위에 제시된 모든 방안의 조합일 것이다. 수와 양에는 힘이 따른다. 사람들이 동의하고 결의할 때 그곳에 큰 힘이 발생한다.

그리고 하나님의 약속을 믿을 때, 엄청난 확신이 생긴다.

당신은 다른 사람을 격려할 수 있는가? 걸프전 당시의 일이다. 어떤 지휘관이 병사들에게 침투작전에 대해 설명하고 있었다. 지휘관은 침투에 따른 적의 공격과 그 위험성에 대해 솔직하게 이야기했다. 그리고 적군의 상황과 그들의 전투력에 대해서도 숨김없이 말했다. 뒷줄에 앉아 그의 설명을 듣던 장교 한 명이 공포에 사로잡힌 채, 몸을 부들부들 떨기 시작했다. 기어이 자리에서 일어나더니 고함을 지르기 시작했다. "우리는 죽게 될 겁니다! 우리는 죽게 될 거라고요!" 두말할 것 없이 그의 행동은 군인들의 사기에 악영향을 미쳤다. 영적 전쟁에서 우리의 말과 행동이 자신에게는 물론 동료병사에게도 큰 영향을 미친다는 사실을 기억하기 바란다. 당신은 동료병사를 격려하는 사람인가? 아니면 그들의 사기를 꺾는 사람인가? 하나님께 초자연적인 담대함을 간구하라. 그래서 주변의 모든 사람에게 복을 전해주는 통로가 되기를 바란다.

당신은 대가를 치를 의향이 있는가? 전쟁은 비싸다! 전쟁 중엔 많은 것이 파괴되고, 많은 것을 잃게 된다. 목숨을 잃을 수도 있다. 재산을 잃기도 한다. 친구나 가족을 잃을 수도 있다. 그렇기 때문에 어떤 대가를 치르고라도 평화를 유지하고픈 게 우리의 솔직한 마음 아닌가? 하지만 싸워야 할 때 싸우지 않고 평화를 유지하는 것은 크나큰 실수이다. 당신이 싸움에 나서든, 싸움을 포기하든 원수의 목적에는 변화가 없다. 그는 훔치고, 죽이고, 파멸시키려 한다. 우리가 일어서서 대적하든 웅크려 떨든 사탄은 자신의 계획을 진행시킨다. 싸우든 숨어있든, 전쟁 중 인명피해가 발생된다면 사상자 명단에 우리의 이름이 오를 수 있다는 사실을 기억하기 바란다. 어차피 싸워야 한다면, 반드시 싸워야 한다. 물러서지 말라. 용기를 내고 전장으로 달려가라. 그리스도 안에서 당신은 영원한 생명을 보장받았다. "예수께서 이르시되 나는 부활이요 생명이니 나를 믿는 자는 죽어도 살겠고 무릇 살아서 나를 믿는 자는 영원히 죽지 아니하리니 이것을 네가 믿느냐?"(요 11:25-26). 예수님께서 우리에게 던지신 이 중요한 질문을 곰곰이 생각해보라. "이것을 네가 믿느냐?"

영적전쟁에 참가했던 사람들 중 많은 수가 심각한 부상을 입기도 했다. 전쟁의 실상은 "그곳에 사상자가 생길 것이다"이다. 하지만 철저히 준비된 의료서비스를 받을 확률 또한 높다. 용사들과 함께 전장에 나서는 의무병으로부터 전선 근처에 세워진 야전 병원에 이르기까지, 의료서비스는 최상의 전투력을 유지하기 위해 꼭 필요한 요소이다. 의료진의 부재는 군 사기 저하의 주요원인 중 하나이다. 구약의 이스라엘 군대에는 이와 같은 의료서비스가 구비되지 않았다. 그래서 부상당한 병사는 스스로 목숨을 끊곤 했다. 적에게 붙잡혀서 능욕을 당하거나, 제대로 치료받지 못해 불구로 살아가느니 차라리 죽는 편이 낫다고 생각했던 것이다.

> 사울이 자기의 무기를 가진 자에게 이르되 너는 칼을 빼어 그것으로 나를 찌르라 할례 받지 못한 자들이 와서 나를 욕되게 할까 두려워하노라 그러나 그의 무기를 가진 자가 심히 두려워하여 행하기를 원하지 아니하매 사울이 자기 칼을 뽑아서 그 위에 엎드러지니 무기 가진 자가 사울이 죽는 것을 보고 자기도 칼에 엎드러져 죽으니라 대상 10:4-5

영적 전쟁의 용사들 중 전쟁에서 받은 상처의 흔적을 지닌 채(기억한 채) 향후 몇 년을 살아가는 사람도 있다. 다시금 상처 입을 두려움 때문에 선뜻 전쟁에 나서지 않는 용사들도 있고, 상처 앞에서 꼼짝달싹 못하는 용사들도 있다. 이처럼 과거 영적 전쟁 중 상처를 입었던 병사 중에는 사탄과의 싸움을 효율적으로 개진할 수 없으리라는 두려움 때문에 뒷걸음질치는 이도 많다. 그러나 주님은 원수에 의해 부상당한 모든 사람에게 '치유'를 약속하셨다. "내 이름을 경외하는 너희에게는 공의로운 해가 떠올라서 치료하는 광선을 비추리니 너희가 나가서 외양간에서 나온 송아지 같이 뛰리라"(말 4:2). 고립된 저항군들을 제거하려면, 전쟁 중 받았던 상처들로부터 빨리 치료받고 본연의 임무를 이어가야 할 것이다. 오늘 주님께서 허락하실 치유를 받아들이라. 이후 가능한 한 빨리 다시금 싸움터로 달려 나가라. 서로를 위로하고 격려하는 것도 잊지 말라. 전쟁의 막바지, 곧 '청소' 단계에선 서로가 서로를 의지해야 한다.

싸움에서 이기려면, 명확한 목적을 정해야 한다. 초기, 중기, 장기 목표를 수립하고 그대로 지키도록 노력해야 한다. 중간에 저항이 있다 하더라도 멈춰선 안 된다. 원수의 저항을 예상하라. 그러면 사탄이 성도들을 공격한다는 사실에 더 이상 놀라지 않을 것이다. 이에 대해 베드로가 전한 말씀을 기억하라.

> 사랑하는 자들아 너희를 연단하려고 오는 불 시험을 이상한 일 당하는 것 같이 이상히 여기지 말고 오히려 너희가 그리스도의 고난에 참여하는 것으로 즐거워하라 이는 그의 영광을 나타내실 때에 너희로 즐거워하고 기뻐하게 하려 함이라 너희가 그리스도의 이름으로 치욕을 당하면 복 있는 자로다 영광의 영 곧 하나님의 영이 너희 위에 계심이라 **벧전 4:12-14**

스스로 믿음 위에 서고, 또 동료를 세우기 위해 먼저 승리할 것을 인식해야 한다. 우리를 돕기 위해 계속해서 임재하시는 하나님의 신실하심을 확신하고 기뻐하라. 너무도 많은 사람들이 영적 전쟁 중 사탄의 능력을 과대평가하며 사탄의 승리를 '예견' 하기도 한다. 만날 때마다 그들은 사탄의 능력에 대한 새로운 정보, 자신이 어떤 공격을 당했는지, 또 그가 어떤 피해를 입혔는지를 이야기하느라 정신없을 것이다. 사랑하는 형제여! 사탄에게 힘을 실어주거나 그를 격려하기를 멈추라. 고립된 저항세력에게 용기를 북돋워 주지 말라. 사탄의 능력과 그의 파괴력을 예찬하는 언사는 이미 패배한 원수에게 재기의 기회를 주는 것과 마찬가지이다. 입조심 하라. 혀에 재갈을 물리라. 사탄의 능력을 과대평가하던 거짓 고백의 습성을 버리라. 오직 하나님께만 영광을, 하나님께만 능력을, 하나님께만 찬양을 드리라. 전쟁의 매 단계마다 하나님을 찬양하고 그의 승리를 고백해야 한다. 결국 당신이 처리해야 할 대상은 고립된 저항세력일 뿐이다. 예수님께서 큰 전쟁을 감당하신다. 원수의 모든 강력은 예수님께서 친히 무찌르셨다. 그러므로 주님이 거두신 모든 승리에 대해 감사드리고 찬양하라. 앞으로의 큰 전쟁도 주님께서 직접 싸우시도록 허락해 드리라.

하나님께서 우리에게 보내주신 코치는 우리로 하여금 훈련에 집중하도록 도와줄 것이다. 그분은 다름 아닌 성령이시다. 성령께서 당신을 인도하시도록 허락해드리면, 또 성령의 인도하심에 온전히 순복하면, 모든 전쟁은 '이미' 당신의 승리일 것이다. 그러므로 성령을 의지하는 법, 그분의 명령에 즉각 순종하는 법을 배우라. 성령께서 당신을 세우시도록, 당신에게 용기를 주시도록, 당신을 위로해 주시도록 그분을 허락해 드리라. 다시 한 번, 예수님의 임무 및 당신을 지원해주시겠다는 그분의 약속을 살펴보자.

> 주 여호와의 영이 내게 내리셨으니 이는 여호와께서 내게 기름을 부으사 가난한 자에게 아름다운 소식을 전하게 하려 하심이라 나를 보내사 마음이 상한 자를 고치며 포로된 자에게 자유를 갇힌 자에게 놓임을 선포하며 여호와의 은혜의 해와 우리 하나님의 보복의 날을 선포하여 모든 슬픈 자를 위로하되 무릇 시온에서 슬퍼하는 자에게 화관을 주어 그 재를 대신하며 기쁨의 기름으로 그 슬픔을 대신하며 찬송의 옷으로 그 근심을 대신하시고 그들이 의의 나무 곧 여호와께서

심으신 그 영광을 나타낼 자라 일컬음을 받게 하려 하심이라 사 61:1-3

# 더 깊은 연구를 위한
## 성경구절(추가)

### 고립된 저항세력

행 16:16 우리가 기도하는 곳에 가다가 점치는 귀신 들린 여종 하나를 만나니 점으로 그 주인들에게 큰 이익을 주는 자라

민 5:14 그 남편이 의심이 생겨 그 아내를 의심하였는데 그의 아내가 더럽혀졌거나 또는 그 남편이 의심이 생겨 그 아내를 의심하였으나 그 아내가 더럽혀지지 아니하였든지

사 19:3 애굽인의 정신이 그 속에서 쇠약할 것이요 그의 계획을 내가 깨뜨리리니 그들이 우상과 마술사와 신접한 자와 요술객에게 물으리로다

### 우리를 돕기 위해 하나님께서 보내신 영들

고전 2:11-12 사람의 일을 사람의 속에 있는 영 외에 누가 알리요 이와 같이 하나님의 일도 하나님의 영 외에는 아무도 알지 못하느니라 우리가 세상의 영을 받지 아니하고 오직 하나님으로부터 온 영을 받았으니 이는 우리로 하여금 하나님께서 우리에게 은혜로 주신 것들을 알게 하려 하심이라

요 16:13 그러나 진리의 성령이 오시면 그가 너희를 모든 진리 가운데로 인도하시리니 그가 스스로 말하지 않고 오직 들은 것을 말하며 장래 일을 너희에게 알리시리라

고후 4:13 기록된 바 내가 믿었으므로 말하였다 한 것 같이 우리가 같은 믿음의 마음을 가졌으니 우리도 믿었으므로 또한 말하노라

## 자신의 영혼을 연약하게 만드는 길

행 8:20-24 베드로가 이르되 네가 하나님의 선물을 돈 주고 살 줄로 생각하였으니 네 은과 네가 함께 망할지어다 하나님 앞에서 네 마음이 바르지 못하니 이 도에는 네가 관계도 없고 분깃 될 것도 없느니라 그러므로 너의 이 악함을 회개하고 주께 기도하라 혹 마음에 품은 것을 사하여 주시리라 내가 보니 너는 악독이 가득하며 불의에 매인 바 되었도다 시몬이 대답하여 이르되 나를 위하여 주께 기도하여 말한 것이 하나도 내게 임하지 않게 하소서 하니라

엡 4:30-31 하나님의 성령을 근심하게 하지 말라 그 안에서 너희가 구원의 날까지 인치심을 받았느니라 너희는 모든 악독과 노함과 분냄과 떠드는 것과 비방하는 것을 모든 악의와 함께 버리고

히 12:14-15 모든 사람과 더불어 화평함과 거룩함을 따르라 이것이 없이는 아무도 주를 보지 못하리라 너희는 하나님의 은혜에 이르지 못하는 자가 없도록 하고 또 쓴 뿌리가 나서 괴롭게 하여 많은 사람이 이로 말미암아 더럽게 되지 않게 하며

막 11:25 서서 기도할 때에 아무에게나 혐의가 있거든 용서하라 그리하여야 하늘에 계신 너희 아버지께서도 너희 허물을 사하여 주시리라 하시니라

눅 6:37 비판하지 말라 그리하면 너희가 비판을 받지 않을 것이요 정죄하지 말라 그리하면 너희가 정죄를 받지 않을 것이요 용서하라 그리하면 너희가 용서를 받을 것이요

# A Warrior's Guide To
## THE SEVEN SPIRITS OF GO

4과

# 준비태세 확립

*Developing a Readiness Posture*

A Warrior's Guide To

# THE SEVEN SPIRITS OF GOD

## PART 2: ADVANCED INDIVIDUAL TRAINING

# 4과

/

# 준비태세 확립

⋮

　　　　2주차 신병 훈련을 받던 젊은 훈련병 하나가 탄약고에서 야간 경계근무를 서고 있었다. 늦은 밤, 그는 지루함과 싸우며 졸지 않기 위해 노력했다. 그런데 탄약고 주변을 살피던 중, 저 멀리 어둠 속에서 토끼 한 마리가 움직이는 것을 보았다. 본능적으로 그는 총을 꺼내 들고 토끼를 조준했다. 그리고 발사했다. 명중이다. 그는 농장에서 자랐기 때문에 이런 일이 자연스레 몸에 익어 있었다. 고기반찬을 먹을 수 있는 주요 방법이 사냥이었기 때문이었다. 그는 단 한 발의 총알로 토끼를 잡을 수 있어서 마냥 기분이 좋았고 뿌듯했다. 이런 자신의 모습이 자랑스럽기까지 했다. 그러나 승리의 쾌감은 잠시⋯ 중무장한 군인들을 가득 실은 헌병대 차량이 줄지어 도착했다. 그는 이유 없이 발포했다는 혐의로 현장에서 체포되었다. 이후 혐의 하나가 추가되었는데, 그의 행동이 가져왔을 법한 위험 때문이었다. 그의 근무지가 바로 탄약고였으니까 말이다!

우리는 자신이 누군지, 그리고 적이 누구인지를 기억해야 한다. 지금 우리는 토끼 사냥을 하는 것이 아니다. 우리의 임무는 우리를 섬멸하려는 원수의 공격으로부터 스스로를 지켜내는 것이다. 졸지 않으려고 사냥 놀이를 한다면 실로 어리석은 일이 아닐 수 없다. 지금 우리는 적의 공격을 대비하며 경계하고 있다. 동시에 적의 공격 수준에 비례하는 대응사격도 준비하고 있다. 심각한 사안이기 때문에 성숙한 사고와 현명한 판단이 요구된다. 주님의 말씀에 어떻게 반응하느냐에 따라 이 땅에서의 삶이 달라질 것이다. 영원토록 머물게 될 장소 역시 바뀔 수 있다.

## 준비태세 확립 및 유지는 가장 힘든 임무 중 하나다

허리에 띠를 띠고 등불을 켜고 서 있으라 너희는 마치 그 주인이 혼인 집에서 돌아와 문을 두드리면 곧 열어 주려고 기다리는 사람과 같이 되라 주인이 와서 깨어 있는 것을 보면 그 종들은 복이 있으리로다 내가 진실로 너희에게 이르노니 주인이 띠를 띠고 그 종들을 자리에 앉히고 나아와 수종들리라 주인이 혹 이경에나 혹 삼경에 이르러서도 종들이 그같이 하고 있는 것을 보면 그 종들은 복이 있으리로다 너희도 아는 바니 집 주인이 만일 도둑이 어느 때에 이를 줄 알았더라면 그 집을 뚫지 못하게 하였으리라 그러므로 너희도 준비하고 있으라 생각하지 않은 때에 인자가 오리라 하시니 눅 12:35-40

원수의 다음 공격까지 예상하고 미리미리 대비하는 충성된 종이 되려면, 깨어 '경계' 해야 한다. 하지만 '경계' 는 가르치기도 어렵고 배우기도 어려운 훈련 중 하나다. 아니 가장, 어려운 훈련이라 하겠다. 경계태세를 유지하는 데에는 고도의 집중력이 필요하고 또 엄청난 에너지가 소비된다. 만일 당신이 경계태세를 유지하며 거기에 더하여 자신의 사명과 목적에 집중한다면 당신은 대부분의 사람들이 성취한 것보다 더 많은 것을 이루게 될 것이다. 힘든 일이겠지만 결코 포기할 수 없다. 우리는 항상 경계태세를 유지해야 한다. 자신뿐만 아니라 다른 사람도 경계태세를 갖추도록 도울 수 있어야 한다. 이를 위해 연구하여 더 나은 방법, 새로운 방법들을 강구해야 할 것이다.

임박한 위험을 감지하는 기술은 본인의 경계태세 및 동료들의 경계태세를 진작시킬 수 있는 최고의 방편이다. 옛 원수 사탄은 자신의 목적인 훔치고, 죽이고, 파멸시키는 일을 멈추지 않을 것이다. 조금도 쉬지 않을 것이다. 마음 약해지는 일도 없을 것이다. 자신의 목적을 이루는 데에는 한 치의 물러섬도 없을 것이다. 기초 훈련소에서는 당신이 경계근무를 설 때 책임자가 따로 있었다. 그가 당신을 깨워주고 보살펴주었다. 하지만 기초 훈련을 마친 지금, 당신은 홀로 경계근무를 선다. 당신 스스로가 책임을 져야 한다. 게다가 당신 자신의 목숨만을 책임지는 것이 아니다. 동료병사들의 생명이 당신의 손에 달렸다. 혹 자신을 위해서는 경계의 기술이 필요 없다고 생각하는 사람들도 있다. 만일 당신이 그런 사람이라면 자신을 위해서라기보다 당신이 사랑하는 사람들을 위해서 이 기술을 연마하기 바란다. 이것은 스스로를 훈육하는 고급 기술이다. 다른 사람을 돕는 일에 헌신해야만 습득이 가능한 상급기술이다. 우리는 날마다 경계기술의 중요성을 상기해야 한다.

"깨어 믿음에 굳게 서서 남자답게 강건하라"(고전 16:13). 고린도 교회 성도들을 향한 바울의 권면이다. 아마 그 교회 안에는 경계근무 중 졸았던 영적 군사들이 많았던 것 같다. 모든 지휘관이 알고 있는 '공공연한 비밀'이 있다. 초병근무 중 병사들이 꼭 존다는 것이다. 이러한 이유로 일직하사관은 끊임없이 경계근무지를 순찰하며 초병근무자들이 잠들지 못하게 한다. 뿐만 아니라 일직하사관은 경계근무자들이 2시간 단위로 교대할 수 있도록 원활한 교대근무의 확인절차도 직접 수행한다. 야간 경계근무에 최대한 집중할 수 있는 시간이 2시간밖에 안 된다는 사실에 놀라는 사람도 있을 것이다. 아무리 많이 훈련을 받고, 경험을 많이 쌓아도 집중하는 시간이 늘어나지는 않는다. 그것은 우리의 한계이다.

예수님도 이 문제로 고민하셨다. 사실대로 말하면, 보다 심각한 상황이었다. 군사 훈련을 받지 못해서였을까? 제자들은 한 시간도 깨어있지 못했다.

> 돌아오사 제자들이 자는 것을 보시고 베드로에게 말씀하시되 시몬아 자느냐 네가 한 시간도 깨어 있을 수 없더냐 시험에 들지 않게 깨어 있어 기도하라 마음에는 원이로되 육신이 약하도다 하시고 막 14:37-38

한 번이라도 경계근무를 서 봤던 군인들은 다음의 이야기를 알 것이다. 약삭빠른 병사가 있었다. 그는 경계근무 중 졸다가 일직사관에게 들켰다. 이 위기를 모면하려고 머리를 굴리던 병사에게 번뜩이는 아이디어가 떠올랐다. 그는 눈을 크게 부릅뜨고 큰 소리로 '아멘!' 하고 외쳤다. 일직사관은 그가 잠을 잤는지 아니면 기도하던 중이었는지 확신이 서질 않아 그에게 책임을 묻지 않았다. 이 이야기를 듣고 "좋은데? 나도 그렇게 해야지!"라고 생각했다면 오산이다. 모든 지휘관이 이 이야기를 알고 있기 때문이다. 원수도 우리의 입에서 나올 핑계를 잘 알고 있다. 사탄은 우리의 변명에 속지 않는다. 만일 당신이 경계근무 중 졸고 있다면 사탄은 가차 없이 공격할 것이다.

과거, 전시 경계근무 중 잠자는 병사는 사형에 처했다. 자신의 임지, 동료병사, 보급품, 그리고 지휘관을 지키는 임무는 너무 중요하기 때문에 소홀히 할 수 없다. 영적전쟁에서도 경계병의 역할은 매우 중요하다. 하나님은 이 중요한 영적사실을 에스겔에게 가르쳐주기 위해 파수꾼의 역할을 예로 들어주셨다. 이후 그로 하여금 이 교훈을 유다와 이스라엘 백성에게 전달하게 하셨다. 적이 쳐들어와 무방비 상태의 백성들을 공격한다면, 또 이런 일이 자주 발생한다면, 모든 사람이 경계병의 중요성을 인식할 것이다. 적이 침투했는데, 만일 경계병이 졸다가 경보를 울리지 못했다고 하자. 그 대가는 참혹하다. 지역사회 전체가 쉽게 무너질 테니까 말이다.

> 그러나 칼이 임함을 파수꾼이 보고도 나팔을 불지 아니하여 백성에게 경고하지 아니하므로 그 중의 한 사람이 그 임하는 칼에 제거 당하면 그는 자기 죄악으로 말미암아 제거되려니와 그 죄는 내가 파수꾼의 손에서 찾으리라 겔 33:6

잠자는 파수꾼 한 명 때문에 모든 사람이 위험에 처한다. 위의 말씀을 통해 하나님께선 에스겔에게 선지자들이 파수꾼과 같다는 사실을 알려주셨다. 하나님으로부터 예언의 말씀을 들을 경우 선지자들은 경보를 울려야 한다. 이것은 그들의 책무다. 문제는 이 임무가 굉장히 버겁다는 것이다. 왜냐하면, 사람들이 경보를 듣기 싫어하기 때문이다. 사람들은 심판의 날이 가까이 왔다는 메시지를 혐오한다. 그래서인지 구약의 이스라엘 사람들은 '경종을 울리는 선지자들의 살해자'로서 악명이 높다. 그럼에도 하나님께서는 경보를 울리지 않는 파수꾼에게 책임을 물으신다. 오늘날도 예언의 은사 및 선지자적 임무를 받은 사람들 역시 이와 동일한 책임을 지고 있다. 만일 당신이 이러한 사람이라면 양자 간에 결정해야 한다. 하나님을 두려워할 것인가? 아니면 사람을 두려워할 것인가? 사람인가, 하나님인가? 누구를 더 기쁘게 하겠는가? 사람? 하나님?

참담한 사실은 선지자 중에도 자신의 임무를 거절하는 이가 있다는 것이다. 요나의 경우가 그렇다. 그는 '하나님의 말씀을 전할 의사가 없는' 선지자였다. 종국엔 자신에게 선택권이 없음을 깨달았지만, 그 과정에서 요나는 하나님께 여러 차례 반항했다.

하나님의 말씀은 헛되이 되돌아가는 법이 없다. 하지만 이 사실을 알면서도 많은 사람들은 하나님의 부르심과 기름 부음을 거절하고, 또 하나님의 뜻에 반기를 든다. 주께서 예레미야에게 말씀하셨다.

> 내가 또 너희 위에 파수꾼을 세웠으니 나팔 소리를 들으라 하나 그들의 대답이 우리는 듣지 않겠노라 하였도다 렘 6:17

대부분의 성도들은 하나님의 말씀을 거역하는 사람이 얼마나 다루기 힘든지를 알고 있다. 그러한 사람을 하나님께로 인도하는 일이 얼마나 힘든지, 또 얼마나 많이 좌절해야 하는지… 경험해본 사람은 잘 알 것이다. 그렇다면 자신의 말을 거역하는 백성을 바라보시며 하나님께서 느끼셔야 했던 좌절감… 혹시 상상할 수 있겠는가? 반항의 태도는 수정해 주기도 어렵고 또 맞서기도 어렵다. 반항의 태도를 지닌 사람들은 다른 사람의 가르침도 훈계도 듣지 않기 때문이다. 기초 훈련 과정 중 고라의 반역을 다루면서 이 사실을 확인해보지 않았는가? 사람들이 반역할 때, 모세는 얼굴을 땅에 대고 주님 앞에 엎드렸다. 왜 그런가? 반항하는 사람과 설전을 벌여봤자 아무런 득이 없기 때문이다. 더욱 반항할 것이며 급기야 폭력까지도 서슴지 않을 것이다. 그들을 설득할 수 있는가? 만일 당신이 반항하는 사람을 설득하여 당신의 뜻을 관철하려고 시도한다면, 그들로부터 더 큰 반발을 받게 될 것이다. 설득은 혐오감만 증폭할 뿐이다. 모세는 겸손의 자세로 땅에 엎드렸다. 반역자들과의 설전을 피함으로써 영적 고지를 선점한 것이다. 그는 고라의 일당과 논쟁하지도 자신을 변호하지도 않았다. 이 모든 사태를 하나님께 맡긴 것이다. 때때로 기도하면서 성령님께 맡겨야 할 때가 있다. 우리 힘으로 할 수 있는 일이 아무것도 없을 경우 말이다.

처음엔 좋은 의도를 갖고 하나님께서 명령하신 일들을 수행하지만 오랫동안 집중하지 못하는 사람도 있다. 충성을 다하고 싶고 늘 준비태세를 갖춰 순종하기 원하지만, 쉽게 유혹을 당해 하나님의 부르심을 포기하는 사람들이다. 반면 어떤 사람은 위에 설명한 것처럼 처음부터 반항적인 태도로 일관한다. 하지만 그 중엔 자신의 잘못을 인정하며 또 오랫동안 숙고하는 가운데 올바른 결정을 내리는 사람도 있다. 현명한 지휘관은 이러한 사람을 분별하고, 또 주님께서 그를 인도해주실 때까지 기다려줄 줄 안다.

> 그러나 너희 생각에는 어떠하냐 어떤 사람에게 두 아들이 있는데 맏아들에게 가서 이르되 얘 오늘 포도원에 가서 일하라 하니 대답하여 이르되 아버지 가겠나이다 하더니 가지 아니하고 둘째 아들에게 가서 또 그와 같이 말하니 대답하여 이르되 싫소이다 하였다가 그 후에 뉘우치고 갔으니 그 둘 중의 누가 아버지의 뜻대로 하였느냐 이르되 둘째 아들이니이다 예수께서 그들에게 이르시되 내가 진실로 너희에게 이르노니 세리들과 창녀들이 너희보다 먼저 하나님의 나라에 들어가리라 마 21:28-31

그 당시 소위 '의로운' 사람들은 세리와 창녀들을 '인생 실패자'로 비웃었다. 그들은 죄인이며 반항자이며 하나님의 말씀에 역행하는 사람들로 인식되었다. 하지만 예수님의 공생애 기간 중, 세리들과 창녀들이 복음을 대했던 태도는 종교지도자들의 그것과 사뭇 달랐다. 이들은 '의인들' 보다 더욱 열린 마음으로 하나님의 나라를 받아들였다. 위 예화에 등장하는 '아이러니'는 순종의 아들로 자처하는 자가 실제로는 반역자요, 반역의 죄 가운데 머물던 자가 나중에 참된 제자가 된다는 것이다. 예수님께서 말씀하신 요지는 이것이다. 자기 약속대로 지키지 못하는 사람보다는, 반항하는 사람에게서 더 큰 희망이 발견된다는 것이다. 이 말씀을 들은 종교지도자들 모두는 예화를 통해 예수님이 전하고자 하셨던 뜻을 이해했을 것이다. 물론 이 이야기가 종교지도자들의 반항심을 한층 높였다는 사실은, 두말할 것 없다.

언제 적의 총탄에 맞게 될지 모르는 치열한 전투 중, 얼마나 많은 군인들이 그들의 참호 속에서 "저를 살려만 주신다면, 제가 주님을 열심히 섬기겠습니다"라고 기도했던가? 하지만 전쟁이 끝나고 안전하게 귀향한 후에는 몇 명이나 이 약속을 기억하겠는가? 어려운 문제가 닥칠 때마다 하나님과 협상하는 태도―어쩌면 이것은 우리 인간의 본성이리라. 내면의 반항심을 보다 근사한 형태로 포장하여 자신의 반역을 '정당화'하려는 태도―이것 역시 우리의 본성이다. 하지만 기억해야 할 것은 우리가 섬기는 분은 언약의 하나님이라는 것이다. 하나님께서는 약속을 지키시는 분이며, 우리 역시 약속을 지킬 것으로 기대하시는 분이다. "오직 너희 말은 옳다 옳다 아니라 아니라 하라 이에서 지나는 것은 악으로부터 나느니라"(마 5:37). 예수님의 말씀이다. 예수님의 동생인 야고보는 한걸음 더 나아갔다.

> 내 형제들아 무엇보다도 맹세하지 말지니 하늘로나 땅으로나 아무 다른 것으로도 맹세하지 말고 오직 너희가 그렇다고 생각하는 것은 그렇다 하고 아니라고 생각하는 것은 아니라 하여 정죄 받음을 면하라 약 5:12

약속을 지키는 것, 맹세한 대로 행하는 것은 정말 중요하다. 하나님께서는 약속, 맹세, 서원을 심각하게 여기신다. 전쟁 중이라면 동료 병사가 한 말에 내 생명을 의지해야 하는 경우도 생긴다. "나는 ~시 까지 ~에 도착할 것이다." 이처럼 시간과 장소에 대한 그의 약속에 당신의 생과 사가 좌우될 수도 있다.

처음 임지를 받고 복무할 때였다. 당시 은행에 업무를 보러 갔다가 퇴역한 육군중령 한 분을 만나게 되었다. 그는 내게 자신의 이야기를 들려주었다. 과거 그는 장래가 총망한 군인으로서 그 누구보다 빠른 속도로 진급하였다고 했다. 그가 베트남전에 참전했을 당시 주변 모든 사람은 그가 베트남에서의 임무를 잘 마치기만 하면 책임이 막중한 직책으로 진급하게 되리라 예상했다. 하지만 그 모든 꿈은 15초 만에 물거품이 되었다. 전투 집결지에 15초 늦게 도착했던 것이다. 긴급 상황을 보고 받았기 때문에 시간엄수는 생명과도 같았다. 그런데 그는 15초 늦게 도착한 것이다. 그의 업무 평가대장에는 이 사건이 영구기록으로 남았고 이후로 그는 평생토록 '책임감 없는' 지휘관으로 낙인찍혔다. 심지어 그의 인사기록부엔 "이 사람은 중령이상으로 진급될 수 없음"이라는 코멘트도 첨가되었다고 한다(인사위원회는 이러한 언급을 인사 결정의 중요 요소로 여긴다). 나는 도무지 이해할 수가 없었다. 겨우 15초인데, 하지만 그의 이야기를 통해 약속을 지키는 것의 중요성을 다시 한 번 깨닫게 되었다. 시간 엄수도 중요한 약속이다. 나는 그가 전해준 교훈을 단 한 번도 잊은 적이 없다. 이후로 나는 매번 약속 때마다 제시간을 엄수하거나 혹은 약속시간보다 일찍 도착했다. 영계에서의 진리는 자연계에서도 진리이다. 만일 자연계에서 시간엄수가 중요하게 여겨진다면, 그것은 영계에서 시간엄수가 중요하게 여겨지기 때문일 것이다. 주님은 과연 당신을 믿을 수 있는지 알고 싶으실 것이다.

경계태세 확립의 가장 큰 적은 '지루함' 이다. 지금 우리는 지루함을 병으로 간주하는 시대를 살고 있다. 젊은 층일수록 이러한 성향이 짙다.

지루함을 달래기 위한 도구개발 및 장난감 생산은 전 세계적으로 거대한 산업군을 형성하고 있다. 매순간 사람들은 으레 재밌는 일을 기대한다. 그러므로 육체적으로나 정신적으로 지루한 순간은 단 몇 초라도 참지 못한다. 심지어 고통스럽기까지 하다. 이러한 성향은 끊임없이 자극적인 것을 추구하는 비정상적 집착으로 발전될 가능성이 높다. 지금 이 세대는 지루함을 느끼는 순간 혼수상태로 돌입해버린다. 그리고 이러한 영적 기면상태는 경계태세를 금방 무너뜨린다. 과도하게 자극적인 것을 추구하는 마음은 주님이 주신 사명을 잊게 만든다. 자연스레 경계태세는 무너져버린다.

자주 지루해하는 사람은 어떤 일에든 도통 집중하지 못한다. 이러한 사람들은 지루함에 대한 대안으로 '잠'을 선택한다. 지루해하며 집중하지 못하든지, 아예 잠자기로 선택하든지, 이 모두는 우리의 경계태세를 저해한다. 지루해하는 파수꾼은 지역사회의 모든 주민을 위험에 빠뜨린다. 원수는 우리의 성향을 잘 알고 있다. 그래서 우리가 지루해하며 주의집중하지 못할 때를 최대한 악용하고자 하는 것이다. 깨어 근신하는 것, 항상 경계태세를 늦추지 않겠다는 헌신의 다짐이다.

> 그들이 사러 간 사이에 신랑이 오므로 준비하였던 자들은 함께 혼인 잔치에 들어가고 문은 닫힌지라 그 후에 남은 처녀들이 와서 이르되 주여 주여 우리에게 열어 주소서 대답하여 이르되 진실로 너희에게 이르노니 내가 너희를 알지 못하노라 하였느니라 그런즉 깨어 있으라 너희는 그 날과 그 때를 알지 못하느니라 마 25:10-13

예수 그리스도의 제자이기 때문에 우리에겐 깨어 있을 이유가 또 하나 있다. 우리가 깨어 있어야 하는 것은 원수의 공격 때문만은 아니다. 더 중요한 이유가 있는데, 바로 주인이 돌아온다는 것이다. 준비태세를 갖춰야 어린 양의 혼인 잔치에 참여할 수 있다. 당신은 준비되었는가? 모든 준비를 마쳤는가? 마지막 순간에 자신의 필요를 채우느라, 주님께 집중하지 못하면 혼인잔치에 참여할 수 없다. 당신은 주님의 재림을 놓칠 텐가? 이 모두는 심각한 질문이다. 당신이 어떻게 대답하는지에 따라 결과도 심각해질 수 있다. 당신은 예수님의 재림을 준비해야 한다. 물론 사탄의 침입도 대비해야 한다. 이를 위해선 근신해야 한다. 헌신해야 한다. 당신은 준비 되었는가?

## 적군은 당신이 방심하기를 기다린다

원수가 할 일은 기다리는 것뿐이다. 다윗과 사울의 갈등이 이를 보여주는 좋은 예이다. 사울은 군대를 이끌고 다윗 추적에 나섰다. 밤이 되자 온 군대가 캠프를 치고 잠을 잤다. 지휘관이라면 습격 기회를 절대 놓치지 않는다. 다윗 역시 용사들 몇을 이끌고 그들의 진영으로 다가갔다. 그리고 사울의 군대가 깊은 잠에 빠진 것을 확인했다.

> 다윗이 일어나 사울이 진 친 곳에 이르러 사울과 넬의 아들 군사령관 아브넬이 머무는 곳을 본즉 사울이 진영 가운데에 누웠고 백성은 그를 둘러 진 쳤더라 이에 다윗이 헷 사람 아히멜렉과 스루야의 아들 요압의 아우 아비새에게 물어 이르되 누가 나와 더불어 진영에 내려가서 사울에게 이르겠느냐 하니 아비새가 이르되 내가 함께 가겠나이다 삼상 26:5-6

다윗 그리고 다윗의 용사 중 하나인 아비새가 사울의 진영으로 내려갔다. 병사들이 깰까봐 조심스레 내려갔을 것이다. 이윽고 사울의 처소에까지 잠입했다. 당시 아비새는 사울의 목을 베고자 했다. 그러나 다윗이 이를 허락하지 않았다. 그날 밤 사울의 목숨을 지켜준 것은 하나님의 기름 부음을 존중했던 다윗의 태도였다. 다윗은 사울의 군대가 방심한 것에 대해 놀랐다. 그래서 그들의 군대장관 아브넬을 호되게 질책했다. 다윗은 아브넬의 근무태만에 대해 '죽어도 마땅하다' 는 사실을 명확히 했다.

> 다윗이 아브넬에게 이르되 네가 용사가 아니냐 이스라엘 가운데에 너 같은 자가 누구냐 그러한데 네가 어찌하여 네 주 왕을 보호하지 아니하느냐 백성 가운데 한 사람이 네 주 왕을 죽이려고 들어갔었느니라 네가 행한 이 일이 옳지 못하도다 여호와께서 살아 계심을 두고 맹세하노니 여호와의 기름 부음 받은 너희 주를 보호하지 아니하였으니 너희는 마땅히 죽을 자이니라 이제 왕의 창과 왕의 머리 곁에 있던 물병이 어디 있나 보라 하니 삼상 26:15-16

그날 밤의 다윗처럼 원수는 호시탐탐 침략할 기회를 엿본다. 아군에게 유리한 상대편 군사기밀을 알아내기 위해 끊임없이 첩보작전도 펼친다. 그런데 깊이 잠든 군대만큼 좋은 먹잇감이 있겠는가? 이러한 군대는 쉽게 보안이 뚫리고 또 급습의 위험에 노출되기 십상이다. 적군은 이 기회를 놓치지 않고 곧장 침투할 것이다.

적군의 행동요원들은 훈련도 잘 받았고, 사기도 충천하여 경계태세를 늦추지 않는다. 군부대, 회사 혹은 교회에 잠입한 스파이는 자신의 정체를 들키지 않으려고 최고 수준의 경계태세를 갖춘다. 발각될 경우 엄청난 대가를 치러야 함은 물론이고, 상대의 군 사기를 높이며 경계태세 및 경각심을 높이는 역효과도 예상되기 때문이다. 전쟁 중 상대편 첩자는 발각될 경우 사형에 처할 가능성이 높다. 죽음에 대한 공포 때문에 첩보원들은 최고의 경계태세를 유지하며 스스로를 위장하기에 여념이 없다.

　사탄은 우리에게 엄청난 위협을 가한다. 계속해서 '죽음'으로 위협하고 있다. 그런데 무슨 이유에서인지 우리는 경각심을 잃었다. 사탄이 우리를 죽이려 한다는 사실을 알면서도 경계근무 중 꾸벅꾸벅 졸고 있다. 사탄은 언제든 잠입하여 우리의 자원을 훔치고 빼앗아갈 준비가 되어 있다. 그런데, 누가 우리를 위해 밤샘을 하겠는가? 사탄은 우리가 가진 모든 것을 파괴하려 한다. 우리는 이 사실을 잘 알고 있다. 그렇다면 파수꾼들은 어디에 있는가? 왜 그들은 경보 울리는 일에 실패하는가?

　여기, 재미있는 '아이러니'가 있다. 사탄은 주님께서 우리에게 명령하신 그것을 행한다. 그는 깨어 경계하며 침투할 기회를 노린다. 결코 경계태세를 늦추는 법이 없다. 모두가 잠들기를 기다리며 언제든 침투하기 위해 우리의 방어선을 면밀히 관찰한다. 이런 면에서 사탄도 다윗처럼 주도면밀하다 하겠다. 그러나 그 둘의 차이점이 있는데, 사탄은 '기름 부음'을 존중하지 않는다는 것이다. 다윗은 기름 부음 받은 자를 존중했으나 사탄에겐 기대조차 할 수 없다. 오히려 주님의 종으로 기름 부음 받은 모든 사람에게 치명적인 피해를 입히고자 노력한다. 현재 경계근무 중인 성도가 있는가? 적의 침입을 감시하는 성도가 있는가? 당신은 비상시 경보를 울릴 만반의 준비가 되어 있는가?

　어떻게 마귀가 우리보다 더 경계태세를 잘 갖추는지 이해할 수가 없다. 어쩌면 그들이 우리보다 이 영적전쟁의 실체를 잘 알기 때문이 아닐까 생각해본다. 어쩌면 우리보다 잃을 것이 더 많아서일까? 마지막 날 전쟁이 끝나면 그들이 맞이하게 될 운명은 너무도 끔찍하다. 그래서 가능한 한 전쟁을 지루하게 끌어나가는 것이 아닌가 생각한다. 마귀가 이 정도인데, 우리도 이 정도는 해야 하지 않는가? 경계태세를 유지하기 위해 우리가 해야 할 일은 무엇인가? 답은 하나다. 주님께 온전히 헌신해야 한다. 보다 높은 '헌신도'로 주님을 섬겨야 한다. 성령의 인도하심을 온전히 받아들여야 한다.

원수는 우리 방어체계의 취약부위를 찾으려고 노력할 것이다. 그러므로 주의 군사라면 적의 위협 분석을 매일같이 업데이트해야 한다. 여기에 더하여 아군의 취약점에 대한 분석도 잊지 말아야 한다. 우리의 취약점을 찾아 그것을 공략하는 것은 적의 주특기이다. 그러므로 우리가 먼저 자신의 취약점을 찾아 해결책을 강구해야 한다. 적의 공격을 지혜롭게 대비해야 한다.

> 보라 내가 너희를 보냄이 양을 이리 가운데로 보냄과 같도다 그러므로 너희는 뱀 같이 지혜롭고 비둘기 같이 순결하라 사람들을 삼가라 그들이 너희를 공회에 넘겨 주겠고 그들의 회당에서 채찍질하리라
> 마 10:16-17

작전 명령 수행 전, 아군의 전투력부터 추산하는 것이 필수다. 전투력을 산정할 때 위험 분석 결과도 고려해야 한다. 위험 분석에는 적군의 전투력 및 아군의 취약요소가 포함된다. 당신이 자신의 위험을 분석할 때 유용한 몇 가지 질문을 아래에 제시해둔다.

- 적의 공격에 취약한 영역은 무엇인가?
- 가장 쉽게 유혹되는 영역은?
- 취약점을 개선하기 위해 어떤 노력을 하고 있는가?
- 경계태세를 유지하는 것이 어려운가?
- 어떻게 해야 경계태세를 발전시킬 수 있는가?

원수는 우리의 약점을 쉽게 찾아내고 즉시 공략한다. 공공연한 취약

점으로의 공격은 그리 오래 기다리지 않아도 될 것이다. 당신의 예상보다 훨씬 더 빨리 공격해 올 것이기 때문이다. 경계태세를 유지하지 못하는 것은 모든 군대의 취약점이다. 적군이든 아군이든 다를 것이 없다. 원수가 제일 먼저 공략하고자 하는 것은 당신이 가장 방심할 때와 보안 유지에 있어 가장 비효율적인 영역이다. 이것이 바로 주요 타깃이 되는 시간과 공간이다. 당신은 이러한 취약점을 사전에 확인해두어야 하며 이를 강화하기 위한 조치도 취해야 한다. 만일 모의 공격 훈련 같은 것이 있다면 어느 정도 경계태세 유지에 도움이 될 텐데 사탄이 잠자고 있는 우릴 깨우기 위해 '모의 공격'을 해줄 리 없다. 매번의 공격이 실전이다.

생존하려면 자신의 취약점부터 파악해야 한다. 사탄이 군첩보전을 펼치는 것과 동일한 방법으로 당신 역시 자신의 취약점을 면밀히 조사해야 한다. 자기분석이 끝난 후엔 발견된 취약점의 개선 방법을 강구하여 방어체계를 견고히 해야 한다. 전쟁 중 강력한 힘을 발휘하면 얼마나 좋겠는가? 그런데 전쟁이 일어나지 않도록 경계를 강화하면 얼마나 더 좋겠는가? 경계강화에는 긍정적인 측면과 부정적인 측면이 있다. 먼저 긍정적인 측면을 보자면 원수의 공격을 사전에 차단할 정도로 전투력이 강화된다는 것이다. 하지만 부정적인 측면도 있다. 마치 모든 기쁜 소식의 이면에 나쁜 요소가 숨어있는 것과 같다. 경계를 강화하면 적의 공격이 없을 것이고 적의 공격이 없다면 사람들은 거짓된 안정감에 빠지기 쉽다. 공격의 부재 기간이 길어지면 사람들은 나태해진다. 어떤 사람은 적군이 전의를 상실했다고까지 생각할 것이다. 하지만 사탄의 뜻과 의도는 멈춘 적이 없다. 수비벽을 강화하여 적침의 위험은 줄일 수 있으나 적의 공격이 잠잠해졌다고 해서 경계태세를 늦춰서는 안 된다.

핵심: 성경을 연구하여 사탄의 공격에 가장 취약한 자신만의 영역을

찾아보고 분석하기 바란다. 우리 각 사람은 은사도 다르고 능력도 다르고, 주님과의 경험도 다 제각각이다. 또한 고통과 상실 역시 각자의 방법대로 경험하고 해석한다. 그러므로 하나님의 말씀에 비추어 자신의 상태를 정직하게 평가해야 한다. 그 어떤 누구도 당신의 취약점을 개선하기 위해 당신에게 무엇이 필요한지를 말해줄 수는 없다. 오직 성령님과의 친밀한 관계 그리고 하나님의 말씀에 대한 이해만이 당신의 취약점에 대해 이야기해줄 수 있다. 교회도 마찬가지다. 회중을 구성하는 성도들의 특성이 어떤지, 교회에 어떤 취약점이 있는지 조사해보고 또 평가해야 한다.

## 전쟁의 9대 원칙 중 하나는 '보안'이다

> 이는 가만히 들어온 사람 몇이 있음이라 그들은 옛적부터 이 판결을 받기로 미리 기록된 자니 경건하지 아니하여 우리 하나님의 은혜를 도리어 방탕한 것으로 바꾸고 홀로 하나이신 주재 곧 우리 주 예수 그리스도를 부인하는 자니라 유 1:4

보안의 중요 목표 중 하나는 적군이 아군 진영 안으로 들어오지 못하게 하는 것이다. 성경을 읽으면 초대교회 안으로 원수가 침투했음을 알게 된다. 요한, 베드로, 바울, 유다 등, 이들 모두는 원수가 내부로 침입할 경우 어떤 문제가 발생하는지를 이야기해준다. 각 사람의 이야기는 우리의 안보의식에 보탬이 되며, 또한 우리가 직면하고 있는 문제들과 여러 가지 도전과제들을 보다 잘 이해할 수 있도록 도와준다.

보안은 지속적인 과제다. 휴식은 없다. 만일 보안임무를 태만히 행하면, 곧바로 무장해제 당하며 끔찍한 결과를 맛보게 될 것이다.

> 그러나 백성 가운데 또한 거짓 선지자들이 일어났었나니 이와 같이 너희 중에도 거짓 선생들이 있으리라 그들은 멸망하게 할 이단을 가만히 끌어들여 자기들을 사신 주를 부인하고 임박한 멸망을 스스로 취하는 자들이라 여럿이 그들의 호색하는 것을 따르리니 이로 말미암아 진리의 도가 비방을 받을 것이요 그들이 탐심으로써 지어낸 말을 가지고 너희로 이득을 삼으니 그들의 심판은 옛적부터 지체하지 아니하며 그들의 멸망은 잠들지 아니하느니라 벧후 2:1-3

거짓 선지자들과 거짓 교사들은 '가만히'(비밀스럽게) 자신의 일을 수행한다. 그들은 자신이 만들어낸 이야기를 하거나 거짓 가르침을 통해 한 사람 한 사람 설득하여 비밀스럽게 꾀어낸다. 이것이 그들의 특징이므로 이를 알면 그들을 분별할 수 있다. 나는 그들의 거짓이, 주님께서 그들을 통해 일하신다는 거짓 간증을 통해 탄로 날 것이라 믿는다.

이 시대를 살아가는 우리 모두는 자신이 배운 모든 것을 검증해봐야 한다. 그러므로 분별의 은사가 중요하다. 속임수에 빠지지 않으려면 분별의 은사를 구해야 한다. 사도 요한의 가르침을 들으라.

> 사랑하는 자들아 영을 다 믿지 말고 오직 영들이 하나님께 속하였나 분별하라 많은 거짓 선지자가 세상에 나왔음이라 이로써 너희가 하나님의 영을 알지니 곧 예수 그리스도께서 육체로 오신 것을 시인하는 영마다 하나님께 속한 것이요 예수를 시인하지 아니하는 영마다 하나님께 속한 것이 아니니 이것이 곧 적그리스도의 영이니라 오리라 한 말을 너희가 들었거니와 지금 벌써 세상에 있느니라 요일 4:1-3

거짓 선지자들의 말과 거짓 교사들의 말은 참 달콤하다. 그것도 그럴 것이 이들은 하나님의 말씀을 모르는 사람들의 마음을 사로잡는데 선수이기 때문이다. 거짓의 거미줄을 쳐놓고 사람들을 끌어들일 만한 근사한 이야기를 늘어놓는다. 그러나 거짓 간증을 남발하는 사람들을 주의하라. 어쩌면 은사주의적인 위용을 뽐낼지도 모르나 알고 보면 거짓교사인 경우가 많다. 고의로 거짓말하는 사람들을 어떻게 분별하겠는가? 처음부터 속이기 위해 당신에게 접근하는 사람들을 무슨 수로 막겠는가? 진리를 알면 가짜를 분별할 수 있다. 그들이 전하는 가르침이 성경말씀과 동일한지를 확인해야 한다. 미 정부 위조지폐 감식반에서 위조지폐 분별 훈련을 시행할 때, 정부요원들에게 다양한 위조지폐를 보여주며 위조지폐의 특징을 알려주는 것이 아니라 진폐를 보여주고 진폐의 특징을 뼛속 깊이 익히게 만든다. 진짜를 알면 가짜가 쉽게 분별되기 때문이다. 거짓 선지자나 거짓 교사를 분별하는 방법도 이와 동일하다.

바울이 베뢰아의 성도들을 칭찬했던 이유를 아는가? 그들은 참되신 하나님의 말씀을 깊이 상고하였기 때문에 누군가 거짓 가르침을 전했을 때, 그 위조된 성향을 즉시 분별하여 거절했다. 바울은 새로운 가르침을 받은 후 그것이 옳은지를 확인하기 위해 성경을 펴는 습관을 좋게 여기고 그것이 존중할 만한 태도임을 강조했다. 바울이 좋게 여겼던 패턴을 살펴보자. 베뢰아 사람들은 먼저 열린 마음으로 가르침을 받았다. 그리고 하나님의 말씀과 일치하는지 확인했다. 만일 당신이 확인절차 없이 가르침을 받는다면 속을 수 있다. 반면, 가르침 받는 것을 싫어한다면 복되고 중요한 가르침을 놓칠 수가 있다. 가르침을 받고자 하는 의지가 있고 거기에 지혜와 분별력이 가세한다면, 그것이 복이다. 그러므로 이 두 가지가 병행되어야 한다.

밤에 형제들이 곧 바울과 실라를 베뢰아로 보내니 그들이 이르러 유

> 대인의 회당에 들어가니라 베뢰아에 있는 사람들은 데살로니가에 있는 사람들보다 더 너그러워서 간절한 마음으로 말씀을 받고 이것이 그러한가 하여 날마다 성경을 상고하므로 행 17:10-11

하나님의 말씀을 아는 것, 성령의 인도하심을 받는 것, 그것이 최고의 방어책이다. 준비태세를 갖추고 보안을 유지하기 위해 날마다 하나님의 말씀을 상고하며 성령의 인도하심에 귀를 기울여야 한다. 우리는 원수가 움직이기 전에 보다 효과적이고 보다 능동적으로 이 훈련에 임해야 한다. 내부에 침투한 적은 엄청난 피해를 입힌다. 내부자들끼리 싸워서 조직이 와해되고 교회가 갈라서고 성경공부모임이 쉽게 파탄 나는 것, 다들 경험해보지 않았는가? 내부로 침투한 사탄의 장난질 때문에 성도들이 마음에 상처 입는 것은 너무도 슬픈 일이다. 교회가 갈라지고, 추구하던 목적이 지연되거나 사라지고, 성도들이 영원한 영적 상처를 입는 것은 비극이 아닐 수 없다.

베드로가 주의할 것을 강요했던 거짓 선지자와 거짓 교사들은 '좋은 인상'으로 우리에게 다가온다(벧후 2:1-3 참조). 그들은 사람들의 마음을 사고 또 자신이 파놓은 함정에 빠뜨리기 위해 자신의 외양을 좋게 꾸미며 때때로 인간적인 매력을 풍기기도 한다. 일단 사람들로부터 신뢰를 얻으면 진리를 교묘히 왜곡하기 시작한다. 처음부터 이단의 냄새를 진하게 풍기면 사람들이 경각심을 갖고 자신의 교리를 멀리할 것이기 때문에 부드러운 왜곡부터 시작하여 정해진 수순을 밟아나간다. 그들은 사람들이 한 두 번 들었음직한 질문 몇 개를 던지며 교회 안에 의심의 분위기를 심어 넣는다. "그런데 뱀은 여호와 하나님이 지으신 들짐승 중에 가장 간교하니라 뱀이 여자에게 물어 이르되 하나님이 참으로 너희에게 동산 모든 나무의 열매를 먹지 말라 하시더냐"(창 3:1). 자신이 던진 질문에 사람들이 요동하기 시작하면 이때다 싶어 그들을 하나님으로부터 멀어지게 할 가르침을 전한다. 그렇게 하와도 속았고 또 그렇게 하나님으로부터 멀어졌다. 진리로부터 차츰 멀어지기 시작하여 결국 거짓을 덥석 물기에 이른다. 그 거짓말 때문에 온 인류가 타락의 열매를 맛보지 않았는가? 거짓 가르침은 너무도 심각한 문제이다.

태초부터 지금까지 거짓 교사와 거짓 선지자들의 전술은 변함이 없다. 베드로가 경고한 것처럼(벧후 2:1-3 참조) 그들은 자신의 거짓 가르침을 정당화하며 당신의 신뢰를 얻어내기 위해 거짓 이야기와 간증을 꾸며낸다. 그들에게 속으면 우리를 위해 필요한 모든 것을 공급해주시는 주님의 능력을 불신하게 된다. 이내 주님에 대한 신뢰는 거품처럼 날아가 버린다. 베드로는 거짓 교사와 거짓 선지자들에 대한 하나님의 심판이 속히 이뤄질 것을 확신했다. 그들에게 속은 사람은 무고한가? 그렇지 않다. 이단의 교리를 믿고 남들에게도 전파한 사람들 위에 동일한 심판이 임할 것이다.

속임수에 빠지지 않으려면 영들을 분별하는 은사를 구해야 한다. 날마다 더 예리한 분별력을 발휘할 수 있도록 분별의 은사가 더욱 풍성해지기를 기도해야 한다. 무엇보다 먼저 성령께서 하시는 참된 역사를 분별하기 위해 기도하라. 진리를 분별하는 능력이 더욱더 첨예해지면 당신은 쉽게 가짜를 구별해낼 수 있을 것이다. 주변 사람들을 통해 역사하는 원수의 궤계도 분별할 줄 알아야 한다. 만일 그들의 배후에 있는 마귀를 분별하지 못하면 자칫 사람과의 싸움이 될 수 있기 때문이다. 기억하라. 우리의 싸움은 혈과 육에 대한 씨름이 아니라는 사실을! 하나님은 당신에게 다른 사람을 판단할 임무를 주신 적이 없다. 오직 악한 영을 분별하고 그들을 판단할 임무만을 주셨다.

"좋은 공격이 최선의 방어이다"라는 스포츠 슬로건이 있었다. 우리는 주님이 숨으실 요새를 지키도록 부름 받은 것이 아니다. 은신처를 찾고 원수와의 모든 대면을 회피하도록 부름 받은 것도 아니다. 우리는 뱀과 전갈을 밟는 임무 때문에 파병되었다. 모든 민족을 주님께로 인도하는 사명 때문에 부름 받았다. 이 모든 것은 방어전술이 아니다. 더 이상 앉아서 기다릴 수만은 없다. 원수가 선제공격할 때까지 멀뚱히 지켜볼 수만은 없다. 어떤 영이 역사하고 또 어떤 식으로 역사하는지 아는 것만으로는 충분치 않다. 그동안 '대응'(reactive)만 했다면 이제는 '기선'(proactive)을 제압할 때다. 지금은 우리가 원수와 크게 한판 붙어서 그에게 빼앗겼던 모든 영토를 되찾고 주님께 돌려드릴 때이다. 하나님 나라의 복음을 온 땅, 세계 만민에게 전할 때이다.

## 전쟁 중이라면, 기선을 제압하라

> 내가 내 원수를 뒤쫓아 가리니 그들이 망하기 전에는 돌아서지 아니하리이다 내가 그들을 쳐서 능히 일어나지 못하게 하리니 그들이 내 발 아래에 엎드러지리이다 주께서 나를 전쟁하게 하려고 능력으로 내게 띠 띠우사 일어나 나를 치는 자들이 내게 굴복하게 하셨나이다 또 주께서 내 원수들에게 등을 내게로 향하게 하시고 나를 미워하는 자들을 내가 끊어 버리게 하셨나이다 그들이 부르짖으나 구원할 자가 없었고 여호와께 부르짖어도 그들에게 대답하지 아니하셨나이다 내가 그들을 바람 앞에 티끌 같이 부수뜨리고 거리의 진흙 같이 쏟아 버렸나이다 시 18:37-42

위 시는 다윗이 적군과 대대적인 전쟁을 치를 때 지었던 시이다. 다윗은 기선을 제압하고 섬멸할 때까지 적군을 쫓고 또 쫓았다. 그가 이런 말을 한 것은 참으로 흥미롭다. "그들이 내 발 아래에 엎드러지리이다."

이것은 여자의 후손에게 발하신 하나님의 명령처럼 들린다. 전쟁의 간증을 전하면서 다윗은 하나님께 모든 영광을 돌리는 데 주의를 기울였다. 그는 자신을 훈련시키신 분도 하나님이고, 좋은 전략을 수립해주신 분도 하나님임을 알았다. 물론 하나님께서 주신 능력을 십분 활용하여 싸웠을 것이다. 그러나 궁극적으로 원수를 패배시키신 분이 하나님이라는 사실을 잊지 않았다.

기선을 제압할 때는 항상 적을 놀래는 방법을 사용해야 한다. 오늘날에는 이것을 가리켜 '충격과 공포(shock and awe)' 요법이라고 한다. 적의 전투력이 아군보다 몇 배나 강할 때, 기습작전 등으로 적을 놀래면 그들은 그저 '멍' 하니 지켜볼 뿐이다. 우리는 충격과 공포요법의 효과를 아프가니스탄에서 체험할 수 있었다. 2001년의 911테러 사건 이후 탈레반 무장 단체는 미국이 기선을 제압하게 될 줄 예상하지 못했다. 그저 평소처럼 별 파괴력 없는 미사일 몇 개 정도 날아올 것으로 생각했었다. 대대적인 침공이 있을 줄은 꿈에도 생각 못했다. 말 그대로 '충격과 공포'를 체험한 것이다.

미군은 탈레반 무장 단체의 취약점을 효과적으로 공략했다. 그들은 소규모 국지전과 테러 활동만을 훈련받았다. 그래서 자신들처럼 제대로 훈련받지 못하고 또 무기도 제대로 갖추지 못한 적들만을 상대할 수 있었다. 그러나 전면적인 군사 작전을 펼치는 적에게는 속수무책이었다. 미군이 침공했을 때, 그들은 '홈그라운드'의 장점을 조금도 살려내지 못했다. 매번의 전투마다 패배를 거듭했다. 아마 그렇게 빠른 속도로 패배한 전례는 찾아보기 힘들 것이다. 보안 수칙도 없고 전선을 지킬만한 제대로 된 방법도 없었다. 제공권 장악은 꿈도 못 꿔보고 지상전에서도 미군에게 우위를 내주고 말았다.

사담 후세인 역시 이와 동일한 '충격과 공포'를 체험했다. 적군의 대대적인 군사작전에 대응할 만한 준비가 되어 있지 않았기 때문이다. 이라크나 아프가니스탄 모두 침공당하리라고는 예상하지 못했다. 이 둘의 패배는 방어선을 제대로 구축하지 못했기 때문이다. 그들 모두는 적의 침공에 어떻게 대응해야 하는지, 또 어떻게 적을 축출해야 하는지에 대한 교범조차 마련하지 못했다. 지휘 통제 시스템은 쉽게 무너졌고 와해된 군 조직은 뿔뿔이 흩어졌다. 더 이상 '군인'이 아닌 '도망치는 민간인'이었을 뿐이다.

엄밀히 말하면 사탄은 탈레반 무장단체 만큼이나 준비가 안 된 적군이다. 소규모 테러전에서는 큰 성공을 거뒀다. 하지만 작은 승리들에 도취된 나머지 큰 규모의 침공은 대비하지 못했다. 장차 그리스도의 몸 된 교회가 자신의 참된 부르심을 인식하고 성령의 인도하심을 따를 때, 사탄의 진영으로 대대적인 공습이 이뤄질 것이다. 하지만 사탄은 이에 대한 대비책이 없다. 과거 사탄은 허풍과 거짓말로 교회를 겁주고 위협했다. 교회는 겁에 질려 몸을 움츠렸다. 그러나 더 이상은 아니다. 지금은 거룩한 군대가 일어나 기선을 제압하며 사탄에게 공격을 퍼부을 때이다. 사탄의 진영 안에 우리가 침투하여 그들의 내부부터 공격해야 할 때이다. 그는 우리의 전면 공격을 예상하지 못한다. 자신의 영토로 대대적인 침공이 있을 것이라고는 상상조차 못하기에, 아무런 대비책을 마련하지 못한 상태다.

## 준비태세에는 '수비'와 '공격' 두 요소가 반드시 포함된다

단지 수비만 강화한다고 모든 것이 해결되지는 않는다. 교회는 너무나 오랫동안 수비 자세를 취해왔기 때문에 어쩔 수 없이 패배했던 것이다. 지금은 공격할 때이다. 빼앗긴 영토를 되찾아 '하나님 나라의 부동

산'으로 등록시킬 때이다. 온 민족의 마음을 아버지 하나님께로 되돌릴 때이다. 적의 심장부에 강렬한 공격을 퍼부어 방심하고 있는 적에게 '충격과 공포'를 선사할 때이다.

준비태세에는 두 가지 핵심 요소가 포함된다. 첫째, 수비다. 이것은 적의 공격에 대한 대비이다. 불시의 공격에 대비하기 위해 지침을 마련하고, 계획을 세우고, 충분한 자원을 비축하는 것을 말한다. 둘째, 공격이다. 적 진영 깊숙이 침공하는 것, 혹은 대대적인 공격의 개시를 말한다. 성공적인 공격을 위해, 전략, 훈련, 그리고 충분한 자원이 필요하다. 이 모든 것은 하나님의 일곱 영이 제공해 주시는 것들이다. 지금은 기초 훈련에서 상급자 훈련으로 진행할 때이다.

우리에겐 골리앗을 대면했던 다윗의 심장이 필요하다. 나는 이 이야기가 우리의 옛 원수 사탄과 우리의 적대적 관계를 암시해준다고 생각한다. 우리는 이 전쟁이 하나님의 것임을 인식해야 한다. 하나님께서 우리와 함께 하시며 우리를 위해 싸우신다는 사실을 확신해야 한다. 여호사밧의 전쟁을 연구하라. 히스기야의 전쟁을 연구하여 하나님과 동역하는 방법을 배우라. 작전 명령 지침(성경)은 수 세기 전에 기록되었다. 이후로 그 안에 기록된 모든 전략이 시험되었다. 모두가 성공을 거두는 전략으로 판명되었다.

> 깨어 있으라 내가 너희에게 하는 이 말은 모든 사람에게 하는 말이니라 하시니라 막 13:37

지금도 위험의 수준은 여전히 높다. 아니 예수님이 사셨던 때보다 훨씬 더 높다. 우리의 원수 사탄은 무자비하다. 주님께서 그를 무찌르시기 전에는 결코 멈추지 않을 것이다. 그러므로 그때까지 항상 준비하라! 경계태세를 늦추지 말라. 하나님의 말씀을 연구하고 주님의 경고를 상기하라. 원수가 사용하는 전략과 기술을 연구하고 주님께서 사용하시는 방법과 비교해보라. 우리의 초점이 흐려지면 안 된다. 지금은 경계를 늦출 때가 아니다. 반복되는 베드로의 경고를 들으라.

다윗처럼 우리도 누가 우리 힘의 근원이신지를 알고 또 우리 승리의 주재가 누구이신지를 안다. 주님의 도움 없이는 전쟁 중 아무런 힘을 발휘하지 못한다. 그러므로 주님께 소망과 신뢰를 두라. 승리할 것을 믿고 주님께 모든 찬양과 영광을 돌리라. 우리가 해야 할 일은 근신하고, 깨어 기도하는 것뿐이다. 경계태세를 늦추지 말라. 기억하라.

> 여호와께서 집을 세우지 아니하시면 세우는 자의 수고가 헛되며 여호와께서 성을 지키지 아니하시면 파수꾼의 깨어 있음이 헛되도다
> 시 127:1

# 더 깊은 연구를 위한
## 성경구절(추가)

마 24:44 이러므로 너희도 준비하고 있으라 생각하지 않은 때에 인자가 오리라

눅 1:17-18 그가 또 엘리야의 심령과 능력으로 주 앞에 먼저 와서 아버지의 마음을 자식에게 거스르는 자를 의인의 슬기에 돌아오게 하고 주를 위하여 세운 백성을 준비하리라 사가랴가 천사에게 이르되 내가 이것을 어떻게 알리요 내가 늙고 아내도 나이가 많으니이다

준비되었다고 착각한 경우

**눅 22:31-34** 시몬아 시몬아 보라 사탄이 너희를 밀 까부르듯 하려고 요구하였으나 그러나 내가 너를 위하여 네 믿음이 떨어지지 않기를 기도하였노니 너는 돌이킨 후에 네 형제를 굳게 하라 그가 말하되 주여 내가 주와 함께 옥에도, 죽는 데에도 가기를 각오하였나이다 이르시되 베드로야 내가 네게 말하노니 오늘 닭 울기 전에 네가 세 번 나를 모른다고 부인하리라 하시니라

주님에 대한 신뢰를 바탕으로 준비태세를 갖춤

**행 21:13** 바울이 대답하되 여러분이 어찌하여 울어 내 마음을 상하게 하느냐 나는 주 예수의 이름을 위하여 결박당할 뿐 아니라 예루살렘에서 죽을 것도 각오하였노라 하니

**딤후 4:1-5** 하나님 앞과 살아 있는 자와 죽은 자를 심판하실 그리스도 예수 앞에서 그가 나타나실 것과 그의 나라를 두고 엄히 명하노니 너는 말씀을 전파하라 때를 얻든지 못 얻든지 항상 힘쓰라 범사에 오래 참음과 가르침으로 경책하며 경계하며 권하라 때가 이르리니 사람이 바른 교훈을 받지 아니하며 귀가 가려워서 자기의 사욕을 따를 스승을 많이 두고 또 그 귀를 진리에서 돌이켜 허탄한 이야기를 따르리라 그러나 너는 모든 일에 신중하여 고난을 받으며 전도자의 일을 하며 네 직무를 다하라

**벧전 3:15-16** 너희 마음에 그리스도를 주로 삼아 거룩하게 하고 너희 속에 있는 소망에 관한 이유를 묻는 자에게는 대답할 것을 항상 준비

하되 온유와 두려움으로 하고 선한 양심을 가지라 이는 그리스도 안에 있는 너희의 선행을 욕하는 자들로 그 비방하는 일에 부끄러움을 당하게 하려 함이라

**눅 12:35-40** 허리에 띠를 띠고 등불을 켜고 서 있으라 너희는 마치 그 주인이 혼인집에서 돌아와 문을 두드리면 곧 열어 주려고 기다리는 사람과 같이 되라 주인이 와서 깨어 있는 것을 보면 그 종들은 복이 있으리로다 내가 진실로 너희에게 이르노니 주인이 띠를 띠고 그 종들을 자리에 앉히고 나아와 수종들리라 주인이 혹 이경에나 혹 삼경에 이르러서도 종들이 그같이 하고 있는 것을 보면 그 종들은 복이 있으리로다 너희도 아는 바니 집 주인이 만일 도둑이 어느 때에 이를 줄 알았더라면 그 집을 뚫지 못하게 하였으리라 그러므로 너희도 준비하고 있으라 생각하지 않은 때에 인자가 오리라 하시니라

**눅 12:47** 주인의 뜻을 알고도 준비하지 아니하고 그 뜻대로 행하지 아니한 종은 많이 맞을 것이요

**고전 14:8** 만일 나팔이 분명하지 못한 소리를 내면 누가 전투를 준비하리요

**고전 16:13** 깨어 믿음에 굳게 서서 남자답게 강건하라

**막 14:37-38** 돌아오사 제자들이 자는 것을 보시고 베드로에게 말씀하시되 시몬아 자느냐 네가 한 시간도 깨어 있을 수 없더냐 시험에 들지 않게 깨어 있어 기도하라 마음에는 원이로되 육신이 약하도다 하시고

# A Warrior's Guide To
# THE SEVEN SPIRITS OF GO

# 5과

# 자기 통제 연습

## Leading the Charge

A Warrior's Guide To

# THE SEVEN SPIRITS OF GOD

## PART 2: ADVANCED INDIVIDUAL TRAINING

# 5과

# 자기 통제 연습

한 젊은 병사가 최근 명절휴가 중 고향에 가서 겪었던 일을 이야기해 주었다. 그의 몸에 밴 습관을 보던 어머니는 깜짝 놀랐다. 명절날 아침 그는 일찍 일어났고, 침대를 정리하고, 방을 청소하고, 말쑥하게 차려입었다. 심지어 어머니의 아침식사 준비까지 도왔다. 누가 시키지도 않았는데 스스로 이 모든 일을 척척 해내는 모습에 그의 어머니는 이렇게 생각할 수밖에 없었다. "얘가 뭔가를 받아내려고 술수를 쓰는 게 아닐까?"

하지만 이 아들은 확실히 변해있었다. 입대하기 전에는 부모가 돌봐줘야 하는 철부지였으나, 군대에서의 훈련이 그를 180도 바꿔놓았다. 입대한지 몇 주 안 지났건만, 그는 이제 스스로를 책임지고 절제할 줄 아는 어른이 되었다. 난생 처음 어머니와 아버지로부터 "자랑스러운 내 아들!"이라는 칭찬을 받았다. 부모님으로부터 칭찬 듣는 일이 기분 좋았기에 이 젊은이는 앞으로도 계속 칭찬 받겠노라 다짐했다.

절제는 반드시 배워야 하는 덕목이다. 태어난 후, 아이는 외부의 통제를 받는다. 어린 시절 부모님의 훈육을 통해 절제하는 법을 배우게 된다는 것이다. 부모들은 자신의 아이들이 성공적인 인생을 살 수 있도록 잘 훈육한다.

이후 학교에 들어가면 아이는 선생님, 운동부 코치, 그리고 여러 권위자들로부터 절제하는 법을 배우게 된다. 이처럼 아이들은 먼저 타인에 의해 '통제'(절제)를 받고 나중에 스스로 절제하는 법을 배우게 되는데, 훈련에는 아주 오랜 시간이 걸린다. 대부분의 젊은이들에게 '기초군사 훈련'은 한 단계 높은 차원의 절제를 훈련 받는 기회일 것이다.

군대에 가면 매일 매순간 상관의 통제를 받는다. 아니 그런 느낌을 받는다. 하지만 이러한 생활이 몸에 익을수록, 점차 '더 많은 자유'를 느끼게 된다. '더 많은 자유'는 더 많은 '절제'(자기 통제) 훈련의 기회로 이어진다.

군에서는 다음과 같은 절차로 신병을 훈련시킨다. 훈련병은 먼저 원칙을 배운다. 둘째, 그 원칙을 잘 지키는 동료 병사들로부터 보고 배운다. 셋째, 그 원칙이 몸에 밸 때까지 연습한다. 원칙이 몸에 익으면 다른 병사에게 그 원칙을 가르친다. 이러한 훈련법은 외과의사 훈련 방법을 본 딴 것이다. "보고 행하고 가르친다"(See one. Do one. and Teach one).

삶을 통해 배우게 되는 절제의 훈련과 다양한 경험이 있지만 우리에게는 '성경의 가르침'이라는 훌륭한 도구가 있다. 바울은 '같은 믿음을 따라 나의 참 아들 된'(딛 1:4)이라는 표현으로 디도를 부르며 다음과 같이 훈계했는데, 기독교인의 삶과 자기 절제의 덕을 가르치는 것이 얼마나 중요한지를 강조하는 내용이었다.

오직 너는 바른 교훈에 합당한 것을 말하여 늙은 남자로는 절제하며 경건하며 신중하며 믿음과 사랑과 인내함에 온전하게 하고 늙은 여자로는 이와 같이 행실이 거룩하며 모함하지 말며 많은 술의 종이 되지 아니하며 선한 것을 가르치는 자들이 되고 그들로 젊은 여자들을 교훈하되 그 남편과 자녀를 사랑하며 신중하며 순전하며 집안일을 하며 선하며 자기 남편에게 복종하게 하라 이는 하나님의 말씀이 비방을 받지 않게 하려 함이라 너는 이와 같이 젊은 남자들을 신중하도록 권면하되 딛 2:1-6

바울의 지시대로 디도는 한 세대를 가르치며 하나님의 사역을 이어갔다. 이후 그 세대는 다음 세대에게 기독교인의 선과 덕을 전수했을 것이다. 그 내용은 절제에 관한 교훈이다. 다시 한 번 바울이 디도에게 전한 교훈을 연구하라.

## 기초 훈련이 끝나면
## 자기 통제를 할 수 있으리라 기대된다

군대에서 시행하는 훈육 모토(motto) 중 하나는 이것이다. "되라, 알라, 행하라." 이 모토에 의하면 훌륭한 군사가 '되기' 위해 우리는 먼저 임무 수행법을 '알아야' 하고, 방법을 숙지한 후엔 해당 임무를 '행해야' 한다.

기초 훈련 중, 훈련병들은 자기 절제의 교훈을 배우고 또 그 모든 기술을 시행할 기회들을 얻는다. 그런데 우리의 경우 이미 기초 훈련은 끝났다. 이제는 지켜보는 사람이 없어도 병사들 스스로가 모든 일을 해낼 수 있어야 한다. 이 과의 초반부에 소개했던 젊은 병사의 이야기는 기초 훈련을 통해 성숙한 군인의 모습을 제대로 보여주고 있다. 그처럼 변화된 모습을, 그것도 일시적으로가 아니라 꾸준히 보이려 한다면 반드시 자기절제와 헌신이 뒤따라야 한다. 왜냐하면 오랜 악한 습관은 쉽게 사라지지 않기 때문이다. 옛 습관은 다시금 당신을 붙잡아 어둠의 구덩이로 빠뜨리려 할 것이다. 물론 사람에 따라 의지력도 다르고 또 강한 의지가 없더라도 잠시 동안 버티는 사람이 있는 것은 사실이다. 하지만 절제하지 않으면, 꾸준한 헌신이 없으면, 우리들 모두는 얼마 못가서 옛 습관의 유혹에 빠질 것이다. 베드로는 다음의 세 가지 방법을 제시하며 마음을 다잡으라고 권면한다.

> 그러므로 너희 마음의 허리를 동이고 근신하여 예수 그리스도께서 나타나실 때에 너희에게 가져다 주실 은혜를 온전히 바랄지어다 너희가 순종하는 자식처럼 전에 알지 못할 때에 따르던 너희 사욕을 본받지 말고 오직 너희를 부르신 거룩한 이처럼 너희도 모든 행실에 거룩한 자가 되라 기록되었으되 내가 거룩하니 너희도 거룩할지어다 하셨느니라 **벧전 1:13-16**

실천을 위한 첫 단계는 자기통제다. 쉽게 절제력을 잃는 사람은 전장에서 효과적으로 싸울 수 없다. 감정에 의해 행동이 좌우된다면 결코 현명하고 신중한 결정을 내릴 수 없을 것이다. 두 번째 단계는 예수 그리스도께서 주실 은혜를 확실히 깨닫고 믿는 '소망'을 소유하는 것이다. 이 소망은 '전쟁의 안개' 속에서 당신에게 필요한 용기와 결단력을 제공할 것이다. 세 번째 단계는 마음속 육신의 욕망을 제거하는 작업이다. 하나님께서 거룩(성결)하시기 때문에 당신도 거룩해야 한다.

현명한 용사들은 성결의 영이 오시자마자 전쟁을 준비한다. 성결의 영이 임할 때마다 반역의 영이 역사한다는 사실을 이미 기초 훈련 과정에서 배웠기 때문이다. 이처럼 원수의 행동은 예측 가능하다.

반역의 영은 준비태세를 갖추는 작업을 어렵게 만드는 훼방꾼이다.

당신이 전쟁을 대비하며 스스로를 겸비하려 할 때, 사탄은 반역의 영을 당신의 공동체로 파견한다. 이후 반역의 영은 그 공동체 안에서 자신의 유혹에 가장 걸려 넘어지기 쉬운 상대를 찾는다. 만일 공동체 안에 수많은 반역이 잇따르더라도, 당신만큼은 휘둘려선 안 된다. 오히려 이전보다 더 절제해야 한다. 그래야 하루 빨리 공동체의 질서를 되찾을 수 있기 때문이다. 이 모든 문제는 전쟁 준비에 할애되어야 할 '금쪽같은' 시간을 앗아간다.

자기통제는 가르치기 어려운 기술이다. 게다가 통제력을 잃을 상황에 놓여봐야만 자신에게 절제능력이 있는지를 확인할 수 있기 때문에 검증 자체도 어렵다. 쉽게 말하자면, 이것은 철저하게 '경험'으로 이뤄지는 배움의 과정이라는 뜻이다. 그래서 어렵다.

만일 절제 훈련의 성과를 테스트하기 위해 통제력을 잃기 쉬운 상황을 만든다면 어떻게 될까? 예를 들어 테스트 차원에서 군인에게 무기를 건넨 뒤 그를 감정의 벼랑 끝으로 몰고 간다면? 만일 그가 훈련을 제대로 못 받았다면? 그래서 총기를 쥔 채 자신을 통제하지 않으면 상황은 얼마나 심각해지겠는가? 문제는 그뿐만이 아니다. 때때로 자기절제 훈련의 성과를 테스트하는 방법은 육체적, 감정적 학대로 변질되기 쉽다.

반면, 이러한 극한의 상황에서 잘 훈련받고, 또 자기 통제 수련에 집중할 수만 있다면 당신 안에 큰 능력이 쌓이기 시작할 것이다. 기초 훈련 과정 중, 훈련병들은 '경험'을 통해 자기 통제를 배우게 된다. 훈련소에서 훈련 담당 부사관 및 장교들은 항상 훈련생들에게 윽박지르며 고함친다. 마치 그들을 '감정 통제의 한계선'까지 몰아붙이는 것처럼 보이기도 한다. 부디, 그곳에서 배운 자기통제의 덕을 잘 간직하여 실생활에 적용할 수 있기를!

기본적으로 사람들은 자기 삶의 통제권을 잃게 될까 두려워한다. 이러한 두려움은 나이 지긋한 노인들에게서 더욱 뚜렷하게 나타난다. 일단 나이가 들어 몸이 불편해지면 누군가의 도움을 받으며 살아가는 게 올바른 이치이다. 하지만 더 나이가 들 경우, 그때는 '도움'이 아니라 전적인 '보살핌'을 받게 된다. 옆에서 거들어주는 사람이 없으면 사소한 일도 스스로 해낼 수 없는 상태이기에 이쯤 되면 자신의 삶에 대한 통제권을 몽땅 내려놔야 한다. 그런데 '전적인 보살핌'을 다른 말로 하면 '전적인 통제'이다. 여기서부터 문제가 시작된다. 스스로 할 수 있는 일은 없지만, 그래도 통제권만큼은 내려놓는 것이 죽기보다 싫기 때문이다. 이러한 노인들은 다시금 통제권을 찾기 위해 때때로 '보호시설 탈출'이라는 방법을 택한다. 가끔씩 나는 보호시설을 탈출하는 노인들의 이야기를 듣는다. 만일 당신이 보호하던 노인환자가 시설을 탈출한다면, 참 마음 아픈 일일 것이다. 휠체어에 앉은 채 시설 밖으로 나서는 노인들을 만날 경우 나는 부드러운 말로 설득하거나, 그들이 타고 있는 휠체어를 밀어 다시금 보호시설로 되돌린다. 보호시설로 되돌아가는 길에서 이들 대부분은 삶의 통제권을 잃은 상실감과 그로 인한 심적 고통을 하소연한다. 물론 '하소연'이나 '넋두리'가 감정 정화에 큰 도움을 주는 것은 사실이지만, 장기적 해결책은 아니다.

절제력을 가르치는 한 가지 좋은 방법은 사람들을 병원과 같은 '감금' 환경에 들여보내는 것이다. 이러한 외부적 장치를 통해 당신은 자기 통제권 및 의사 결정권의 상실을 경험해볼 수 있다. 군 훈련소가 바로 이러한 환경을 만들어준다. 훈련병 스스로가 선택할 수 있는 것은 아무것도 없다. 하지만 훈련기간이 정해져 있고 또 생각보다 짧기 때문에 병원보다는 '덜한' 감금이다.

특수부대 혹은 특공대원이 받는 훈련의 강도는 상당히 높은 수준이다. 부대 내에 모의 전쟁포로 수용소를 만들어놓고 실제상황처럼 훈련을 강행하기도 한다. 이때의 훈련은 실제적이다. 훈련 중, 훈련 대원에게 육체적 고통을 부여하기도 한다는 뜻이다.

이러한 훈련기관의 훈육사관들은 고문의 수위를 최대한으로 높여 훈련부대원들이 포로로 잡혀갈 경우 얼마나 잘 견디는지를 테스트한다. 훈련부대원들은 모의 포로수용소에 감금되어 극한의 훈련을 받게 되는데, 그 중 하나가 '모의 심문'이다. 단순한 질의응답 과정으로 생각하면 오산이다. 이 과정을 성공적으로 완수하려면 스스로의 감정에 따라 판단하거나 자의로 결단 내리려는 본능을 완전히 잠재워야 한다. 이성을 잃거나 분노해서도 안 되고, 두려움이나 공포에 사로잡혀서도 안 된다. 모의 심문 훈련은 견디는 것 자체도 힘들다. 훈련과정 중 수많은 부대원들이 자기 통제력을 잃기 때문에 이를 통과하지 못한다.

특수부대의 군목이었던 데이브 하워드(Dave Howard) 목사는 본보기로서 이 가혹한 훈련을 받았다. 몇 명의 사병과 함께 모의 포로수용소에 갇힌 후, 꽤나 강도 높은 고문과 함께 심문을 받은 것이다.

교관들은 그들에게 폭력을 가하며 억압했다. 그들을 위협하며 바닥에 내친 후 군화로 그들의 목을 밟기까지 했다. 하지만 비밀 정보를 이야기하라는 협박과 독촉이 제대로 먹혀들지 않자 고문도구를 사용하기 시작했다. 교관 하나가 고무호스 여러 개를 들고 왔다. 교관들은 고무호스를 휘둘러 벽이며, 가구를 사정없이 내려치기 시작했다. 그리고는 이제 곧 그들을 때리겠다고 협박했다. 그때, 병사 하나가 더 이상 참지 못하겠다는 듯 입을 열었다.

심문하던 교관 중 하나가 하워드 목사 앞에 무릎을 꿇더니 조롱하는 투로 말하기 시작했다. "자, 보라구! 우리는 우리가 원하는 것을 반드시 얻고야 말지. 비밀정보도 여기 있는 이 이등병으로부터 얻었단 말이야. 이제 자네도 불게. 안 불면 곤란해. 자, 어떻게 할 텐가?"

잠시 침묵이 흘렀다. 하워드 목사는 밧줄에 묶였던 손을 빼내려고 안간힘을 다했다. 그가 몸부림칠 때 바닥에 '철퍼덕' 하며 밧줄 떨어지는 소리가 나 적막을 산산조각냈다. 이후 하워드 목사는 그 젊은 병사에게 손을 뻗었다. "나는 자네를 용서하겠네!" 누구도 예상하지 못했던 일이 벌어진 것이다. 그 젊은 병사는 하워드 목사의 자애로운 행동에 감명을 받고 다시금 마음을 굳게 다지기로 결심했다. 훈련이 끝난 후, 그곳의 교관들은 하나같이 입을 모았다. "하워드 목사가 용서한다는 말을 했을 때, 우리 모두는 완전히 넋을 잃었죠. 전혀 예상치 못했던 반응이었습니다."

그것으로 게임은 끝났다. 그 이등병은 더 이상 한 마디의 말도 내뱉지 않았기 때문이다. 이처럼 용서와 사랑의 힘은 숙달된 교관들의 교묘한 심문기술과 고문능력까지도 압도했다.

자기통제력이 부족할 경우, 평소에는 잘 드러나지 않던 취약점이 부각되기 시작한다. 그러므로 자기통제가 부족한 사람은 마귀의 압제와 속임수에 쉽게 넘어가는 경향을 보인다. 잠언의 기자가 말한 것과 같다. "자기의 마음을 제어하지 아니하는 자는 성읍이 무너지고 성벽이 없는 것과 같으니라"(잠 25:28).

절제하지 못하는 것은 스스로 방어체계를 무너뜨리는 행위와 같다. 자신의 보호막에 구멍을 뚫고는 적의 침입을 초청하는 것과 무엇이 다른가? 만일 절제하지 못하는 사람이 주변에 있으면, 당신은 그의 곁에 가기가 꺼림칙할 것이다. 절제하지 못한다고 해서 그 사람 자체가 나쁜 것은 아니다. 하지만 자연계를 살아가는 사람이라면 누구나 똑같다. 사람의 행동이나 습성을 판단하기보다는 그 사람의 행동을 보며 그 사람 자체를 판단하고 정죄한다. 그래서 절제하지 못하는 사람 곁에 가기가 싫은 것이다. 하지만 이를 바꾸어 생각해보면 절제하지 못하는 사람이 문제다. 그 자신의 무절제한 행동이 주변 사람들을 쫓아내기 때문이다.

크리스천으로 알려진 사람이 절제력을 잃은 채 심각한 행동을 일삼는다면 그의 주변 사람들은 그리스도의 몸 된 교회 전체를 불신할 것이다. 이는 주님의 이름에 '먹칠' 하는 참사이리라! 뿐만 아니라 그 자신에게도 참사이다. 향후 복음의 증인으로서 효과적인 사역을 할 수 없음은 물론, 그동안 행해왔던 복음증거의 열매 역시 '무효화' 될 수 있기 때문이다.

자기를 통제하지 못하고 막무가내로 화를 내는 사람을 보면, 당신은 그것이 그 사람의 단점이라고 생각할 것이다. 정확하다. 그것은 단점이다.

이와 같은 단점을 지닌 사람들은 원수의 압제에도 취약하다. 당신 주변에 이러한 사람이 있는가? 그렇다면 어떻게 하길 원하는가?

만일 그 사람에게 화를 내거나 그를 외면하고 거절한다면, 우리 역시 스스로를 절제하지 못하는 것과 다름없다. 그렇다면 대안이 있는가? 위에 언급한 모의 포로수용소 이야기에서 대안을 찾지 않았는가?

우리는 사람들을 용서하며 그들을 회복시킬 수 있다. 용서는 실제적으로 전투력을 두 배 이상 증강시킨다. 절제하지 못하는 사람을 용서하는 것은 고급 기술이다. 당신에게 이러한 기술이 있는가? 교회는 '회복의 근원'이어야 하나 안타깝게도 제 기능을 다하지 못하고 있다. 오히려 사람들이 회복되는 것을 방해하는 단체, 실수한 사람들을 거절하는 단체로 악명을 떨치고 있다. 바울은 갈라디아 교회에 서로 용서할 것과 서로를 회복시킬 것을 강권했다.

> 형제들아 사람이 만일 무슨 범죄한 일이 드러나거든 신령한 너희는 온유한 심령으로 그러한 자를 바로잡고 너 자신을 살펴보아 너도 시험을 받을까 두려워하라 너희가 짐을 서로 지라 그리하여 그리스도의 법을 성취하라 갈 6:1-2

사람을 구원하고 상황을 변화시키는 '은혜'와 '사랑'과 '용서'의 능력, 그 큰 잠재력을 생각해보라. 바라건대 우리 모두가 서로를 용납하는 주님의 가족이 되기를!

## 자기 통제에는
## 고통과 시험이라는 희생이 따른다

고통을 견디는 것이 기꺼운 사람은 없다. 나는 고통을 견디는 것과 관련하여, 유능한 참전용사로부터 들었던 충고를 기억하고 있다. 그는 내가 복무했던 육군 여단의 특무상사였다. 당시 그는 자신이 계획한 훈련 커리큘럼 중 고통을 참고 견디는 과정이 포함되어 있음을 내게 이야기해주었다. 그리고는 이렇게 말했다. "목사님, 고통은 단련되지 않습니다. 오늘 병사들에게 물을 주지 않으면 그들은 갈증의 고통을 호소하겠지요? 그렇게 하루를 지난다고 합시다. 오늘 하루 동안 갈증을 견뎌냈다고 해서 그들이 갈증에 단련되었을까요? 아닙니다. 갈증을 참고 이겨낼 사람은 없습니다. 내일 물을 안 주면 그들은 오늘처럼 갈증의 고통을 호소할 것입니다."

그의 말이 맞다. 나는 오래 참는 것을 싫어한다. 하지만 그의 이야기를 들은 후, 향후 몇 년간 '오래 참음'을 내 사역의 모토로 삼았다. 얼마나 많은 고통을 겪는지와 상관없이, 고통은 여전히 '고통스럽다.' 하지만 그것이 전부는 아니다. 여기에 또 다른 법칙이 작용하기 때문이다.

고통을 많이 견뎌낼수록 더 큰 고통을 감내할 만한 용적의 그릇이 형성된다. 물론 고통을 즐기게 된다는 뜻은 아니다. 고통으로 인한 과거의 상처를 잊는 것도 아니다. 하지만 고통을 감내하다 보면 어떻게 고통을 다뤄야 할지 깨닫게 된다. 새로운 차원의 자기 통제력을 개발하게 된다는 것이다.

고통 중 홀로 남겨질 때, 대부분의 사람은 어떻게 해서든 현재의 고통을 회피하고자 한다. 이러한 이유로, 운동을 계획하고 결심했다가 중도에서 포기하는 사람이 많은 것이다. 운동은 힘들고 고통스럽다. 군대의 신체단련 훈육관은 종종 훈련병들을 인내의 극한으로 몰고 가곤 한다.

그때마다 그들로부터 이런 말을 들을 수 있다. "고통이 없으면, 얻는 것도 없다"(No Pain! No Gain!) 나는 이 말을 끔찍이도 싫어했다. 그래서 이렇게 바꿨다. "고통이 없으면! 제발 고통이 없으면!"(No pain! No pain!)

하지만 군 생활이 몸에 익으면서, 또 신체가 점점 단련되면서 깊이 깨달은 바가 있었다. 오늘의 고통을 견디는 것은 단지 내일의 체력검사를 통과하기 위한 방편만이 아니라는 사실을 말이다! 고통을 견디면서 나는 자신을 통제하는 법, 절제하는 법을 배우게 되었다. 전쟁에서 승리하려면 평화로울 때 꾸준히 훈련해야 한다. 물론 어렵고 고통스러운 일이다. 하지만 분명한 것은 꼭 필요한 일이라는 것이다.

영적인 세계에서도 이와 동일한 원칙이 적용된다. 그러나 사람들은 육체의 훈련도 영적인 훈육도 싫어한다. 이유는 분명하다. 성령 안에서 강하게 되고, 또 강건한 상태를 유지하려면 고통을 감내해야 하지만, 결코 쉬운 일이 아니기 때문이다. 바울은 영적 전쟁의 최전방에서 수년 동안 고통을 감내해왔기 때문에 이 사실을 잘 알고 있었다. 매 맞는 것과 고문당하는 것은 물론이고 그가 탔던 배가 난파당한 일도 있었다. 이 모든 고통의 경험을 통해 그는 중요한 사실 하나를 배웠다. 디모데전후서에서 살펴볼 수 있듯이 이 모든 고통을 감내했던 바울의 지혜가 고스란히 디모데에게 전수되었다는 것이다. 아래의 구절이 이 사실을 잘 나타내주는데, 나는 유진 피터슨의 번역이 마음에 든다.

> 체육관에서 몸을 단련하는 것도 유익하지만, 하나님 안에서 훈련받는 삶은 훨씬 유익합니다. 그런 삶은 현재는 물론이고 영원토록 그대를 건강하게 해줄 것입니다 딤전 4:8 《메시지 성경》

바울이 디모데에게 전수하고 있는 교훈은 그가 환난을 겪고 고통을 견디면서 체득한 지혜였다. 바울은 이 교훈을 배우기 위해 엄청난 대가를 치렀다. 그리고 그 지혜를 무상으로 디모데에게 전수해준다. 다른 사람의 경험에서 교훈을 얻는 것은 참으로 현명한 일이다. 그 모든 고통을 직접 경험하지 않고도 큰 교훈을 얻을 수 있기 때문이다. 바울은 그렇게, 자신이 배운 교훈을 영적인 아들에게 전수한다.

　주님의 사역 및 이에 따르는 영적 전쟁을 수행하기 위해 우리는 신체적으로 건강해야 한다. 하지만 영적으로도 강해야만 한다. 그러므로 우리는 영적 건강을 위해, 또 스스로를 단련하기 위해 자신을 통제할 줄 알아야 한다. 절제하는 삶은 그만큼 중요하다.

　바울은 스스로 그 모든 환난을 겪고 인내했다. 디모데에게 교훈을 전수하면서도 그는 계속해서 스스로를 단련했다. 안타깝게도 오늘날에는 바울이 강조했던 대로 스스로를 단련하는 교사가 많지 않다. 과거 내 주변엔 "내가 행동한 것은 배우지 마라. 대신 내가 말한 것은 지켜라"라고 말하는 교사들이 더러 있었다. 당시에는 그런 말을 듣는 것 자체가 너무도 싫었다. 지금도 싫다!

　마가복음 8장에는 예수님께서 수많은 군중들을 훈련하시는 모습이 나온다. 물론, 아직 성령께서 오시지 않았기에 그들 모두는 주님의 가르침을 제대로 이해하지 못했다. 심지어 최측근 제자들도 그의 가르침을 이해하는데 어려움을 느껴서 따로 주님께 나아가 그 의미를 여쭙곤 했다. 그들이 이해하지 못했던 가르침 중 하나가 15절에 기록되어 있다.

> 예수께서 경고하여 이르시되 삼가 바리새인들의 누룩과 헤롯의 누룩을 주의하라 하시니 막 8:15

　당신도 이 말씀이 어떤 의미인지 궁금할 것이다(외로워 말라. 제자들도 마찬가지였다). 예수님 역시 그들이 이 가르침을 받을만한 준비가 되지 않았다는 사실을 알고 계셨다. 그래서 어느 정도 시간이 지날 때까지 기다리셨다. 이 후, 예수님은 그 의미를 자세히 설명해주셨다.

누가복음 12장을 펴 보라. 마침내 주님을 따르는 사람들의 이해력이 일정 수준으로 높아진 것 같아 보인다. 게다가 외부의 위협을 두려워하지 않아도 될 만큼 모인 사람들의 규모가 커졌다. 어쩌면 그들은 외부의 공격 가능성에 대한 두려움 때문에 그동안 주님의 말씀에 집중하지 못했는지도 모른다. 하지만 시간이 흐른 후, 예수님은 그들이 이 가르침을 받을만한 준비가 되었다고 생각하셨다.

> 그 동안에 무리 수만 명이 모여 서로 밟힐 만큼 되었더니 예수께서 먼저 제자들에게 말씀하여 이르시되 바리새인들의 누룩 곧 외식을 주의하라 눅12:1

예수님께서 말씀하셨던 '바리새인의 누룩'은 '위선'이었다. 즉 당시의 바리새인들은 남들을 가르치긴 했으나(교리로 사람들을 억압했지만) 정작 본인은 그 가르침대로 행동하지 않았다는 뜻이다. 물론 그들을 비난하기는 쉽다. 하지만 우리라고 바리새인들과 다르다는 법이 있는가?

모든 사람이 자신의 말대로 혹은 자신이 믿는 대로 행동하는 것은 아니다. 우리들 대부분은 이런 종류의 위선을 싫어한다. 또 그러한 사람들의 가르침에 집중하지 않는다. 이 사실을 안 이상, 우리는 바리새인의 실수를 범하지 않도록 항상 조심해야 한다. 말한 대로 행동하고 있는지, 항상 점검해야 할 것이다. 만일 말한 것과 다르게 행동한다면, 사역자인 당신 스스로가 사역의 효율성을 무너뜨리게 될 것이다.

당신 주변에 참된 영적 교사가 없다면 어떻게 할 텐가? 방법이 없다. 당신 스스로 자기 자신을 가르치라. 무엇보다 먼저 하나님의 말씀 앞으로 나아가라. 직접 하나님으로부터 배우라. 말씀을 읽고 또 성령께서 그 말씀을 가르쳐주시도록 허락해 드리라. 이와 관련하여 바울이 고린도 교회의 교인들에게 전한 말씀을 들어보자.

> 육에 속한 사람은 하나님의 성령의 일들을 받지 아니하나니 이는 그것들이 그에게는 어리석게 보임이요, 또 그는 그것들을 알 수도 없나니 그러한 일은 영적으로 분별되기 때문이라 고전 2:14

성령께서 당신에게 하나님 말씀의 깊은 교훈과 깨달음을 주시길 간구하라. 이것이 바로 성령께서 하시는 일이다(성령께서는 이 일을 충실하게 수행하신다). 그러므로 성령님을 신뢰하라! 성령님께 도움을 요청하라! 나는 성령님께서 성경을 가르쳐달라는 요청에 신실하게 응답하신다는 사실을 알고 있다. 예수님도 이 사실을 제자들에게 가르쳐주셨다.

> 내가 아직도 너희에게 이를 것이 많으나 지금은 너희가 감당하지 못하리라 그러나 진리의 성령이 오시면 그가 너희를 모든 진리 가운데로 인도하시리니 그가 스스로 말하지 않고 오직 들은 것을 말하며 장래 일을 너희에게 알리시리라 요 16:12-13

성령의 도우심 가운데 우리는 하나님의 말씀이 우리의 삶 속에 있는 모든 문제의 열쇠라는 사실을 확신하게 된다. 말씀을 공부해야 하는 필요성도 절감하게 될 것이다.

성령께서 우리를 모든 진리 가운데로 인도하신 후에야 비로소 우리는 진리를 따라 행할 수 있다. 그런데, 어쩌면 우리의 삶에 이러한 변화가 나타날 때까지 우리는 성령의 인도하심을 받기 위해 계속해서 노력해야 하고 또 큰 고통을 감내해야 할지도 모른다. 하지만 우리의 보혜사이신 성령께서 큰 능력으로 도와주실 것이다(물론 성령께서 주시는 능력으로 우리가 가혹한 고통을 즐기게 된다는 의미는 아니다. 다만 이러한 과정을 반드시 거쳐야 한다는 뜻이다). 나는 끊임없이 성령님의 인도하심을 구한다. 그리고 지금 성령께서 나를 강하게 단련시키셔서 장차 다가올 일들을 더 잘 대비할 수 있게 되기를 기대한다.

> 무릇 징계가 당시에는 즐거워 보이지 않고 슬퍼 보이나 후에 그로 말미암아 연단 받은 자들은 의와 평강의 열매를 맺느니라 그러므로 피곤한 손과 연약한 무릎을 일으켜 세우고 너희 발을 위하여 곧은 길을 만들어 저는 다리로 하여금 어그러지지 않고 고침을 받게 하라 히 12:11-13

정말 좋은 소식은 하나님께서 당신을 돕기 원하시고, 또 너끈히 도우실 만큼 풍부한 능력을 갖고 계시다는 것이다. 하나님은 관심어린 눈으로 당신을 바라보시며 당신에게 최상의 것을 주고자 하신다. 그러므로 그분이 행하시는 모든 일이 당신에게 이익이 된다는 사실을 잊지 말라.

성령께서는 당신을 도우사 하나님 나라의 일을 행하도록 인도하신다. 하지만 많은 사람이 성령님의 질책하심을 받아들이지 못하는데, 그것은 그들에게 하나님의 관점이 없기 때문이다. 만일 하나님의 관점으로 볼 수만 있다면 성령의 인도하심을 받아들이기가 쉬울 것이다.

성령께서 당신을 질책하시는 이유는 당신을 사랑하시기 때문이다. 당신이 성공적으로 살아가는 것을 원하시기 때문이다. 또한 당신이 하나님의 아들로 입양되었다는 사실을 확실히 깨닫게 하시기 위해서이다. 생각해보라. '질책'은 아들에게만 주어지는 특권이다. 당신이 아들이기 때문에 성령의 질책을 받는 것이다.

> 너희가 참음은 징계를 받기 위함이라 하나님이 아들과 같이 너희를 대우하시나니 어찌 아버지가 징계하지 않는 아들이 있으리요 징계는 다 받는 것이거늘 너희에게 없으면 사생자요 친아들이 아니니라 히 12:7-8

그런데도 여전히 하나님의 교훈과 훈련을 거절하는 사람이 있다. 이러한 사람은 당신의 관심 어린 충고도 거절할 것이다. 이런 사람을 만나도 결코 놀라지 말라. 성경은 이러한 일에 대한 경고로 가득하다. 솔로몬은 다음과 같이 충고했다.

> 거만한 자를 징계하는 자는 도리어 능욕을 받고 악인을 책망하는 자는 도리어 흠이 잡히느니라 거만한 자를 책망하지 말라 그가 너를 미워할까 두려우니라 지혜 있는 자를 책망하라 그가 너를 사랑하리라 지혜 있는 자에게 교훈을 더하라 그가 더욱 지혜로워질 것이요 의로운 사람을 가르치라 그의 학식이 더하리라 잠 9:7-9

당신은 누가 당신의 훈계와 충고를 받아들이고 또 누가 거절할지 분별할 수 있을 만큼 지혜로워야 한다. 지혜로운 선택을 하지 않으면, 그에 대한 대가가 따를 것이기 때문이다. 만일 충고를 받아들이지도 않고 감정적으로 성숙하지도 않은 사람에게 훈계할 경우 당신은 그로부터 공격을 받을 수도 있다. "거만한 자는 견책 받기를 좋아하지 아니하며 지혜 있는 자에게로 가지도 아니하느니라"(잠 15:12). 당신의 이해를 돕기 위해 히브리서 기자의 충고를 아래에 적어둔다.

> 또 우리 육신의 아버지가 우리를 징계하여도 공경하였거든 하물며 모든 영의 아버지께 더욱 복종하며 살려 하지 않겠느냐 그들은 잠시 자기의 뜻대로 우리를 징계하였거니와 오직 하나님은 우리의 유익을 위하여 그의 거룩하심에 참여하게 하시느니라 히 12:9-10

오랜 세월이 지난 후, 대부분의 사람들은 자신의 청소년기를 되돌아보며 "아! 부모님은 나 좋으라고 그렇게 호되게 징계하셨구나!" 하고 깨닫는다. 부모의 징계가 자신에게 이익이 되었다는 사실을 깨닫는다면, 그 사람에게 하나님의 징계는 얼마나 큰 유익으로 여겨질는지 상상할 수 있겠는가? 하나님이 당신을 징계하시는 이유는 당신에게 최상의 것을 주시기 위해서이다.

## 절제의 부족은 기도생활을 방해한다

> 만물의 마지막이 가까이 왔으니 그러므로 너희는 정신을 차리고 근신하여 기도하라 **벧전 4:7**

참 재미있는 말씀이다. 베드로는 지금 '정신 차리는 것'과 '근신하는 것' 사이에 연결고리를 만들고 있다. 사실 이 둘은 상호보완적이다. 뿐만 아니라 베드로는 '자기 통제'와 '기도의 능력' 사이에도 강한 연결고리가 있음을 역설하고 있다.

절제의 부족이 어떻게 당신의 기도생활을 방해하겠는가? 절제와 기도생활 사이의 연관성을 조사한 결과, 나는 다양한 경로를 통해 절제의 부족이 기도생활의 저해로 이어진다는 사실을 알게 되었다.

그 첫째 이유는 지속성 없는 교제가 하나님과의 관계를 가깝게 하기보다 멀게 만든다는 데에 있다. 자기를 통제하지 못하는 사람이 꾸준한 기도생활을 할 리 없다. 절제하지 못하는 사람은 하나님과의 교제를 지속적으로 유지하지 못한다. 둘째, 자기를 통제하지 못하는 사람은 응답 받을 때까지 참지도 못하고 또 기도에 집중하지도 못한다. 이 기도에서 저 기도로 뛰어넘기 바쁘다.

게다가 절제의 부족은 분노를 다스리지 못하는 모습으로 나타난다.

성령께서 주관하시지 않는 분노는 쓴 뿌리만 남겨놓는다. 그 안에는 용서가 없다. '분노'와 '쓴 뿌리'와 '용서하지 않는 마음'은 하나님 나라로 가지고 들어갈 수 없는 것들이다. 용서받으려면 용서해야 한다. 복 받으려면 축복해야 한다. 예수님의 말씀을 기억하라.

> 비판하지 말라 그리하면 너희가 비판을 받지 않을 것이요 정죄하지 말라 그리하면 너희가 정죄를 받지 않을 것이요 용서하라 그리하면 너희가 용서를 받을 것이요 주라 그리하면 너희에게 줄 것이니 곧 후히 되어 누르고 흔들어 넘치도록 하여 너희에게 안겨 주리라 너희가 헤아리는 그 헤아림으로 너희도 헤아림을 도로 받을 것이니라 눅 6:37

> 또 네 이웃을 사랑하고 네 원수를 미워하라 하였다는 것을 너희가 들었으나 나는 너희에게 이르노니 너희 원수를 사랑하며 너희를 박해하는 자를 위하여 기도하라 마 5:43-45 상

바울 역시 로마 교회에 보내는 서신에서 주님의 말씀 그대로를 언급하였다. "너희를 박해하는 자를 축복하라 축복하고 저주하지 말라"(롬 12:14). 만일 분노, 쓴 뿌리, 용서하지 않는 마음이 머릿속을 뒤덮도록 허락한다면, 당신은 주님께 순종하지 못할 것이다. 하나님이 명령하신대로 남을 용서하지도 못하고 축복해주지도 못할 것이다. 순종하지 않으면 하나님과 연합할 수 없다. "내가 아버지의 계명을 지켜 그의 사랑 안에 거하는 것 같이 너희도 내 계명을 지키면 내 사랑 안에 거하리라"(요 15:10). 주님의 사랑 안에 거하는 것은 순종의 여부에 달렸다. 불순종의 밑바닥에 자리한 부정적인 감정들 때문에 주님과의 관계가 소원해진다. 주님과 거리가 멀어지면 당신은 효과적인 기도생활을 영위할 수 없다.

또한 베드로는 기도하기 위해서 '정신을 차려야' 한다고 말했다. 그

러므로 우리는 맑은 정신을 유지해야 한다. 우리의 기도생활을 방해하고 하나님과의 관계를 소원(疏遠)하게 만드는 모든 것을 제거해야 한다. 만일 남을 사랑하고, 축복하고, 용서하라는 명령에 순종하지 못한다면 하나님은 우리 안에 거하실 수 없다. "예수께서 대답하여 이르시되 사람이 나를 사랑하면 내 말을 지키리니 내 아버지께서 그를 사랑하실 것이요 우리가 그에게 가서 거처를 그와 함께 하리라"(요 14:23). 하나님의 음성을 들으려면 맑은 정신을 유지해야 한다. "내 양은 내 음성을 들으며 나는 그들을 알며 그들은 나를 따르느니라"(요 10:27). 부정적인 감정을 제거하면 기도를 통해 하나님과 더 나은 관계를 맺을 수 있고 또 그 상태를 유지할 수도 있다.

하나님과의 관계는 사랑과 존경과 축복의 기반 위에 세워져야 한다. 이 세 가지 긍정적인 태도는 하나님의 임재를 향한 '열린 문'과 같다. 베드로는 왜 우리가 서로를 사랑해야 하는지 그 이유를 말했다. "무엇보다도 뜨겁게 서로 사랑할지니 사랑은 허다한 죄를 덮느니라"(벧전 4:8). 사랑하는 마음은 허다한 죄를 덮는 가리개와 같다. 기도할 때, 성령께서 당신의 마음을 사랑으로 채워주시길 요청하라.

현대인들은 필요 이상으로 민감하다. 극도로 예민하여 조금이라도 귀에 거슬리는 말을 들을 경우 곧바로 공격 자세를 취한다. 거의 모든 상황에서 그들이 취하는 첫 번째 반응은 '공격'이다. 이러한 성격 결함은 자기 사랑에 뿌리를 두고 있는데 '자기 사랑'은 하나님과의 관계 안에 설 만한 자리가 없다. 하나님께서는 "네 이웃을 네 몸과 같이 사랑하라"라고 명령하셨다. 다른 사람을 사랑하면 그들의 죄나 흠, 실수 따위는 눈에 보이지 않는다. 정말로 남을 사랑한다면, 그들의 잘못에 쉽게 상처를 받지도 그들에게 분노하지도 않을 것이다. 다른 사람에게 쉽게 상처받거나 쉽게 분노하는 사람은 제대로 중보할 수 없다. 그저 자신의 필요에만 집중하며 기도하기 때문에 남을 위한 기도에는 쏟을만한 에너지가 없는 것이다. 반면 하나님을 사랑하고 이웃을 사랑하는 마음으로 헌신하는 사람은 하나님께 기쁨이 되는 기도, 남을 위한 기도로 기도시간을 채운다. 이 같은 사랑의 태도는 하나님의 기쁨을 유발한다.

기도하면서 하나님께 다가가는 과정 중 한 가지 중요한 단계는 입술에서 모든 불평을 제하는 것이다. 베드로는 우리에게 "서로 대접하기를 원망 없이 하라"라고 충고했다(벧전 4:9 참조). 하나님은 불평도 싫어하시고, 불평하는 사람도 싫어하신다. 이 사실은 어떤 사람에겐 충격으로 다가올 것이다. "조건 없이 사랑하시는 하나님인데, 어떻게 불평하는 사람을 싫어하실 수 있단 말인가?" 물론 하나님의 본질은 사랑이다. 그분은 자신이 창조한 모든 것을 사랑하신다. 하지만 성경은 '분노하시는 하나님'에 대해서도 이야기한다.

하나님의 분노를 유발하는 것들이 있다. 그중, 하나님에 대한 불평은 신속한 심판의 대상이다. 하나님께서 습관처럼 '불평'하는 성격을 얼마나 미워하시는지! 하나님께서 모세에게 하신 말씀을 들으라.

> 여호와께서 또 모세에게 이르시되 아론의 지팡이는 증거궤 앞으로 도로 가져다가 거기 간직하여 반역한 자에 대한 표징이 되게 하여 그들로 내게 대한 원망을 그치고 죽지 않게 할지니라 민 17:10

몇몇 신학자들의 주장과 달리 원망이 하나님의 분노로 이어진다는 것은 구약의 가르침만은 아니다. 바울은 고린도 교회의 성도들에게 말했다. "그들 가운데 어떤 사람들이 원망하다가 멸망시키는 자에게 멸망하였나니, 너희는 그들과 같이 원망하지 말라"(고전 10:10). 야고보 역시 이와 비슷한 가르침을 전한다. "형제들아, 서로 원망하지 말라. 그리하여야 심판을 면하리라. 보라, 심판주가 문 밖에 서 계시니라"(약 5:9). 예수님 역시 원망하지 말라는 명령을 하셨다. "예수께서 대답하여 이르시되 너희는 서로 수군거리지 말라"(요 6:43). 당신이 원망하는 사람이라면, 이 사실을 알아야 한다. "심판주가 문밖에 서 계신다!" 주님은 당신이 사람들에 대해 불평하는 것도 싫어하시고, 하나님에 대해 불평하는 것도 싫어하신다. 하나님의 진노하심을 경험하고 싶지 않거든, 불평을 멈추라.

## 자기 통제는 '자신'을 통제하는 것이다

거듭 강조한다. "자기 통제는 자신을 통제하는 것이다!" 당연한 말인 것 같지만, 경험한 바로는 말처럼 그리 잘 되지 않는다.

내가 '자기 통제'에 대해 강연할 때 대부분의 사람은 주변의 누군가를 떠올리며 "맞아. 그 사람에게 필요한 덕목이야!"라고 말한다. 너무도 쉽게 다른 사람의 문제점을 비난하는 것이다. "그 사람은 절제할 줄 알아야 한다고!" 이처럼 우리는 다른 사람의 무절제한 습관은 쉽게 지적하지만 정작 자신의 감정과 습관을 통제하지 못하는 무절제에 대해선 인식하지 못한다. 다시 한 번 강조한다. "자기 통제는 자신을 통제하는 것이다!"

> 우리가 우리를 살폈으면 판단을 받지 아니하려니와 우리가 판단을 받는 것은 주께 징계를 받는 것이니 이는 우리로 세상과 함께 정죄함을 받지 않게 하려 하심이라 **고전 11:31-32**

바울은 만일 우리가 지금, 스스로를 단련하면 나중에 하나님으로부터 심판 받게 될까 염려하지 않아도 될 것이라 이야기하고 있다. 당신은 정죄받기 싫은가? 만일 정죄받기 싫다면 바울의 충고를 깊이 새기고 정직하게 스스로를 평가해보기 바란다. 스스로의 능력으로는 도무지 자기 통제가 되지 않을 경우, 주님께 나아가 도움을 요청하라. 하나님께서 일곱 영을 보내신 이유는 당신을 도와 이 모든 것을 극복하게 하시기 위해서임을 잊지 말라.

너무 쉽게 자신의 무절제함을 인정하는 사람들도 있다. 그러나 그들 중 다른 누군가에게 원인을 돌리는 이들도 있다. 문제의 원인제공자를 쉽게 지적하지만 정작 자신의 책임은 조금도 수긍하려 하지 않는다. 이러한 사람들은 누군가가 나타나 대신 해결해주길 기대하는 성향을 보인다. 다른 사람의 도움을 받는 것이 문제되지는 않으나 스스로 책임을 지고 하나님의 도우심을 구하지 않는 한, 진전은 없을 것이다. 당신은 자신의 책임을 인정하는 사람인가?

많은 사람이 자신의 잘못을 인정하지 않는 이유는, 여기에 '자기 이미지'(self-image)가 걸려있기 때문이다. 잘못을 인정하는 순간 다른 사람이 자신을 나쁘게 볼 것이라는 두려움을 갖고 있다. 하지만 진짜 문제는 따로 있다. 이미 자기 통제의 결여로 자신의 단점을 남에게 공개하지 않았는가? 진짜 문제는 무절제이다. 내 모습이 다른 사람의 눈에 나쁘게 비치는 이유 역시 다름 아닌 '무절제' 이다. 평화를 사랑하는 사람들 대부분은 무절제한 사람 곁으로 가기를 기피한다.

자기를 통제하지 못하는 사람들은 그 특성상 남에게 도움을 주지도 바라지도 않는다. 남에게 도움을 받으면 약한 사람으로 비칠까 두려워하고 도움을 거절하면 강한 사람으로 비치겠지 생각하지만 실상은 자신이 기대하던 것과 정 반대의 효과가 나타난다. 자신의 평판을 좋게 하기 위해 도움을 거절하지만 오히려 평판은 나빠진다. 만일 그들이 자신의 문제점을 인식하고 그 문제의 해결을 위해 다른 사람의 도움을 받아들인다면, 사람들은 그들을 훨씬 더 좋은 모습으로 기억해줄 것이다.

> 각각 자기의 일을 살피라 그리하면 자랑할 것이 자기에게는 있어도 남에게는 있지 아니하리니 각각 자기의 짐을 질 것이니라 갈 6:4-5

바울은 지금 패망으로 이끄는 교만(자랑)에 대해 이야기하는 것이 아니다. 자랑 중에는 선한 사람이 되도록, 또 하나님과 다른 사람들이 기뻐할 만한 일을 하도록 동기 부여하는 '자랑'도 있다. 만일 하나님이 기뻐하시는 삶을 산다면, 너무도 기분 좋은 일이다. 이는 자랑할만하다. 바울은 이러한 자랑에 대해 이야기하고 있다.

수많은 사람들이 자신과 남을 비교하기 때문에 너무도 많은 문제가 발생한다. 남과 비교할 때 사람들은 자신의 성격 결함을 고치려고 노력하는 대신 감추려고 애쓴다. 뛰어난 사람을 볼 경우 그를 칭찬하는 대신 비판하길 좋아하며, 그를 자신의 수준으로 끌어내리려고 노력한다. 다른 사람과 비교할 때 우리의 내면으로부터 가장 많이 올라오는 독소는 아마 '질투'일 것이다. 우리 주변에 질투심으로 충만한 사람들이 있다면 그들이 얼마나 추한 행동을 하는지 알 수 있을 것이다. 그런데, 우리 자신은 어떤가? 사실 우리의 시기심 깊은 행동이 다른 사람의 눈에 어떻게 비칠지, 우리 자신은 알지 못한다.

크게 성공한 사람과 비교당할 때 어떤 이들은 총체적인 좌절감을 맛보기도 한다. "난 부족한 사람이야"라는 생각과 함께 한없는 좌절감을 느끼는 것이다. 만일 자유롭기 원하고 복 받기 원한다면 이러한 감정을 통제할 줄 알아야 한다. 다른 사람을 축복하기 원하는가? 그렇다면 먼저 자신이 복 받은 사람임을, 주님의 사랑을 받는 사람임을 깨달아야 한다.

하나님을 기쁘시게 하고 다른 사람에게도 복이 되는 삶을 살기 위해 우리 모두는 자신의 감정을 절제해야 한다. 스스로의 통제를 벗어난 사람들은 주위로부터 비난을 사기도 하고, 또 주변 사람들을 위험에 빠뜨리기도 한다. 과속으로 도로를 질주하는 사람들에게서 이러한 문제점을 발견할 수 있지 않은가? 이들은 완전히 통제력을 잃었기 때문에 도로상에 있는 모든 사람을 위험에 빠뜨린다. 도로에서 광기(狂氣)를 부렸던 수많은 미국인들이 재판을 통해 '화 다스리기 수업'(anger management class) 참여를 선고받았다. 이처럼 우리는 스스로 자신의 분노를 통제하든지 아니면 다른 사람의 제재를 받든지 둘 중 하나를 선택해야 한다. 하나님은 "네 스스로를 통제하라"라고 명령하신다. 명심하라. 하나님의 명령에 순종할 때, 우리의 인생은 항상 '최고조'에 이른다.

## 목표: 각 사람이 자신을 온전히 통제하는 것

> 너희가 나를 사랑하면 나의 계명을 지키리라 내가 아버지께 구하겠으니 그가 또 다른 보혜사를 너희에게 주사 영원토록 너희와 함께 있게 하리니 그는 진리의 영이라 세상은 능히 그를 받지 못하나니 이는 그를 보지도 못하고 알지도 못함이라 그러나 너희는 그를 아나니 그는 너희와 함께 거하심이요 또 너희 속에 계시겠음이라 요 14:15-17

이 세상을 살면서 우리가 다뤄야 할 문제는 너무도 많다. 그런데 아버지 하나님께서는 우리를 무기력한 상태로, 빈손으로 남겨두지 않으셨다. 하늘 아버지는 우리가 주님의 뜻대로 살 수 있도록 일곱 영을 보내셔서 우리를 도와주신다. 그러므로 우리는 항상 성령의 도우심을 받게 되리라 믿고 신뢰할 수 있다. 하나님의 뜻을 행하는 것은 우리에게 주어진 임무이지만, 하나님은 우리가 이 임무를 감당하도록 도와주신다. 그리고 우리는 그분의 도우심을 확신할 수 있다.

> 하나님이 우리에게 주신 것은 두려워하는 마음이 아니요 오직 능력과 사랑과 절제하는 마음이니 딤후 1:7

하나님은 두려움의 영을 주시지 않았다. 아무런 영적 도움 없이 우리를 내버려두시지도 않았다. 위로자이시며 인도자이신 성령을 보내주셨다. 그분의 기름 부음을 따라 살아가는 사람은 성령님으로부터 큰 도움을 기대할 수 있다. 이사야 선지자를 통해 전해주신 약속의 말씀을 들으라.

> 그의 위에 여호와의 영 곧 지혜와 총명의 영이요 모략과 재능의 영이요 지식과 여호와를 경외하는 영이 강림하시리니 사 11:2

하나님께서는 성령의 인도하심대로 살아가는 사람들을 크게 도와주시겠다고 약속하셨다. 성경에 등장하는 7이란 숫자는 '완성', '온전함'을 상징한다. 그러므로 "하나님께서 일곱 영을 보내셨다"라는 기록은 사명의 완수 및 원수의 진멸을 위해 우리에게 필요한 모든 도움을 이미 제공하셨다는 사실을 말해준다. 그러므로 성령(일곱 영)으로 충만한 사람에게 부족한 것은 없다.

성령님은 우리의 영혼을 '평안의 상태', '자기통제의 상태'로 회복시키실 수 있다. 성령님은 우리 스스로가 절제할 수 있도록 가르치시는 상담자요, 또한 인도자이시다. 성령님은 지혜, 이해, 모사, 능력, 지식, 여호와를 경외하는 마음을 선물로 주신다. 제자들의 입장에서 볼 때, 예수님과의 동행은 참으로 놀라운 사건이었다. 그것으로 충분했다. 하지만 예수님은 그들에게 더 많은 것이 필요하다는 것을 아셨다. 예수님께서 말씀하신다.

> 그러나 내가 너희에게 실상을 말하노니 내가 떠나가는 것이 너희에

게 유익이라 내가 떠나가지 아니하면 보혜사가 너희에게로 오시지 아니할 것이요 가면 내가 그를 너희에게로 보내리니 요 16:7

예수님께서 떠나시는 것이 제자들에게 혹은 우리에게 유익이라니? 도무지 이해가 안 간다. 우리는 두 눈으로 예수님을 보기 원하고, 손으로 예수님을 만져보기 원하며 있는 힘껏 주님께 매달려보고도 싶다. 하지만 우리에게 가장 필요한 것은 이것이 아니다. 주님께서 이 사실을 잘 아셨다. 우리에게 가장 필요한 것은 '성령님'이다. 성령께서는 우리가 사명을 완수하도록 도와주신다. 우리에게 은사를 주시고 우리를 보호해주신다.

물론 성령께서 보호해주신다고 해서 원수의 공격이 사라진다는 뜻은 아니다. 성령께서 오셔도 원수의 목적은 변함이 없다. 그는 항상 하던 일을 그대로 행하고자 한다. 우리의 삶과 교회 안에서 빼앗고, 죽이고, 파멸시키는 일을 할 것이다.

사탄은 조금도 변하지 않았다. 하지만 우리에겐 변화가 생겼다. 이전 세대가 갖지 못한 것을 우리는 갖고 있다. 성령께서 지금 우리 안에 거주하신다! 과거 특별한 기름 부음을 받은 사람들은 한시적으로나마 자신 '위'에 임하신 성령님을 경험했지만, 지금 우리는 어떤가? 우리 '안'에 영원토록 거주하시는 성령님을 경험하고 있지 않은가? 우리가 성령님을 허락해드리면, 성령께서 직접 우리를 인도하시고, 보호하시고, 하나님께로 더 가까이 인도해주실 것이다. 이처럼 성령의 인도하심을 따라 살아가는 사람들은 풍성한 열매를 맺을 것이다. 우리가 맺을 수 있는 성령의 모든 열매들을 살펴보자.

오직 성령의 열매는 사랑과 희락과 화평과 오래 참음과 자비와 양선과 충성과 온유와 절제니 이같은 것을 금지할 법이 없느니라 갈 5:22-23

스스로 절제할 줄도 모르고 성령의 인도하심도 거부하는 사람들이 과연 열매를 맺을 수 있을까? 물론 열매를 맺을 수 있다. 하지만 이들은 사탄과 더러운 영들의 인도를 받고 살아가기 때문에 더러운 열매를 맺는다. 그들의 삶은 자신에게는 물론 주변 사람에게도 온갖 스트레스와 어려움을 안겨준다.

> 육체의 일은 분명하니 곧 음행과 더러운 것과 호색과 우상 숭배와 주술과 원수 맺는 것과 분쟁과 시기와 분냄과 당 짓는 것과 분열함과 이단과 투기와 술 취함과 방탕함과 또 그와 같은 것들이라 전에 너희에게 경계한 것 같이 이런 일을 하는 자들은 하나님의 나라를 유업으로 받지 못할 것이요 갈 5:19-21

참으로 안타까운 목록이다. 대부분의 사람은 위에 열거된 더러운 열매의 목록을 보고 심한 거부감을 느낄 것이다. 그러나 스스로를 통제하지 못하면, 이 목록은 바로 당신의 삶을 간단하게 요약해놓은 짤막한 '인생 계산서'가 될 것이다.

반면, 성령의 인도하심을 따라 산다면 우리의 삶에 좋은 열매가 맺힐 것이다. 갈라디아서 5장 22-23절의 말씀을 큰소리로 여러 번 반복하여 읽어 당신의 마음 안에 이 말씀을 신뢰하는 '믿음'이 자라나게 하라. "오직 성령의 열매는 사랑과 희락과 화평과 오래 참음과 자비와 양선과 충성과 온유와 절제니 이같은 것을 금지할 법이 없느니라"(갈 5:22-23).

당신은 이 모든 열매가 아름다운 성품이라는 사실에 동의하는가? 그 목록 가운데 '자기 통제'(절제)가 맨 마지막에 등장하는 것을 보았는가? 일반적으로 영어에서 가장 중요한 것은 맨 마지막에 등장한다. 위의 목록 중, 절제는 다른 모든 열매로 들어가는 입구 역할을 한다. 절제 없이는 어떠한 열매도 맺을 수 없기 때문이다.

게다가 자기통제는 성령님과 순종의 관계를 맺을 때에만 생산되는 열매임을 명심하기 바란다. '절제' 역시 다른 모든 열매와 마찬가지로 인간의 노력에 의해 맺히는 열매가 아니다. 우리의 삶에 맺히기 때문에 마치 우리의 노력으로 이뤄진 것처럼 보일는지 모르지만, 모든 열매는 하나님의 선물이며, 하나님의 역사이다.

당신의 삶, 교회, 그리고 사역 가운데 원수의 활동이 감지되더라도 놀라지 말라. 다만 스스로를 통제하는 능력을 기르라. 바울은 자기 통제와 원수의 공격에 대비하는 것(근신) 사이에 깊은 연관성이 있음을 이야기했다. 절제의 결여는 눈가리개를 쓴 상태와 같아서, 절제하지 못할 경우 원수의 공격을 분별하지 못한다. 하지만 성령의 인도하심을 따라 산다면, 우리의 눈은 더 이상 어둡지 않다. 깨어 근신(자기 통제)하고 준비된 상태이기에 원수의 공격을 볼 수 있는 것이다.

> 형제들아 너희는 어둠에 있지 아니하매 그날이 도둑 같이 너희에게 임하지 못하리니 너희는 다 빛의 아들이요, 낮의 아들이라 우리가 밤이나 어둠에 속하지 아니하나니 그러므로 우리는 다른 이들과 같이 자지 말고 오직 깨어 정신을 차릴지라 살전 5:4-6

당신은 어둠 속에 있지 않다! 당신은 사탄에게 속하지 않았다. 당신은 큰 값을 치르고 당신에게 자유를 선사하신 예수 그리스도의 소유이다. 예수님은 당신이 영원토록 자유케 되길 바라시고, 또 자유케 하실 계획을 갖고 계시며, 그 계획을 실천에 옮기셨다. 그러므로 당신은 더 이상 어둠 속에 있지 않다. 어둠에 속하지도 않는다. 당신은 빛의 자녀이며 낮의 아들들이다. 그러나 사탄은 당신이 절제하지 못하게끔 유혹하며 빛의 자녀라는 신분을 박탈시키려 할 것이다. 당신의 꿈을 죽이려 하고 당신의 임무를 파멸하려 할 것이다. 지금은 근신하여 깨어있을 때이다.

자신을 통제할 때이다.

# 더 깊은 연구를 위한
## 성경구절(추가)

딛 2:11-15 모든 사람에게 구원을 주시는 하나님의 은혜가 나타나 우리를 양육하시되 경건하지 않은 것과 이 세상 정욕을 다 버리고 신중함과 의로움과 경건함으로 이 세상에 살고 복스러운 소망과 우리의 크신 하나님 구주 예수 그리스도의 영광이 나타나심을 기다리게 하셨으니 그가 우리를 대신하여 자신을 주심은 모든 불법에서 우리를 속량하시고 우리를 깨끗하게 하사 선한 일을 열심히 하는 자기 백성이 되게 하려 하심이라 너는 이것을 말하고 권면하며 모든 권위로 책망하여 누구에게서든지 업신여김을 받지 말라

딤후 3:1-5 너는 이것을 알라 말세에 고통 하는 때가 이르러 사람들이 자기를 사랑하며 돈을 사랑하며 자랑하며 교만하며 비방하며 부모를 거역하며 감사하지 아니하며 거룩하지 아니하며 무정하며 원통함을 풀지 아니하며 모함하며 절제하지 못하며 사나우며 선한 것을 좋아하지 아니하며 배신하며 조급하며 자만하며 쾌락을 사랑하기를 하나님 사랑하는 것보다 더하며 경건의 모양은 있으나 경건의 능력은 부인하니 이 같은 자들에게서 네가 돌아서라

딛 1:8 오직 나그네를 대접하며 선행을 좋아하며 신중하며 의로우며 거룩하며 절제하며

# A Warrior's Guide To
# THE SEVEN SPIRITS OF GO[D]

그동안 교회는 다른 옛에 대해 작아였다. 마지 침략가 들어와지 않은, 거대한 미스터리어(미인강 경기하였다. 하나님의 님은 정이 주인과 주인들을 수 있습니다. 그 정체, 당
정하는 비도안 수 없습니다. 어떠한 대교회 주일이드지 않았는가?

[remainder of body text illegible]

# 6과

## 보호 장비 착용

*Wearing Protective Equipment*

A Warrior's Guide To

# THE SEVEN SPIRITS OF GOD

PART 2: ADVANCED INDIVIDUAL TRAINING

# 6과

/

# 보호 장비 착용

⋮

텍사스 샘 휴스턴 기지의 브룩 육군 병원에서 군목으로 복무하던 때였다. 당시 모든 군목은 1단계 외상환자 병동의 응급처치팀에 배치되었다. 연락장교로서 군목이 담당한 주요 임무는 외상 의료팀과 환자를 연결해주는 것 그리고 환자를 영적으로 보살피는 일이었다. 또 다른 임무는 의무진들과 그들의 가족에게 서로의 소식을 전달해주는 것이었다.

어느 정도 시간이 지나자 또 다른 임무가 부여되었는데, 그것은 의무진들이 개인용 보호 장비(PPE)를 제대로 착용했는지 확인하는 일이었다. 긴급한 상황에선 의사들이 자기 자신을 제대로 돌보지 않는다(이러한 일이 자주 발생해서 문제다!). 하지만 혈액과 뼈 조직을 다뤄야 하는 상황, 때때로 심각한 세균 감염 위험에 노출되는 상황은 의사의 건강에 치명적이다. 부주의로 인해 의료진으로서의 기능을 상실하는 것은 실로 안타까운 일이 아닐 수 없다. 그러므로 군목들은 외과 의료진에게 조용히

다가가 그들의 맨 얼굴에 마스크와 고글을 씌워주던지 혹은 라텍스 장갑을 건네곤 했다.

선임 군목이었기 때문에 나는 다른 군목들의 안전도 챙겨야 했다. 후임 군목들의 개인용 보호 장비 착용 여부를 확인하는 것이 나의 임무이자 책임이었다. 참 놀라운 사실은, 보호 장비 착용의 중요성을 그토록 강조했건만 사람들은 보호 장비의 착용을 예삿일처럼 무시했다는 것이다. 훈련은 물론 수차례 훈육을 받았음에도 쉽게 고쳐지지 않는 '습관'이었다.

그 유명한 소말리아의 '블랙호크 다운'(Black Hawk Down) 사건이 일어나기 전, 보호 장비 착용의 중요성을 절감해야 했던 안타까운 사건 하나가 있었다(블랙호크 다운-소말리아 내전의 종식을 위해 연합군이 파견되어 전쟁에 가담했는데, 1993년 10월, 미군은 소말리아의 수도인 모가디슈에서 반군의 지도자를 납치하려고 계획했다. 하지만 작전에 투입된 '무적 헬기' 블랙호크 61호와 64호가 반군에 의해 차례로 격추되면서 적군의 납치 계획은 곧 아군 헬기 조종사의 구출 계획으로 전환되었다. 그 과정에서 미군의 인명피해가 컸다. 이 극적인 사건은 헐리우드에서 영화화되기도 했다-역자 주). 당시 참전했던 병사들 중 대다수는 전투용 조끼에서 케블라 방탄판을 제거한 채 착용하곤 했다(전투용 조끼: 군복 위에 덧입는 조끼로, 방탄판, 탄창, 수류탄, 및 개인용 응급 의료도구 등을 보관할 수 있는 기능성 군의를 말한다-역자 주).

케블라 방탄판은 적의 공격이 있을 경우엔 꼭 필요한 보호 장비이지만 교전이 없는 상황에선 무거운 '짐'이었다. 병사들은 무겁다는 이유로 방탄판을 제거했던 것이다. 하지만 이러한 행동은 언제 있을지 모르는 적의 소형화기(소총) 공격엔 치명적이었다. 아니나 다를까 불시에 적군이 공격해왔고 약간의 편리함을 추구했던 병사들은 크나큰 대가를 치러야만 했다.

주님은 영적 전쟁에 출전한 모든 성도들에게 '개인용 보호 장비'(PPE)를 제공하셨다. 우리는 그것을 '전신 갑주'라고 부른다. 당신은 전신 갑주를 입고 있는가? 매일 아침마다 '군인정신'으로 무장하고, 또 하루 종일 그렇게 무장한 상태로 지내는가? 아니면 비교적 평화로운 시기를 지나고 있음에 '좋아라' 하며 안일한 마음으로 차츰차츰 게을러지는 상태인가? 병원에서처럼, 그리고 전쟁터에서처럼 영적 전쟁에서도 개인용 보호 장비를 착용하지 않는 것은 위험한 일이다. 항시 전투준비태세를 갖추기 위해서라도 보호 장비의 착용을 게을리해선 안 된다. 부디 당신은 보호 장비 착용의 전문가가 되기를! 바울은 이점을 강조하며 우리에게 큰 교훈을 전해주었다.

> 끝으로 너희가 주 안에서와 그 힘의 능력으로 강건하여지고 마귀의 간계를 능히 대적하기 위하여 하나님의 전신 갑주를 입으라 우리의 씨름은 혈과 육을 상대하는 것이 아니요 통치자들과 권세들과 이 어둠의 세상 주관자들과 하늘에 있는 악의 영들을 상대함이라 그러므로 하나님의 전신 갑주를 취하라 이는 악한 날에 너희가 능히 대적하고 모든 일을 행한 후에 서기 위함이라 그런즉 서서 진리로 너희 허리 띠를 띠고 의의 호심경을 붙이고 평안의 복음이 준비한 것으로 신을 신고 모든 것 위에 믿음의 방패를 가지고 이로써 능히 악한 자의 모든 불화살을 소멸하고 구원의 투구와 성령의 검 곧 하나님의 말씀을 가지라 모든 기도와 간구를 하되 항상 성령 안에서 기도하고 이를 위하여 깨어 구하기를 항상 힘쓰며 여러 성도를 위하여 구하라 엡 6:10-18

## 하나님의 전신 갑주

위 구절에서 바울은 일곱 점으로 구성된 전신 갑주를 소개했다. 여기서는 전신 갑주가 일곱 부품으로 구성되었다는 사실을 아는 것이 중요하다. 1부에서 배웠듯이 사탄의 '일곱' 정사들을 물리치기 위해 하나님께서는 우리에게 '일곱' 영을 보내주셨다. 7이라는 숫자는 실제 숫자 7이기도 하지만, 그 안에 예언적인 의미도 담겨있다. 7은 완벽한 수이다. 그러므로 일곱 점으로 구성된 전신 갑주는 사탄의 공격을 완벽하게 막아내는 '온전한 보호'를 상징한다. "과연 일곱 점이 보호 장비로 완벽한가?"라는 생각을 할 수도 있겠지만, 그리고 좀 더 구체적인 위험을 상정하면서 좀 더 많은 보호가 필요하다고 이야기할 수도 있겠지만, 당신이 필요하다고 생각하는 모든 보호 방편 역시 일곱이라는 숫자 안에 포함될 것이다. 이제 일곱 점으로 구성된 전신 갑주를 좀 더 자세히 살펴보자.

### 진리의 허리띠

기초 훈련 과정에서 여러 정사들 중 하나인 거짓의 영에 대해 배웠다. 이 영은 하나님의 진리를 의심하게 만든다. 에덴동산에서 아담과 하와에게 접근했던 것 역시 거짓의 영이었다. 발람의 궤계를 통해 이스라엘을 음란의 죄로 몰아넣었던 것 역시 거짓의 영이었다. 일곱 교회에 보내는 서신에서 예수님은 그들 가운데 이 영이 역사하고 있다는 사실을 언급하셨다.

> 그러나 네게 두어 가지 책망할 것이 있나니 거기 네게 발람의 교훈을 지키는 자들이 있도다 발람이 발락을 가르쳐 이스라엘 앞에 올무를 놓아 우상의 제물을 먹게 하였고 또 행음하게 하였느니라 계 2:14

거짓의 영은 지금도 활동한다. 그러므로 우리 역시 거짓의 영이 공격해 올 것을 미리 대비해야 한다. 그렇기 때문에 진리의 성령 곧 하나님의 진리로 스스로를 두르는 일은 정말 중요한 보호책이리라! 바울은 이 작업을 '허리띠 착용'으로 가시화하여 설명했다. 왜 진리를 허리띠에 비유했는가? 간단하다. 허리띠를 두르듯 우리의 삶을 진리로 '둘러야' 하기 때문이며 허리띠를 착용해야만 다른 모든 무기를 허리띠(진리)에 장착할 수 있기 때문이다. 결국 하나님의 진리가 없다면 우리가 행하는 모든 것이 무의미해진다는 뜻이다. 아침에 일어나자마자 당신이 가장 먼저 해야 할 일은 진리의 허리띠로 허리를 두르는 것이다! 거짓의 영을 대적하려면 진리의 허리띠를 둘러 허리를 굳게 세워야 할 것이다. 예수님께서 말씀하셨다.

> 그러나 진리의 성령이 오시면 그가 너희를 모든 진리 가운데로 인도하시리니 그가 스스로 말하지 않고 오직 들은 것을 말하며 장래 일을 너희에게 알리시리라 요 16:13

### 의의 호심경

호심경은 심장 및 내부의 중요 기관(내장)들을 보호한다. 바울은 사탄이 하나님 백성의 심장을 노린다는 사실을 알았다. 예수 그리스도의 복음을 듣고 거듭날 때 새로움을 입는 것은 사람의 심장(마음, 영혼)이다. 주님을 만나는 순간 의(성결)의 마음으로 재창조되는 것이다. 하나님께서는 당신의 심장에 성결의 영을 보내신다. 이에 사탄은 그 성결의 영을 대적하기 위해 강력한 정사를 보낸다. 성결의 영을 대적하는 정사는 반역의 영이다. 당신이 하나님의 영을 영접하고 그에게 순종하려 할 때, 사탄은 반역의 영, 곧 고라의 영을 파견한다. 반역과 순종은 실로 마음에서 일어나는 전쟁이다. 사탄은 고라의 영을 파견, 당신 주변 사람을 이용하여 당신의 마음에 공격을 가할 것이다.

발람이 외부인이었다면 고라는 내부인이다. 당신과 친한 사람으로부터 공격을 받을 때, 외부인으로부터 공격 받을 때보다 통증이 훨씬 더 심하다. 공격자체로도 아프겠지만 친구의 배신 때문에 마음의 고통이 커지는 것이다. 유다(유다서의 저자)는 당시의 교회 안에 사탄의 역사가 있었음을 이야기했다. "화 있을진저! 이 사람들이여! 가인의 길에 행하였으며 삯을 위하여 발람의 어그러진 길로 몰려갔으며 고라의 패역을 따라 멸망을 받았도다"(유 1:11). 인간관계가 어그러질 때 마음속 상처는 더욱 깊이 패인다. 이처럼 반역의 영에 휘둘리는 사람으로부터 공격을 받을 경우, 우리는 관계의 와해에서 오는 아픔을 겪는다. 그런데, 문제는 관계의 단절에서 멈추지 않는다. 실제로 그 사람을 잃을 수도 있다. 왜냐하면 실제로 반역하다가 죽임을 당하는 사람도 있기 때문이다.

당신은 심장을 지키기 위해 항상 의의 호심경을 착용해야 한다. 잠언 4장 23절을 펴 보라. "모든 지킬 만한 것 중에 더욱 네 마음을 지키라 생명의 근원이 이에서 남이니라"(잠 4:23).

### 평안의 복음의 신

우리의 발 사이즈가 평안의 복음에 맞춰져야 한다는 말씀은 나의 관심을 사기에 충분했다. 바울시대의 사람들은 발을 신체 중 불결한 부위로 여겼다. 그런데 이처럼 불결한 발이 '평안의 기쁜 소식'과 같은 고귀한 것을 운반한다니, 정말 흥미로운 발상 아닌가? 하지만 조금만 깊게 생각해보면 별로 흥미로울 것도 없다. 이것이 바로 복음 아닌가? 하나님께서 불결한 우리를 선택하사 고귀한 복음의 운반자로 만드셨으니 말이다. 하나님께서 우리의 발을 복음에 맞춰 조형하신다. 우리는 하나님께서 그렇게 하시도록 허락해 드려야 한다. 그래야 전투 준비태세를 갖출 수 있다(준비태세는 그만큼 어렵다). 지금까지 영적전쟁에 대해 배웠으니, 이제 우리는 우리의 불결한 발이 주님의 명령에 순종하는 거룩한 발이 되도록 하나님께 내어드려야 한다. 당신은 당신의 발이 다시금 재단되어야 할 필요가 있음을 알 것이다.

발은 또한 주님과의 동행을 상징한다. 발과 복된 소식의 연관성은 에베소서 6장에 처음 등장한 것이 아니다. 이미 바울은 로마에 보내는 서신에서 복음과 발의 연관성을 이야기한 바 있다. 다음의 말씀을 읽어보라.

> 보내심을 받지 아니하였으면 어찌 전파하리요 기록된 바 아름답도다 좋은 소식을 전하는 자들의 발이여 함과 같으니라 롬 10:15

아무리 발이 더럽다 해도 발은 복음을 더럽히지 못한다. 그러나 깨끗한 복음은 우리의 발을 아름답게 만들 수 있다. 복음 때문에 우리의 더러운 발이 주님께서 받으실 만큼 깨끗하고 아름다운 발로 변화된다.

그런데 발과 복음의 연계성은 신약시대의 새로운 개념이 아니었다. 바울은 위의 말씀을 기록하면서 구약 성경의 두 구절을 인용했다. 사실, 발과 좋은 소식의 연계를 선포한 것은 이사야가 처음이었다. "좋은 소식을 전하며 평화를 공포하며 복된 좋은 소식을 가져오며 구원을 공포하며 시온을 향하여 이르기를 네 하나님이 통치하신다 하는 자의 산을 넘는 발이 어찌 그리 아름다운가?"(사 52:7) 나훔 선지자 역시 이와 비슷한 말씀을 선포했다. "볼지어다. 아름다운 소식을 알리고 화평을 전하는 자의 발이 산 위에 있도다. 유다야 네 절기를 지키고 네 서원을 갚을지어다. 악인이 진멸되었으니 그가 다시는 네 가운데로 통행하지 아니하리로다 하시니라"(나 1:15).

이처럼 좋은 소식을 전해야 하는 사명은 오랜 역사를 지니고 있다. 지금 당신의 발은 좋은 소식을 전할 준비가 되었는가? 당신은 평안의 복음으로 신을 신었는가? 하나님과 동행하며 천국의 복음을 선포하고 있는가? 지금은 주님을 위해 일어설 때이다. 하지만 일어서려면 먼저 두 발에 힘을 줘야 한다. 주님께서 이 특별한 신발을 당신에게 신겨주시기를 기도하라.

### 믿음의 방패

'믿음'과 '방패' 사이에는 어떤 연관성이 있을까? 이를 조사하던 중 나는 이 둘의 연관성을 설명해주는 성경구절이 얼마나 많은지 알게 되어 놀랐다. 그 중 세 구절을 아래에 소개하고자 한다. 먼저 다윗의 선포이다. "여호와는 나의 힘과 나의 방패이시니 내 마음이 그를 의지하여 도움을 얻었도다. 그러므로 내 마음이 크게 기뻐하며 내 노래로 그를 찬송하리로다"(시 28:7).

하나님께서 방패가 되신다는 사실을 알 때 우리는 그분을 신뢰하게 된다. 또한 그분을 신뢰할 때, 하나님께서 우리의 방패가 되어주신다. 또 다른 시편에서 이 사실을 확인할 수 있다. "여호와를 경외하는 자들아 너희는 여호와를 의지하여라 그는 너희의 도움이시요 너희의 방패시로다"(시 115:11).

잠언의 기자는 현명했기 때문에 다윗의 가르침을 받아들였다. "하나님의 말씀은 다 순전하며 하나님은 그를 의지하는 자의 방패시니라"(잠 30:5).

우리가 믿음의 방패를 지녔다는 말은 곧 우리를 구원하시기 위해 하나님 자신이 우리에게 오신다는 뜻과 같다. 하나님은 원수의 모든 화전(불화살-저주의 말, 참소, 거짓 증언 등)으로부터 우리를 지켜주시는 방패다. 그러므로 당신은 항상 '믿음'(방패)을 치켜들어야 한다. 하나님께서는 자기를 신뢰하는 모든 사람을 보호해주신다. 이 사실을 마음에 새기고, 하나님을 의지하라. 이 사실을 고백하여 자신의 귀에 항상 들리게 하라.

그렇게 '들음'으로 믿음을 세워나가라. 기억하라. "그러므로 믿음은 들음에서 나며 들음은 그리스도의 말씀으로 말미암았느니라"(롬 10:17).

### 구원의 투구

머리는 감정, 의지, 논리를 담당하는 중추이다. 머리에서는 우리의 구원을 완성시키는 작업이 이뤄진다. 바울은 빌립보 교회에 서신을 보내어 구원을 완성하라고 명령했다.

> 그러므로 나의 사랑하는 자들아 너희가 나 있을 때뿐 아니라 더욱 지금 나 없을 때에도 항상 복종하여 두렵고 떨림으로 너희 구원을 이루라 너희 안에서 행하시는 이는 하나님이시니 자기의 기쁘신 뜻을 위하여 너희에게 소원을 두고 행하게 하시나니 **빌 2:12-13**

물론 우리의 노력이나 인간의 의로움으로 구원이 완성된다는 뜻은 아니다. 구원은 전적으로 하나님의 역사다. 인간의 노력이나 자기 의(義)는 구원 사역에 아무런 분깃이 없다. 다만 우리가 할 수 있는 것은 날마다 우리를 새롭게 빚어주시길 하나님께 간구함으로써, 주님의 역사에 동참하는 것뿐이다. 머리에서 구원의 완성 작업이 이뤄진다는 말은 날마다 하나님께 간구하고 주님의 역사에 동참하는 활동이 우리의 머리에서 이뤄진다는 것이다. 바울은 로마 교회의 성도들에게 말했다.

> 너희는 이 세대를 본받지 말고 오직 마음을 새롭게 함으로 변화를 받아 하나님의 선하시고 기뻐하시고 온전하신 뜻이 무엇인지 분별하도록 하라 **롬 12:2**

우리의 영혼은 날마다 주님의 은혜로 변화를 입어야 한다. 이때 우리의 영혼을 보호하기 위해 우리는 날마다 구원의 투구를 써야 한다. 우리의 머릿속에 마귀로부터 오는 어떠한 생각도 허락해선 안 된다. 마귀가 우리의 머리를 손상시키도록 허락해선 안 된다. 그러므로 반드시 머리를 보호해야 한다.

> 우리는 낮에 속하였으니 정신을 차리고 믿음과 사랑의 호심경을 붙이고 구원의 소망의 투구를 쓰자 하나님이 우리를 세우심은 노하심에 이르게 하심이 아니요 오직 우리 주 예수 그리스도로 말미암아 구원을 받게 하심이라 예수께서 우리를 위하여 죽으사 우리로 하여금 깨어 있든지 자든지 자기와 함께 살게 하려 하셨느니라 살전 5:8-10

전쟁을 치르는 병사가 머리에 부상을 입으면 정말 치명적이다. 병사의 머리 부상은 아군에 가장 큰 전력손실을 가져오기 때문이다. 신체의 다른 부위에 입혀진 상처는 쉽게 치료될 수 있다. 그러나 머리에 부상을 입을 경우, 특히 뇌에 손상을 입으면, 그것으로 게임은 끝이다.

외상 병동에서 근무하던 중, 어떤 젊은 남자가 머리에 부상을 입고 실려 오는 것을 본 적이 있다. 그는 한 가정의 가장이자 세 아이의 아버지였다. 그날은 오토바이 탑승자가 반드시 헬멧을 써야 한다는 법이 폐지되는 날이었다. 공교롭게도 이 남성은 처음으로 헬멧을 벗고 오토바이를 타다가 머리 부상을 입은 것이다. 결국 그의 부주의는 젊은 아내를 '미망인'으로, 어린 세 자녀를 '편모 가정의 아이들'로 만들었다. 투구는 중요하다. 당신은 투구를 쓰고 있는가?

우리는 투구를 써야만 한다. 그런데 이사야는 이와 관련하여 재미있는 사실을 전해주었다. 주님 역시 투구를 쓰신다는 것이다.

> 사람이 없음을 보시며 중재자가 없음을 이상히 여기셨으므로 자기 팔로 스스로 구원을 베푸시며 자기의 공의를 스스로 의지하사 공의를 갑옷으로 삼으시며 구원을 자기의 머리에 써서 투구로 삼으시며 보복을 속옷으로 삼으시며 열심을 입어 겉옷으로 삼으시고 사 59:16-17

만일 우리가 맡은 바 임무를 행하지 않으면 주님은 이상히 여기시며 우리에게 맡기셨던 그 일을 몸소 행하실 것이다. 우리가 입어야 마땅한 갑주를 주님께서 입으시고 어떻게 일해야 하는지를 몸소 보여주실 것이다. 나는 주님을 실망시켜 드리기 보다는 어떻게 해서든 내게 맡겨진 임무를 수행하기 원한다. 당신은 어떤가?

전신 갑주를 구성하는 부품들은 우리의 존재가 영과 혼과 육으로 이뤄져 있음을 상기하게 한다.

하나님은 우리의 전 존재, 영, 혼, 육의 모든 영역을 보호해주신다. 지금 이 시간, 나는 바울이 데살로니가의 교인들을 위해 기도했던 그 기도로 당신을 위해 기도하겠다.

> 평강의 하나님이 친히 너희를 온전히 거룩하게 하시고 또 너희의 온 영과 혼과 몸이 우리 주 예수 그리스도께서 강림하실 때에 흠 없이 보전되기를 원하노라 살전 5:23

## 성령의 검

원수가 공격해올 때 보호 장비만 입고 있는 것으로는 충분하지 않다. 하나님은 수비자세만 취하라고 말씀하시지 않았기 때문이다. 우리는 적을 향해 진격하며 공격할 것을 명령받았다. 그런데 공격하려면 무기가 필요하지 않은가? 에베소서 6장에 소개된 전신 갑주 중에는 두 개의 공격 무기가 등장한다. 첫째, 검(劍)이다. 대부분의 사람들은 칼을 좋아한다. 특히 나이 어린 사람일수록 칼의 선호도가 높다. 어쨌든 주변에 장난감 칼이 있을 경우 남녀노소를 불문하고 사람들은 그것을 가지고 논다. 그들에게서 칼을 빼앗기란 그리 쉬운 일이 아니다.

육군 군목이었기에 나는 수많은 병사들의 결혼식을 집례했다. 식순의 마지막 부분은 신랑 신부의 퇴장으로 장식된다. 신랑과 신부가 퇴장할 때 해당 부대의 장교들이 예도(禮刀)를 치켜들어 닫집을 만들면, 신혼부부는 그 아래를 지나며 하객들의 축하를 받는다. 그런데 결혼식을 준비하면서 내가 가장 힘들어했던 부분은 리허설 때마다 뜯어말려야 했던 장교들의 칼싸움이었다. 칼을 쥐게 되면 아마도 자기 내면의 '허세'가 불쑥불쑥 튀어나오는 모양이다. 어쨌든 검에 대해 가르칠 때면, 졸던 사람들도 집중해서 듣기 때문에 비교적 강의하기가 수월하다(만일 강의 중 장난감 칼이라도 준비해오면 교육효과는 배가된다).

바울은 성령의 검이 '하나님의 말씀' 임을 설명했다(엡 6:17 참조). 하나님의 말씀은 강력한 무기이다. 광야에서 금식하실 때, 예수님 역시 하나님의 말씀으로 사탄의 공격을 물리치셨다. 예수님은 그 어떤 누구보다 숙련된 검객이시다. 단칼에 사탄과의 전쟁을 끝장내셨다. 히브리서의 기자는 이러한 사실을 다음과 같이 설명하고 있다.

> 하나님의 말씀은 살아 있고 활력이 있어 좌우에 날선 어떤 검보다도 예리하여 혼과 영과 및 관절과 골수를 찔러 쪼개기까지 하며 또 마음의 생각과 뜻을 판단하나니 히 4:12

하나님의 말씀은 모든 것의 진수를 찔러 쪼갠다. 그분의 말씀은 뼈의 단단한 외부 조직뿐만 아니라 뼛속 섬세한 골수에까지 닿는다. 하나님의 말씀이 우리에게 다가올 때, 우리 마음속의 은밀한 생각과 의도마저 하나님의 거룩한 빛 앞에 완전히 노출되고 만다. 하지만 그 빛에 노출된 모든 문제들은 치유되고 해결된다.

암세포가 뼈를 공격할 경우, 암세포 조직은 뼈의 내부 즉, 골수에서 시작되어 뼈의 외부에 이른다. 하지만 오염된 골수가 건강한 골수로 대체될 수만 있다면 치유의 가능성을 기대해볼 수 있다. 치유를 향한 갈망은 뼛속 골수처럼 우리 마음속 깊이 내재해 있다. 그런데 그 갈망은 뼈처럼 단단한 벽이 둘러싸고 있다. 그래서 치유에 대한 갈망이 밖으로 분출되지 못한다. 오직 성령의 검만이 그 단단한 외벽을 깨뜨릴 수 있다. 이렇게 하나님의 말씀이 우리 마음속 치유를 향한 갈망에 닿으면 곧바로 회복의 과정이 시작된다.

하나님께서 우리에게 성령의 검을 주신 이유가 있다. 검을 사용하는 일반적인 목적은 사람을 찔러 죽이는데 있다. 하지만 하나님께서는 미워하는 사람들을 무찌르라고 성령의 검을 주신 것이 아니다. 오히려 그들을 치유하라고 주셨다. 사탄은 죽이고 파멸시키기 원한다. 하지만 하나님은 관계가 회복되고 또 치유되기를 원하신다. 그러므로 우리의 주된 공격무기인 성령의 검은 이미 적대적인 대인관계를 더욱 악화시키기 위한 파괴용 도구가 아니라 무너진 관계를 회복시키는 건설용 도구이다. 바울이 전한 가르침을 기억하기 바란다.

> 우리의 씨름은 혈과 육을 상대하는 것이 아니요 통치자들과 권세들과 이 어둠의 세상 주관자들과 하늘에 있는 악의 영들을 상대함이라
> 엡 6:12

성령의 검은 사람과 칼싸움하라고 주신 것이 아니다. 성령의 검은 마귀를 쫓아내고 그들을 압제하는 공격무기이다. 무기를 사용하여 성취하

고자 하는 주된 목적은 '사람을 구원하는 것'이어야 한다.

　예수님도 칼 한 자루를 쥐고 계신다. 언젠가 예수님은 이 칼을 휘둘러 옛 원수, 곧 동산의 뱀이자 바다의 괴수 리워야단, 요한계시록에 등장하는 붉은 용, 사탄을 무찌르실 것이다. 예수님께서 칼을 휘두르실 때 나타날 결과는 자명하다. 이사야 선지자가 증언한다.

> 그 날에 여호와께서 그의 견고하고 크고 강한 칼로 날랜 뱀 리워야단 곧 꼬불꼬불한 뱀 리워야단을 벌하시며 바다에 있는 용을 죽이시리라 사 27:1

　우리는 성령의 검을 들고 사탄의 능력을 근절시켜야 한다. 그의 압제를 받는 모든 사람들을 자유롭게 해야 한다. 또한 하나님의 말씀을 통해 사탄의 공격과 속임으로부터 스스로를 지켜내야 한다.

## 성령 안에서 기도하기

　두 번째 공격 무기는 전신 갑주를 구성하는 일곱 번째 부품으로서, '기도'이다. 하지만 여기에 소개된 기도는 특별한 종류의 기도이다. 성령 안에서 드리는 기도이며 오직 하나님만이 아시는 언어로 드리는 기도(방언기도)이다.

> 방언을 말하는 자는 사람에게 하지 아니하고 하나님께 하나니 이는 알아 듣는 자가 없고 영으로 비밀을 말함이라 고전 14:2

우리가 영적인 언어로 기도할 때, 사탄은 무슨 말인지 알아듣지 못한다. 우리의 기도 내용을 모르기 때문에 대적할 계획도, 모방할 계획도 세우지 못한다. 이 기도는 성령께서 영적인 언어로 하나님께 기도드리시는 것과 같은 기도이다.

바울은 항상 성령 안에서 모든 기도와 간구를 드리라고 명령했다. "모든 기도와 간구를 하되 항상 성령 안에서 기도하고…"(엡 6:18 참조). 그는 우리가 성령 안에서 기도해야 한다는 당위성을 다음과 같이 이야기하기도 했다.

> 내가 사람의 방언과 천사의 말을 할지라도… 고전 13:1

이 경우 성령께서는 우리의 기도를 들으신 후, 우리를 돕는 천사들에게 지침과 방향을 전하신다. 성령 안에서 기도하면 성령께서 기도를 들으시고 천사들에게 명령하셔서 우리를 돕게 하신다. 그러므로 영적 전쟁 중, 성령 안에서 드리는 기도는 아주 강력한 무기가 될 것이다. 사탄을 대적하고자 할 때, 성령 안에서 기도하라. 또한 성도들을 위해 간구할 때에도 성령 안에서 기도하라. 바울은 다음의 지침을 전한다.

> 모든 기도와 간구를 하되 항상 성령 안에서 기도하고 이를 위하여 깨어 구하기를 항상 힘쓰며 여러 성도를 위하여 구하라 엡 6:18

성령 안에서의 기도는 독특한 무기이다. 왜냐하면 공격용이면서 동시에 방어용이기 때문이다. 우리는 성령 안에서의 기도를 통해 자신은 물론 고통 중에 있는 이웃을 위해 하나님의 보호를 요청할 수 있다. 또한 이 기도를 통해 원수의 모든 공격을 제어할 수 있고 또 원수의 공격에 응사하는 것도 가능하다. 이 무기를 제대로 다루기 위해선 공격과 방어

두 기능 모두를 연습해야 한다. 당신은 이 무기를 잘 사용하고 있는가? 그렇다면 성령님께 도움을 요청하라. 성령께서는 당신을 더욱 효과적인 용사로 만드시고자 '더 깊은 곳'으로 인도해 주실 것이다.

## 주님께서 주신 환상

이 책을 집필할 때 주님께서는 이 과와 관련된 환상을 보여주셨다. 환상 속에서 나는 천국의 군수물자 보급 창고로 들어가 보았다. 제일 먼저 눈에 띈 것은 엄청난 양의 전투복(BDU, Battle Dress Uniforms)이었다. 거기에는 헬멧, 방탄조끼, 그리고 다양한 종류의 보호기구도 있었다.

천사들은 영적 전쟁에 나설 사람들에게 다양한 보호 장비를 나눠주고 있었다. 많은 물품을 보급했지만, 이상하게도 재고량은 줄지 않았다. 그 광경을 보면서 나는 '앞으로 점점 더 많은 사람이 점점 더 많은 물자를 보급받겠지…' 하고 생각했다. 하지만 문제는 보급물품의 재고량이 아니었다. 전쟁에 나갈 준비가 된 사람이 없다는 것이 문제였다. 순간 사무엘상 17장에서 보았던 말씀이 생각났다.

> 이에 사울이 자기 군복을 다윗에게 입히고 놋 투구를 그의 머리에 씌우고 또 그에게 갑옷을 입히매 다윗이 칼을 군복 위에 차고는 익숙하지 못하므로 시험적으로 걸어 보다가 사울에게 말하되 익숙하지 못하니 이것을 입고 가지 못하겠나이다 하고 곧 벗고 **삼상 17:37-38**

물론 다윗에게는 갑옷이 필요 없었다. 하나님의 전쟁이었기에 하나님께서 다윗을 온전히 보호해주셨다. 게다가 갑옷은 불편했다. 또한 군사 훈련도 제대로 받지 못한 상태였다. 심지어 갑옷을 입은 채로는 걷지도 못했다. 그런데 하나님께서는 우리에게 개인용 보호 장비를 주셨다(물론, 하나님께서 보호해주지 않으신다는 뜻은 아니다). 하나님께서 착용하라고 주셨으니 반드시 착용해야 한다. 하지만 우리들 대부분은 보호 장비 착용이 익숙하지 않다. 다윗처럼 걸음도 제대로 못 걷고 훈련도 못 받은 상태이다. 이러한 상태로 영적 전쟁에 나선 것이다.

우리는 하나님께서 제공해주신 개인용 보호 장비 착용 방법을 훈련받지 못했으며 훈련을 받았다 하더라도 꾸준히 착용하지 않는다. 만일 이러한 장비의 착용이 익숙하지 않다면, 매일같이 전신 갑주를 입는 것은 실로 성가신 일이 아닐 수 없다. 그 결과 우리는 보호 장비 착용에 점점 게을러질 것이고 원수의 공격에 점점 더 많이 노출될 것이다. 앞서 말했듯 다윗은 골리앗과의 싸움에서 아무런 보호 장비를 착용하지 않았다. 골리앗과의 싸움은 '하나님의 전쟁'이었기에 하나님께서 그를 온전히 보호해 주셨다. 하지만 이 싸움 이후로 다윗에게는 여러 가지 변화가 생겼다. 다윗은 군대장관이 되었다. 선두에 서는 지휘관이 된 후로는 온전한 보호 장비를 갖춰야만 했다. 수시로 착용했기 때문에 보호 장비가 몸에 익었다. 이제 다윗은 갑옷을 입고도 잘 걸을 수 있었고 또 잘 싸울 수 있었다.

하지만 보호 장비의 착용은 단지 효과적으로 싸우기 위한 방편만은 아니었다. 다윗은 보호 장비 착용이 지니는 영적 의미도 알고 있었다. 영적 분별 능력이 있었기 때문에 보호 장비 착용 훈련을 통해 하나님만이 자신의 진정한 보호 장비라는 사실을 깨달을 수 있었던 것이다. 참된 보호 장비이신 하나님께서 큰 힘을 주셨기에 다윗은 이후의 전쟁도 능히 수행할 수 있었다. 그의 고백을 들어보자.

내 손을 가르쳐 싸우게 하시니 내 팔이 놋 활을 당기도다 또 주께서

> 주의 구원하는 방패를 내게 주시며 주의 오른손이 나를 붙들고 주의
> 온유함이 나를 크게 하셨나이다 내 걸음을 넓게 하셨고 나를 실족하
> 지 않게 하셨나이다 내가 내 원수를 뒤쫓아 가리니 그들이 망하기 전
> 에는 돌아서지 아니하리이다 시 18:34-37

주님께서 다윗을 훈련시키시고 또 성령의 능력으로 그와 함께하셨다. 그래서 다윗은 적과 싸워 큰 승리를 거둘 수 있었다. 하나님께서 보여주신 환상을 통해, 나는 '훈련부족'이 여전히 큰 문젯거리라는 사실을 알게 되었다. 아직도 많은 성도들이 하나님께서 주신 전쟁 도구의 사용법을 모르고 있다. 보호 장비 자체가 낯설기 때문에 착용하는 것이 어렵다. 전신 갑주를 구성하는 각각의 부품이 원수의 어떤 공격을 막아주는지 알지 못하기 때문에 제대로 사용하지 못한다. 지금은 전신 갑주의 훈련이 더욱 필요한 시점이다. 처음엔 이 훈련이 기초 과정에서 다뤄야 할 주제라고 생각했다. 하지만 오랜 시간 참전해본 결과, 나는 우리 가운데 전신 갑주를 능숙하게 사용할 수 있는 사람이 별로 없다는 사실을 알게 되었다. 그래서 상급자 훈련 커리큘럼에 포함시키기로 마음을 바꿨다.

어떤 분야에서 당신이 아무리 능숙하다 해도 배움에는 끝이 없다. 항상 더 배워야 할 것이 나타나기 때문이다. 영적전쟁에서도 마찬가지이다. 훈련을 완벽하게 끝마쳤다 해도 우리에겐 더 많은 훈련과 경험이 필요하다. 우리의 원수는 매일같이 마음을 다잡고 맹렬한 공격을 준비한다. 이러한 적과 싸워야 하는 우리들이기에 날마다 하나님의 전신 갑주를 입어야 한다. 그러므로 지금 착용방법을 배우고 훈련해야 한다. 전신 갑주의 착용방법을 완전히 숙지했다 하더라도 계속해서 훈련해야 한다. 하지만 전쟁이 시작된 후에 배운다면, 때는 이미 늦었다.

다시, 내가 본 환상 이야기를 이어가겠다. 나는 전쟁에 사용할 만한 무기가 있는지 확인해 보려고 무기고를 둘러보았다. 로마시대로부터 오

늘에 이르기까지 신체를 보호하는 장비는 거듭하여 발전해왔다. 갑자기 공격무기도 발전하지 않았을까 궁금해졌다. 그런데 그곳엔 소총도, 권총도, 중포(重砲)도 없었다. 다만 여러 자루의 칼이 걸려있는 큰 선반만 눈에 띌 뿐이었다. 순간 깨달았다. "성령의 검, 곧 하나님의 말씀은 더 이상 첨단화될 필요가 없구나!"(엡 6:17 하반절 참조).

여전히 하나님의 말씀은 온 우주에서 가장 강력한 무기다. 그러므로 우리는 이 무기의 사용법을 매일같이 훈련해야 한다. 히브리서의 말씀을 다시 한 번 큰 소리로 선포하기 바란다. 자주 선포하라. 믿음을 갖고 힘주어 선포하라. 마음으로 결단하며 선포하라.

> 하나님의 말씀은 살아 있고 활력이 있어 좌우에 날선 어떤 검보다도 예리하여 혼과 영과 및 관절과 골수를 찔러 쪼개기까지 하며 또 마음의 생각과 뜻을 판단하나니 히 4:12

주님께서 이 환상을 보여주신 것은 화요일 아침이었다. 이후 주님의 말씀이 들려왔다. "화요일은 훈련의 날이다!" 군대에서 월요일은 훈련하기에 적합한 날이 아니다. 일반적으로 사람들은 주말의 즐거움으로부터 쉽게 헤어나지 못하므로 월요일엔 주어진 일을 제대로 수행하지 못한다. 게다가 월요일에는 장비도 제대로 구비되지 않는 경우가 많다. 주말 동안 관리하거나 정비하지 못했기 때문이다. 그러므로 화요일부터 목요일까지가 훈련하기에 최고로 좋은 요일들이다. 오늘은 월요일이 아니다! 오늘은 전신 갑주를 입고 전쟁 훈련하기에 좋은 날이다. 원수가 공격을 개시하기 전에 미리미리 준비하라. 준비태세는 갖추기도 어렵지만 유지하기는 더욱 어렵다. 평화의 시기에 사람들은 안일한 생각으로 준비태세를 늦추는 경향이 있다. 이 경우 중요한 기술을 잃어버리기 쉽다. 장비를 제대로 정비하지 못한다. 마음속 결단이 무너지곤 한다.

준비태세를 늦추지 말라. 오늘은 훈련하는 날이다. 오늘은 앞으로 일어날 일을 대비하기 위해 마음을 굳게 다잡을 때이다. 제발, 적의 기습에 화들짝 놀라 몸을 숨기는 희생자가 되지 말자.

주님께서 당신의 손을 단련하사 놋 활을 당길 수 있게 되길 기도한다. 주님께서 당신에게 힘을 더하사 성령의 보호 장비인 전신 갑주를 쉽게 입고 수월하게 전쟁을 치를 수 있게 되길 기도한다. 항상 준비태세를 갖추라! 주께서 항상 당신과 함께 하시길 기도한다! 아멘!

## 보호 장비 착용 훈련은 어렵다

영화에서 보는 것과 달리 개인용 보호 장비는 착용하기가 어렵다. 무겁고, 덥고, 부담스럽다. 오래 지나지 않아 사람들은 묻기 시작한다. "꼭 이렇게 힘을 들여서까지 보호 장비를 갖춰야만 하나요?" 어느 정도 시간이 지나면 자연스럽게 보호 장비를 벗어버린다. 장비를 착용하는 것보다 벗어버리는 것이 훨씬 더 쉽다. 게다가 적의 공격 위협이 없거나 긴박하지 않은 경우엔 장비의 필요성도 느끼지 못한다. 무언가를 하는 것보다 하지 않는 것이 에너지 비축에도 좋다. 결국 보호 장비 착용 훈련의 효과는 그리 오래가지 못한다.

한국에서 복무할 때의 일이다. 당시 나는 군인으로서의 주된 임무 이외에 군목 공동 기금(Chaplains Non-appropriated Fund)의 관리자 역할도 담당해야 했다. 문제는 기금 관리자 임무와 군인으로서의 임무가 겹치는 일이 종종 발생했다는 것이다. 이러한 이유 때문에 일정을 조정해야 할 때가 많았다. 한 번은 이런 일이 있었다. 내가 소속된 부대가 화생방 대비 모의 훈련 일정을 잡았는데 하필 훈련 날짜가 공동기금 운영회의 모임 날짜와 겹친 것이었다. 생화학전 대비 훈련 중 군인이 착용해야 하는 보호 장비는 꽤나 복잡하다. 훈련은 화생방전(NBC) 대비 보호 장비를 착용하는 과정으로 진행되는데 위험수위를 알려주는 경보단계가 하나씩 격상될수록 착용해야 하는 장비 역시 점차 늘어갔다. 마지막 단계에 이르면 머리부터 발끝까지 보호 장비로 감싸야 한다(화생방 경보단계: MOPP, Mission Oriented Protective Posture '작전 중심 보호 태세'라고 부르고 Level 0에서 Level 4까지 총 5단계로 구성된다. Level 0에서는 보호 장비를 휴대해야 하며 Level 1에서는 상하 보호의를 전투복 위에 덧입고, Level 2에서는 전투화 위에 고무장화 덮개를 착용한다. Level 3에서는 방독면과 두건을 착용하고 Level 4에서는 두꺼운 보호 장갑을 착용한다. Level 4에 이르면 위와 같은 보호 장비로 온 몸을 두르기 때문에 움직이는 것조차 힘들어진다-역자 주).

공동기금 운영회 구성원 중에는 민간인도 있었다. 당연히 그들은 이 훈련을 받지 않았다. 하지만 그들에게도 큰 부담이 되기는 마찬가지였다. 왜냐하면 운영회 구성원 중 군목들은 보호 장비를 착용한 채 회의에 참석해야 했기 때문이다. 생각해보라. 방독면을 쓰고, 보호 덮개로 머리를 가리고, 그 위에 케블라 헬멧을 쓰며, 두꺼운 보호복 상하의를 입고 두꺼운 장갑을 끼고 고무장화를 군화 위에 덧신은 사람들이 회의장에 들어온다. 회의 진행이 원활할 리 만무하다. 게다가 진행자는 누가 발제했는지, 누가 동의했는지, 누가 재청했는지 또 어떤 사안이 표결에 부쳐졌는지 전혀 알지 못한다.

이 훈련이 군인들에게 부담을 주는 것은 두말할 것도 없다. 보호 장비는 무겁고 불편하다. 보호복을 입으면 체온이 급상승한다. 땀이 난다. 방독면을 쓴 채로 의사소통 해야 하고 두꺼운 장갑을 낀 채 글씨를 써야 하며 군화 위에 보호 장화를 덧신고 움직여야 하므로 여간 불편한 것이 아니다. 그러므로 훈련이 끝나면 모두가 행복해한다.

경찰, 군인, 의료진 할 것 없이, 모든 사람이 개인용 보호 장비의 착용을 꺼린다. 그러므로 부대원들에게 보호 장비 착용을 강요하는 데에는 엄청난 리더십이 필요하다. 그러나 보호 장비 미착용으로 인한 결과는 끔찍하다. 외상 병동에서는 보호 장비 착용이 필수적이다. 특히 치명적인 세균에 감염된 환자를 다뤄야 할 경우엔 더더욱 그렇다.

한 번은 응급구조 팀과 함께 기차에 치인 환자를 돌봐야 했던 적이 있었다. 그 사고 때문에 환자의 몸은 상상할 수 없을 정도로 손상되었다. 상처로부터 엄청난 양의 피가 솟구치는 바람에 병실 바닥엔 대략 1.5인치 높이로 혈액이 쌓여갔다. 상황은 심각했다. 게다가 혈액 주입기의 주입속도가 출혈 속도를 따라잡지 못하고 있었다. 이에 인턴의사들은 혈액봉지를 들고 두 손으로 쥐어짜며 환자의 몸에 긴급히 수혈하였다.

당시 외상 병동에 새로 부임한 원무원은 환자의 치료에 도움이 될만한 정보를 찾고 있었다. 아뿔싸! 그는 환자의 지갑을 뒤지다가 결핵 진단 카드를 발견하였다. 그렇다. 개인 보호 장비를 착용하지 않은 채 그 병실에 있었던 의료진 모두는 환자의 혈액을 통한 결핵균 감염의 위험에 노출되었던 것이다(물론 결핵균보다 훨씬 더 위험한 병원균도 많다). 어쨌든 이 사건은 아무리 귀찮더라도 개인용 보호 장비를 착용하는 것이 얼마나 중요한 일인지를 상기시켜 주었다. 조금 불편한 것이(dis-ease) 질병(disease)에 걸리는 것보다 낫다. 죽는 것보다는 몸이 불편한 쪽이 훨씬 더 낫다.

우리 중 누군가는 팀 구성원이 보호 장비를 제대로 착용했는지 확인해주어야 한다. 혹시 당신이 이 책임을 맡았는가? 당신의 가족 혹은 동료 성도들이 제대로 보호 장비를 착용했는지 확인하고 있는가?

군대에서 부대원의 전투 준비태세를 점검하는 임무는 전통적으로 부사관의 몫이었다. 그들 대부분은 잘 훈련된 정예전투원이며 꾸준히 임무를 수행해내는 베테랑이다. 하지만 의무대에서는 부사관뿐 아니라 부대원 전체가 이 임무를 수행해야 한다. 의료진 및 관계자 모두가 서로서로 점검해줘야 한다.

교회에서도 직분자뿐 아니라 모든 사람이 서로 보살펴야 한다. 하지만 목사, 장로, 집사, 교사는 책임자이다. 이들은 성도들을 세워주고 훈련하는 책무를 맡고 있다. 당신의 리더는 개인 보호 장비를 제대로 착용하고 있는가? 공동체 구성원 모두에게 자기처럼 보호 장비를 착용하라고 권유하는가? 책임은 항상 위에서 시작되어 아래로 흘러간다. 지도자들은 가르치고, 모범을 보이고, 관리하고, 또 점검해야 한다. 제 역할을 다하지 못하는 리더는 그만그만한 추종자를 만들어낼 뿐이다.

## 우리는 하루 24시간 내내 적대적인 환경 안에서 생활한다

우리 주변엔 항상 세균과 바이러스가 득실댄다. 그러므로 감염을 주의하지 않으면 참담한 결과를 맞이하게 될 것이다. 세균 때문에 동료를 잃을 수도 있고 때때로 전투원 한 명의 손실이 팀 전체의 전투력, 군 사기, 준비태세 등에 크나큰 손실을 주기도 한다.

세균과 바이러스가 없다 하더라도 우리가 사는 환경은 참으로 적대적이다. 원수가 호시탐탐 우리를 지배하고 파괴하려고 하기 때문이다. 사탄의 무리와의 싸움을 회피한다고 해도 그들이 떠나가는 법은 없다. 사실 오늘날, 우리 세대에 만연한 '싸움의 회피' 현상은 적의 사기만 진작시킬 뿐이다. 전투에서 크게 승리했어도 우리가 안주하는 태도를 보이면 적군은 다시금 힘을 얻고 우리를 향해 공격을 재개할 것이다. 당신은 전쟁을 피해 도망갈 수 있다고 생각할지 모르지만 어느새 전쟁이 당신을 찾아갈 것이다. 기억하라. 원수가 전쟁을 선포했다. 적의 정체를 잊지 말라. 그의 계획이 어떠한지도 잊지 말라. 그는 당신의 복을 빼앗고 당신의 생명을 앗아가고 당신을 파멸하려 할 것이다. 이러한 사실을 알려주면 성도들 대부분은 당분간 긴장하며 경계태세를 갖춘다. 하지만 어느 정도 시간이 흐르면 긴장이 풀리고 왜 싸워야 하는지, 적이 누군지 까마득하게 잊어버린다. 안타깝게도 전쟁은 불가피하다. 원수가 선전포고 했다면, 당신이 전쟁을 좋아하든 싫어하든, 당신은 원수와 전쟁을 치러야만 한다.

우리의 영적 전쟁 상대는 사탄이다. 그가 바로 원수의 실체이다. 사탄과의 전쟁은 신화도 아니고 할머니의 옛날 이야기도 아니다. 예수님은 사탄과 그 수하의 타락한 천사들에 대해 정확한 정보를 말씀해주셨다. 사탄의 계획은 성경에 명확히 제시되어 있다. 당신이 그의 계획을 좋아하든 혐오하든 상관없이 사탄은 자신의 계획을 묵묵히 수행해나갈 것이다. 사탄은 당신을 삼키길 원하고 파멸시키길 갈망한다. 베드로의 경고에 귀를 기울이라.

> 근신하라 깨어라 너희 대적 마귀가 우는 사자 같이 두루 다니며 삼킬 자를 찾나니 벧전 5:8

자연계에서처럼 영적인 영역에서도 우리는 스스로를 보호해야 한다. 의료진과 경찰과 군인 모두가 개인 보호 장비를 착용한다는 사실을 기억하라. 우리 역시 하나님의 전신 갑주를 착용해야 한다.

## 전신 갑주를 입은 채로 훈련해야 전쟁에서 제대로 싸울 수 있다

전신 갑주를 입으면 다양한 신체 부위가 단련된다. 처음 입대했을 때

보급 받았던 군용 헬멧은 강철 재질의 외피에 화이버 재질의 내피로 구성되었다. 그 무게는 약 1.4kg 정도였다.

이 헬멧에 적응하기란 너무도 힘든 일이었다. 헬멧을 썼던 처음 이틀 동안 나는 두통과 목 부위의 통증 때문에 고생했다. 통증 때문에 고개를 제대로 가누지 못했다. 그래서 가능한 한 자주 헬멧을 벗어야 했다. 하지만 군인이 헬멧을 자주 벗는 것은 위험한 일이다. 만일 그곳이 훈련소가 아니라 전장이었다면… 생각만 해도 끔찍하다.

오랜 단련과 꾸준한 착용 덕에 목 부위의 통증은 사라졌다. 오히려 목 근육이 강화될 정도였다. 하지만 그 이후 몇 주 동안 헬멧을 쓰지 않았다면, 나는 다시금 그 고통스런 과정을 반복해야 했을 것이다.

당신이 주님을 섬기는 동안 주님은 당신에게 힘을 주셔서 너끈히 전신 갑주를 입도록 도우실 것이다. 이 과의 초반에서 우리는 시편에 기록된 '다윗의 갑옷'에 대해 배웠다. 그런데 성경은 그 말씀을 두 번이나 반복하고 있다. 만일 하나님께서 어떤 것을 두 번 반복하여 말씀하신다면 우리는 촉각을 곤두세우고 그 말씀에 집중해야 한다. 아주 중요한 사실을 강조하기 위해 두 번씩이나 반복한 것이기 때문이다. 아래에는 다윗의 시편을 반복해놓은 사무엘서의 기록을 적어둔다.

> 내 손을 가르쳐 싸우게 하시니 내 팔이 놋 활을 당기도다 주께서 또 주의 구원의 방패를 내게 주시며 주의 온유함이 나를 크게 하셨나이다 내 걸음을 넓게 하셨고 내 발이 미끄러지지 아니하게 하셨나이다 내가 내 원수를 뒤쫓아 멸하였사오며 그들을 무찌르기 전에는 돌이키지 아니하였나이다 삼하 22:35-38

하나님께서는 전신 갑주를 입고 칼을 휘두를 수 있을 만큼 다윗을 강건케 하셨다. 다윗이 골리앗을 무찔렀을 때, 골리앗의 큰 칼은 다윗의 소유가 되었다. 하지만 어린 목동이 들기에는 무거웠다. 당시엔 큰 칼을 다룰 만큼 팔 힘이 강하지 못했던 것이다. 그래서 다윗은 그 칼을 제사장 아히멜렉의 관리하에 두었다. 하지만 하나님께서 그의 팔을 강하게 단련하신 후에는 그 칼을 사용할 수 있었다.

> 다윗이 아히멜렉에게 이르되 여기 당신의 수중에 창이나 칼이 없나이까 왕의 일이 급하므로 내가 내 칼과 무기를 가지지 못하였나이다 하니 제사장이 이르되 네가 엘라 골짜기에서 죽인 블레셋 사람 골리앗의 칼이 보자기에 싸여 에봇 뒤에 있으니 네가 그것을 가지려거든 가지라 여기는 그것밖에 다른 것이 없느니라 하는지라 다윗이 이르되 그 같은 것이 또 없나니 내게 주소서 하더라 삼상 21:8-9

당시 다윗은 사울을 피해 도망하는 중이었다. 죽음의 위협 앞에 너무도 급히 사울 곁을 떠나야 했기 때문에 아무런 무기도 들고 나오지 못했다. 군인에게 무기가 없다는 것이 말이 되는가? 참으로 위험한 상황이다. 오늘날도 군대에서는 정기적으로 총기 수량 및 부품 확인 검사를 실시한다. 당신의 수중에 어떤 무기가 있는지, 또 전쟁에 나갈 만큼 충분한 보급이 이뤄졌는지 확인하는 작업은 참 중요하다. 성경에 기록된 보급품(무기) 목록을 살펴보자.

### 칼

적어도 382회 이상 성경에 언급되었다. 어떤 경우엔 상징적 의미의 칼이, 또 어떤 경우엔 실제 전쟁용 무기로서의 칼이 언급되었다. 무기로서의 칼에 대한 말씀은 이미 살펴보았다. 히브리서에는 '하나님의 말씀'을 상징해주는, 상징적 의미로서의 칼이 등장한다.

하나님의 말씀은 살아 있고 활력이 있어 좌우에 날선 어떤 검보다도 예리하여 혼과 영과 및 관절과 골수를 찔러 쪼개기까지 하며 또 마음의 생각과 뜻을 판단하나니 히 4:12

## 방패

총 50회 이상 언급되었다. 어떤 말씀은 상징적 의미의 방패를, 또 어떤 말씀은 실제 보호 장비로서의 방패를 언급하고 있다. 아래의 말씀은 '방패' 라는 단어로 상징된 영적 실체를 말해주는 경우라 하겠다. 이것은 당신이 영적 전쟁을 치르기 위해 매일같이 붙들어야 하는, 영적 의미의 보호 장비이다.

하나님의 말씀은 다 순전하며 하나님은 그를 의지하는 자의 방패시니라 잠 30:5

여호와 하나님은 해요 방패이시라 여호와께서 은혜와 영화를 주시며 정직하게 행하는 자에게 좋은 것을 아끼지 아니하실 것임이니이다 시 84:11

주는 나의 은신처요 방패시라 내가 주의 말씀을 바라나이다 시 119:114

이 후에 여호와의 말씀이 환상 중에 아브람에게 임하여 이르시되 아브람아 두려워하지 말라 나는 네 방패요 너의 지극히 큰 상급이니라 창 15:1

창

창은 적어도 43회 이상 언급되었다. 대부분은 실제 무기로서의 창이지만 상징적 의미의 창도 언급되었다. 사탄은 로마 군인의 손에 들려진 창을 십자가에 달리신 예수님의 옆구리를 찌르는 일에 사용했다.

> 그 중 한 군인이 창으로 옆구리를 찌르니 곧 피와 물이 나오더라 요 19:34

> 창을 빼사 나를 쫓는 자의 길을 막으시고 또 내 영혼에게 나는 네 구원이라 이르소서 시 35:3

> 날아가는 주의 화살의 빛과 번쩍이는 주의 창의 광채로 말미암아 해와 달이 그 처소에 멈추었나이다 합 3:11

바울이 살던 시대에 세계에서 가장 좋은 무기는 로마 군인이 소지했던 무기였다. 그래서 바울은 에베소서 6장의 영적 진리를 전하기 위해 로마 군인의 전신 갑주를 언급했던 것이다. 물론 당시에는 최첨단 무기였을지 몰라도 오늘날의 기준에서 본다면 로마 군인의 무기는 형편없다. 우리의 눈에 바울이 언급한 전신 갑주는 더 이상 사용할 수 없을 만큼 뒤처져 있다. 게다가 로마군의 군복 및 무기가 최상급이었을지 몰라도 여전히 무수한 허점이 발견되었기 때문에 오랜 시간을 거쳐 문제점이 보완되기도 했다.

지금은 우리가 지닌 무기를 업그레이드 할 때이다. 오늘날 군인들은 전신 무장 보호 장비를 착용한다. 외부의 공격에 노출되는 신체부위가 거의 없을 정도이다. 케블라 헬멧과 방탄판은 적의 소형화기 공격 및 유산탄(파편)으로부터 머리와 가슴부위를 보호해준다. 신체 중요부위를 더 잘 감싸주지만 기술 집약형 소재이기 때문에 강철보다 가볍고, 훨씬 더 견고하기까지 하다. 어차피 몸을 보호하기 원한다면, 보다 나은 기술로서 전신을 보호해야 하지 않겠는가?

## 기억하라:
## 사탄도 갑주를 사용한다

> 블레셋 사람들의 진영에서 싸움을 돋우는 자가 왔는데 그의 이름은 골리앗이요 가드 사람이라 그의 키는 여섯 규빗 한 뼘이요 머리에는 놋 투구를 썼고 몸에는 비늘 갑옷을 입었으니 그 갑옷의 무게가 놋 오천 세겔이며 그의 다리에는 놋 각반을 쳤고 어깨 사이에는 놋 단창을 메었으니 그 창 자루는 베틀 채 같고 창 날은 철 육백 세겔이며 방패 든 자가 앞서 행하더라 **삼상 17:4-7**

성경에 등장하는 골리앗은 전형적인 사탄의 모습을 대변하고 있다. 전쟁에 나설 때 그는 제대로 보호 장비를 갖추었다. 그의 갑옷과 무기는 이스라엘 군대의 눈에 현란하기 그지없었다. 심지어 성경을 기록한 사람조차 그가 갑옷을 얼마나 잘 갖춰 입었는지 상세히 언급할 정도였다.

사탄은 하나님의 모든 것을 모방한다. 갑옷과 무기도 예외는 아니다. 사탄은 성도들을 속이기 위해 어떤 종류의 모방도 서슴지 않을 것이다. 바울은 다음과 같이 말하고 있다.

> 악한 자의 나타남은 사탄의 활동을 따라 모든 능력과 표적과 거짓 기적과 불의의 모든 속임으로 멸망하는 자들에게 있으리니 이는 그들이 진리의 사랑을 받지 아니하여 구원함을 받지 못함이라 **살후 2:9-10**

사탄은 거짓 기적, 거짓 기사와 표적을 일으키기도 한다. 또한 모든 불의와 속임을 베풀 것이다. 사탄은 전쟁에 나서는 우리들보다 더 잘 준비하기 위해 이 모든 일에 최선을 다할 것이다.

## 사탄은 교묘하고
## 속이기 좋아한다

사탄은 자신의 궤계에 쉽게 넘어가는 사람들을 무기로 삼는다. 이들을 자신의 '칼'과 '검'으로 사용한다는 뜻이다. 그는 이 사람들의 분노, 쓴 뿌리, 증오, 상처 주는 말 등을 통해 하나님의 백성을 공격한다. 가능하다면 사탄은 선택받은 하나님의 백성들마저 유혹하여 이 일에 동참시키려 할 것이다.

> 기브온 큰 바위 곁에 이르매 아마사가 맞으러 오니 그 때에 요압이 군복을 입고 띠를 띠고 칼집에 꽂은 칼을 허리에 맸는데 그가 나아갈 때에 칼이 빠져 떨어졌더라 요압이 아마사에게 이르되 내 형은 평안하냐 하며 오른손으로 아마사의 수염을 잡고 그와 입을 맞추려는 체하매 아마사가 요압의 손에 있는 칼은 주의하지 아니한지라 요압이 칼로 그의 배를 찌르매 그의 창자가 땅에 쏟아지니 그를 다시 치지 아니하여도 죽으니라 삼하 20:8-10

당시 요압은 분노와 쓴 뿌리에 깊이 사로잡혔다. 이에 그 스스로가 자신을 두르던 보호의 산울을 부수고 사탄의 공격을 받아들였다. 그리고 부정적인 감정과 복수심에 자신을 내던져버렸다. 사탄은 보호의 산울이 무너진 곳을 찾아 요압에게 들어갔다. 집요하게 공략한 후 요압을 완벽하게 사로잡았다. 사탄은 요압의 살의(殺意)를 이용하여 다윗의 왕국 통일 작업을 방해하였다. 사탄의 속임수 아래, 요압은 자신도 모르게 사탄의 계획을 수행했던 것이다. 요압은 아마사가 온다는 소식을 듣고 마중 나갔다. 하지만 그를 환영하기 위해서가 아니라 그를 죽이려 했다. 그에게 평안으로 문안하며 다가갔던 이유는 결투를 치르지 않고서 죽일 수 있는 최소한의 거리를 확보하기 위해서였다. 그렇게 요압은 우정을 가장하여 살인을 저지른다.

항상 근신하고 깨어 있으라. 사탄은 이와 동일한 방법으로 우리를 잠식하려 할 것이다. 그는 당신 안에서 발견되는 빈틈을 최대한 이용할 것이다. 만일 남을 용서하지 못하고, 쓴 뿌리를 해결하지 못하고, 분노와 원한의 감정을 억제하지 못한다면 당신은 사탄의 공격에 취약한 사람이라는 사실을 기억하기 바란다. 우리는 이러한 영적 약점들을 해결해야 하며 외부로 드러난 상흔을 가리기 위해 전신 갑주를 입어야 한다.

이 책을 통해 우리는 원수가 사용하는 전략과 기술에 대해 배웠다. 그의 속임수를 피하라. 사탄은 입만 열면 거짓을 말한다. 그를 두려워 말고 대적하라. 항상 경계하며 깨어있으라. 그리고 하나님께서 우리의 연약함을 보호하시기 위해 허락하신 보호 장비를 입으라.

하나님은 두려운 마음을 주시지 않았다. 이 모든 훈련은 당신을 견고히 세워주고, 당신을 강건케 하며, 당신을 위로하고 또 믿음으로 두려움을 극복하게 하는데 목적이 있다. 하나님께서 자기 백성에게 거듭해서 하신 말씀을 기억하라. "두려워 말라!" 다윗은 하나님의 말씀을 온전히 이해했다. 그는 두려워하지 않았다. 오히려 골리앗에게 두려워할 것이 많다는 사실을 알았다. 골리앗은 멋모르고 하나님께 싸움을 걸었다. 그래서 이 싸움은 하나님의 싸움이 되었다. 다윗은 다만 하나님의 싸움 도구였을 뿐이다. 다윗의 말을 들어보자.

> 또 여호와의 구원하심이 칼과 창에 있지 아니함을 이 무리에게 알게 하리라 전쟁은 여호와께 속한 것인즉 그가 너희를 우리 손에 넘기시리라 삼상 17:47

토머스 제퍼슨 대통령이 남긴 유명한 말이 있다. "영원토록 경계태세를 취하는 것, 이것이 자유를 얻기 위해 치러야 할 대가이다." 그는 경험을 통해 이 사실을 배웠다. 또한 이 사실을 배우기 위해 엄청난 대가를 치러야 했다. 이제 우리는 토머스 제퍼슨으로부터 공짜로 배울 수 있다. 스스로 경험해야만 배울 수 있는 것은 아니다. 바울 역시 이 점을 이야기했다.

> 너희는 다 빛의 아들이요 낮의 아들이라 우리가 밤이나 어둠에 속하지 아니하나니 그러므로 우리는 다른 이들과 같이 자지 말고 오직 깨어 정신을 차릴지라 자는 자들은 밤에 자고 취하는 자들은 밤에 취하되 우리는 낮에 속하였으니 정신을 차리고 믿음과 사랑의 호심경을 붙이고 구원의 소망의 투구를 쓰자 하나님이 우리를 세우심은 노하심에 이르게 하심이 아니요 오직 우리 주 예수 그리스도로 말미암아 구원을 받게 하심이라 예수께서 우리를 위하여 죽으사 우리로 하여금 깨어 있든지 자든지 자기와 함께 살게 하려 하셨느니라 살전 5:5-10

항상 자유를 누리려면 항상 방패를 치켜들어야 한다. 이처럼 경계태세를 갖추고, 보안을 유지하는 데에는 엄청난 에너지가 소모된다. 경계상태의 유지는 고통스러운 작업이기 때문에 자발적으로 하기란 여간 쉽지 않다. 그러므로 우리에겐 영적인 훈육관이 필요하다. 어쩌면 당신은 성도들을 세우고 훈련하여 봉사의 일을 감당하게 만드는 훈육관일지도 모른다. 혹, 그들을 도와 항상 경계태세를 갖추고 보안을 유지하게 만드는 특수부대원은 아닌지?

## 훈련하라, 준비하라, 항상 경계태세를 유지하라
## 언제든 전쟁에 나갈 준비를 갖추라!

나는 아래에 적어둔 예레미야서의 말씀을 좋아한다. 내 있는 힘과 열정을 다해 큰 소리로 읽는 것을 좋아한다. 이것은 우리 앞에 놓인 임무를 완수하라는 부르심이며, 전쟁의 사기를 북돋우는 포효이다. 당신 역시 이 말씀을 큰 소리로 읽기 바란다.

> 너희는 작은 방패와 큰 방패를 예비하고 나가서 싸우라 너희 기병이여 말에 안장을 지워 타며 투구를 쓰고 나서며 창을 갈며 갑옷을 입으라 렘 46:3-4

하지만 한 번 준비태세를 갖췄다고 해서 모든 것이 다 해결되는 것은 아니다. 우리는 항상 준비태세를 유지해야 한다. 느헤미야처럼 우리도 교대근무 시스템을 마련해야 한다. 느헤미야는 성벽의 재건을 위해 노역 인원을 반으로 나누고 절반은 경계하게 하고, 절반은 노동하게 했다.

> 그 때로부터 내 수하 사람들의 절반은 일하고 절반은 갑옷을 입고 창과 방패와 활을 가졌고 민장은 유다 온 족속의 뒤에 있었으며 느 4:16

그러나 노동에 투입되는 사람도 경계태세를 갖추기는 매한가지였다. 그들은 한 손으로 일을 하고 다른 한 손으로 무기를 들었다. 허리춤에 칼을 찬 채로 건축현장에서 일한다고 생각해보라. 얼마나 불편하겠는가?

> 성을 건축하는 자와 짐을 나르는 자는 다 각각 한 손으로 일을 하며 한 손에는 병기를 잡았는데 건축하는 자는 각각 허리에 칼을 차고 건축하며 나팔 부는 자는 내 곁에 섰었느니라 느 4:17-18

이것은 느헤미야 시대의 사람들에게도 버거운 일이었지만, 우리들에게도 버거운 일이다. 그러나 느헤미야 시대의 사람들은 그 일을 아주 훌륭히 수행해냈다. 힘든 일이었지만 그들이 그렇게 할 수 있었던 것은 원수의 위협이 실제적이었기 때문이다. 언제든 원수가 건축을 방해할 수 있는 상황이었다. 그러므로 경계태세를 갖추는 것은 필수였다. 하지만 건축을 감독하는 느헤미야에게 있어서 이런 시스템의 운영은 절반의 노동력을 낭비하는 일과도 같았다. 그러나 하나님께서 그들에게 복을 주셨기 때문에 절반의 노동력만으로도 기록적인 시간 안에 공사를 마무리 할 수 있었다. 전신 갑주를 입도록 사람들에게 동기 부여할 수 있는 유일한 방법은 원수의 위협이 실제적이며 곧 닥칠 것이라는 사실을 믿게 만드는 것뿐이다.

건강한 군인은 전투력의 배가 요인이다. 100년 전에는 전쟁 중 총칼에 맞아 죽는 군인보다 전염병에 걸리거나 세균에 감염되어 죽은 군인이 훨씬 많았다. 전쟁사를 보면 질병 때문에 패한 경우도 꽤 많다는 것을 알 수 있다. 기억하라. 우리는 전쟁 중이다. 질병과 같은 두려움과 불평으로, 전염병과 같은 방탕과 음란으로 자신을 스스로 죽게 내버려둘 텐가? 그럴 수 없다. 이 전쟁은 절대로 패해선 안 되는 전쟁이다!

> 또한 너희가 이 시기를 알거니와 자다가 깰 때가 벌써 되었으니 이는 이제 우리의 구원이 처음 믿을 때보다 가까웠음이라 밤이 깊고 낮이 가까웠으니 그러므로 우리가 어둠의 일을 벗고 빛의 갑옷을 입자 낮에와 같이 단정히 행하고 방탕하거나 술 취하지 말며 음란하거나 호

색하지 말며 다투거나 시기하지 말고 오직 주 예수 그리스도로 옷 입고 정욕을 위하여 육신의 일을 도모하지 말라 **롬 13:11-14**

로마 교회의 성도들을 향한 바울의 충고에 귀를 기울이라. 지금은 깰 때이다. 시기를 분별하고 무엇을 해야 할지 깨닫는 것은 정말 중요한 일이다. 원수는 이미 전쟁을 선포했다. 지금은 전쟁의 때이다. 이 시기에 무엇을 해야 하는가? 우리 주변에 이미 사상자가 널려있다. 전신 갑주를 갖춰 입고 전장으로 달려 나가라!

## 더 깊은 연구를 위한
## 성경구절(추가)

**눅 11:17-22** 예수께서 그들의 생각을 아시고 이르시되 스스로 분쟁하는 나라마다 황폐하여지며 스스로 분쟁하는 집은 무너지느니라 너희 말이 내가 바알세불을 힘입어 귀신을 쫓아낸다 하니 만일 사탄이 스스로 분쟁하면 그의 나라가 어떻게 서겠느냐 내가 바알세불을 힘입어 귀신을 쫓아내면 너희 아들들은 누구를 힘입어 쫓아내느냐 그러므로 그들이 너희 재판관이 되리라 그러나 내가 만일 하나님의 손을 힘입어 귀신을 쫓아낸다면 하나님의 나라가 이미 너희에게 임하였느니라 강한 자가 무장을 하고 자기 집을 지킬 때에는 그 소유가 안전하되 더 강한 자가 와서 그를 굴복시킬 때에는 그가 믿던 무장을 빼앗고 그의 재물을 나누느니라

**고후 6:3-10** 우리가 이 직분이 비방을 받지 않게 하려고 무엇에든지 아무에게도 거리끼지 않게 하고 오직 모든 일에 하나님의 일꾼으로 자

천하여 많이 견디는 것과 환난과 궁핍과 고난과 매 맞음과 갇힘과 난동과 수고로움과 자지 못함과 먹지 못함 가운데서도 깨끗함과 지식과 오래 참음과 자비함과 성령의 감화와 거짓이 없는 사랑과 진리의 말씀과 하나님의 능력으로 의의 무기를 좌우에 가지고 영광과 욕됨으로 그러했으며 악한 이름과 아름다운 이름으로 그러했느니라 우리는 속이는 자 같으나 참되고 무명한 자 같으나 유명한 자요 죽은 자 같으나 보라 우리가 살아 있고 징계를 받는 자 같으나 죽임을 당하지 아니하고 근심하는 자 같으나 항상 기뻐하고 가난한 자 같으나 많은 사람을 부요하게 하고 아무 것도 없는 자 같으나 모든 것을 가진 자로다

**잠 2:6-8** 대저 여호와는 지혜를 주시며 지식과 명철을 그 입에서 내심이며 그는 정직한 자를 위하여 완전한 지혜를 예비하시며 행실이 온전한 자에게 방패가 되시나니 대저 그는 정의의 길을 보호하시며 그의 성도들의 길을 보전하려 하심이니라

7과

지휘계통 이해

Knowing the Chain of Command

A Warrior's Guide To

THE SEVEN SPIRITS OF GOD

PART 2: ADVANCED INDIVIDUAL TRAINING

… 

# 7과 / 지휘계통 이해

어느 나라에서 복무할 때였다. 그 나라 육군 장성 한 분이 기지 관사를 방문하여 내 아내에게 이런 부탁을 했다. "제 아내가 미 육군 장성들의 아내들과 쇼핑을 하려고 하는데 혹시 통역해 주실 수 있으신지요?" 아내는 흔쾌히 수락했다. 모든 일은 아주 순조롭게 잘 진행되었다. 그래서인지 다시 그곳으로 임지를 배정받아 돌아오기 전까지 아내와 나는 그 일을 까마득하게 잊고 있었다.

그런데 그 나라에 도착하자마자 그 장군의 연락 장교로부터 전갈이 왔다. 장군 내외가 우리 부부를 저녁식사에 초대한다는 내용이었다. 며칠간의 보안 관련 절차를 마친 후, 우리 부부는 장군의 관저에 들어가 함께 저녁식사를 할 수 있었다.

식사가 끝난 후, 장군은 자신이 아주 자랑스럽게 여긴다는 가구 한 점을 보여주었다. 얼핏 보기에도 아주 고풍스러운 가구였다. 우리는 이 방에서 저 방으로 이동하며 그가 수집한 물품들도 구경했다. 그리고 마지막으로 그의 집무실로 들어갔는데 그곳에는 어마어마한 단장(短杖, 지휘봉) 수집함이 있었다. 단장은 권위의 상징으로 지휘관들이 들고 다니는 짧은 지팡이를 말한다. 만일 '패튼' 장군의 일대기를 다룬 영화를 본 적 있다면 그가 손에 단장을 쥐고 다닌 장면들이 기억날 것이다. 우리를 저녁식사에 초대했던 장군은 대략 40내지 50개의 단장을 가지고 있었다.

그의 집무실 벽엔 수많은 대통령이 그에게 단장을 수여하는 모습의 사진으로 가득했다. 매번 총사령관으로 재임될 때마다 대통령으로부터 단장을 건네받는 세리머니가 있었던 모양이었다. 그에게는 크나큰 자랑거리였고, 나 역시 이를 존중해주었다. 그런데 갑자기 그가 단장 하나를 꺼내어 두 손에 쥐고는 이렇게 말하는 것 아닌가? "우리 군대에서 장군이 지닌 힘과 권위가 어떤 것인지 아마 당신은 모를 겁니다. 심지어 영어에는 그에 상응하는 단어도 없을 거라오." 그는 잠시 멈추더니 곧 말을 이었다. "아! 하나 있군요. 'GOD' 이라는 단어 말이오! 우리나라에서 장군은 하나님과 같습니다!" 그가 자부심으로 충천해 있을 때, 나는 '이제 집에 가야겠군' 하고 생각했다. 우리의 만남은 그렇게 끝났다. 물론 식사 내내 그는 우리 부부를 공손하게 대해줌으로써 내 아내에게 진 신세를 톡톡히 갚았다. 하지만 나는 더 이상 그곳에 있고 싶지 않았다. 우리는 정중하게 인사하고 그곳을 나왔다.

이후로도 나는 그날의 일들을 여러 번 곱씹어 보았다. 그날의 경험을 통해 무언가 중요한 교훈을 얻었기 때문이다. 모든 군대는 권위의 서열에 의해 조직된다. 그리고 각각의 권위 서열에 해당하는 권한(힘)의 내용 및 한계가 명백히 규정된다. 미 육군 조직도 여느 군대와 마찬가지로 권위와 권한의 기초에 세워졌다. 하지만 각각의 권위에 해당하는 권한의 한계도 명시되어 있다. 아무리 높은 권위자일지라도 군법에 명시된 권위와 권한 규정에 제약을 받는다. 그 어떤 누구도 하나님과 같을 수는 없다! 그 누구도 하나님과 같은 권세와 권한을 가질 수 없다.

미군의 훈련 원칙 내용을 살펴보면 다소 독특한 내용이 있는데 지휘관들은 '섬기는 지휘관'(servant leadership)이어야 한다는 내용이 그것이다. 지휘관의 최종 목표는 휘하의 병사들을 섬기고 보호함으로써 국가를 수호하는 것이기 때문이다.

## 군 조직 내의 권위 체계는
## 확실해야 한다

미군의 권위 체계(시스템)는 '지휘계통'(Chain of Command)으로 불린다. 군대에는 다음과 같은 격언이 전해져 온다. "힘과 권위에는 책임감이 따른다!" 지휘계통의 높은 단계로 올라갈수록 더 높은 수준의 책임감을 부여받게 된다는 것은 모두가 아는 사실이다.

승급 잠재력은 한 개인이 얼마나 높은 직책을 맡을 수 있는지를 말해준다. 이에 따르면 개개인은 자신이 책임질 수 있는 역량의 한계까지 승진할 수 있다. 만일 책임질 수 있는 한계 이상으로 승진할 경우 문제가 발생한다. 종종 직위박탈로 이어지기도 한다.

지휘계통은 위에서 아래로 이어진다. 최상위에는 항상 결정을 내려야 하는 장성급 장교가 위치한다. 그들은 두 팔을 걷어붙이고 문제를 해결하는 사람이 아니라 여러 해결책 중 최고의 방안을 결정하는 사람이다. 참모들이 문제해결을 위한 대안 세 가지를 준비해오면 장성급 장교들은 그 중 한 가지를 선택한다. 이들의 결정은 실상, 군 작전의 '법'이 되는 것이다. 이후 하위 지휘계통에선 결정안의 적용 및 시행방안을 모의한다. 이때, 하위 지휘계통은 해당 결안을 심의하거나, 적법성을 타진하지 않는다. 다만 하달된 결정안의 시행을 위한 행동지침을 연구, 시행할 뿐이다.

어느 비 내리는 아침, 부대 사령관(2성 장군)이 비에 젖은 채 집무실로 들어왔다. 규정상 군복을 입은 채로는 우산을 받쳐 쓸 수 없기 때문에 옷이 젖었던 것이다. 집무실로 들어가면서 그는 주차장과 자신의 사무실까지의 거리가 멀다고 투덜댔다(사실 주차장에서 그의 집무실까지는 건물 내 여느 사무실보다 훨씬 더 가까웠다). 주차장이 더 가까워야 비오는 날 출근하는 사람들이 비에 젖지 않을 거라며 중얼대는 것도 잊지 않았다(물론 혼잣말로 불평한 것이었다).

퇴근할 때가 되었다. 그런데 건물을 나서 주차장으로 걸어가던 장군은 깜짝 놀랐다. 중장비 차량들이 주차장 바닥을 뜯고 있는 것 아닌가? 그의 집무실 바로 옆에 새로운 주차장을 만들기 위한 기초를 다지고 있었던 것이다. 그는 매우 화가 났다. 예산경비 감축안을 마련하느라 하루 종일 골머리를 앓았건만 새 주차장 건설을 위해 추가 예산을 지출해야 했기 때문이다. 그는 집무실로 되돌아가 버럭 소리를 질렀다. "도대체 누구의 지시로 주차장을 공사하는 건가?" 모든 사람이 입을 모아 대답하는 것을 듣고 장군은 뒤로 넘어질 뻔했다. "장군님께서 지시하시지 않았습니까?" "무… 무슨 소린가? 내가 언제 지시했단 말인가?"

그가 출근하면서 내뱉었던 볼멘소리를 명령으로 이해한 것이었다. 참모들은 "주차장이 가까웠으면…" 했던 그의 불평이 너무도 긴급한 사안처럼 들렸기 때문에 즉시 착공했노라고 설명했다. 게다가 이처럼 중요한 주차장 공사 때문에 진행 중이던 여타의 프로젝트들까지 중단했다는 것이다.

그날 그곳의 모든 사람은 지휘계통의 중요성과 지도력에 관한 중요한 교훈을 얻었다. 물론 엄청난 비용이 들어간 교훈이었다. 그리고 그 교훈은 오늘날까지 우리들 모두의 마음에 각인되었다.

모든 병사는 자신의 지휘계통에 있는 각 서열의 지휘관을 알아야 한다. 최상위까지, 즉 군 최고 사령관인 미국 대통령까지 알아야만 한다.

이를 위해 각 부대의 건물에는 지휘계통에 있는 주요 인물들의 사진이 걸려있다. 위로는 미국 대통령부터 아래로는 해당 지역의 지휘관까지, 그들의 이름과 사진을 게시해 놓는다.

예비군 장교 훈련 중대에서 훈련 받을 때였다. 우리 모두는 각자의 지휘계통을 따라 모든 서열의 지휘관 이름을 외우도록 지시 받았다. 그리고 암기 내용을 검사하는 당일, 각각의 훈련생도들은 나머지 생도들로부터 격리되어 암기한 내용을 검사받았다. 나는 대통령, 국방장관, 육군 참모 총장, 그리고 내 임무지의 사령관 등, 그들의 이름과 직책명을 모두 외워야 했다.

신병훈련 중 가장 어려운 일은 그들에게 지휘계통을 인식시키고, 존중하게 하고, 또 지휘체계를 따르도록 가르치는 일이다. 훈련병들은 빠른 시간 안에 모든 계급명과 계급장의 생김새 및 지휘체계를 통째로 외워야 한다. 누구에게 경례를 해야 하고 또 경례 중 어떤 구호를 외치며 어떻게 인사말을 건네야 하는지도 배운다. 처음에는 이 모든 것이 어려워 보인다. 마치 군대의 계급은 밑도 끝도 없이 많은 것처럼 느껴진다. 하지만 얼마 안 있어 훈련병 모두가 군대의 모든 계급체계를 암기하게 된다.

새로이 이등병 계급장을 단 병사는 실수하지 않기 위해 자신과 같은 이등병을 제외한 모든 병사에게 경례를 한다. 적어도 모든 병사가 자신보다 계급이 높다는 것을 알기 때문이다. 하지만 얼마 안 있어 사병 간에는 경례하지 말아야 한다는 것을 깨닫게 된다(미군은 한국군과 달라서 사병 간 경례를 허용하지 않는다. 부사관에게도 경례하지 않는다. 오직 장교만이 경례를 받을 수 있다-역자 주). 만일 사병에게 경례하는 훈련병을 볼 경우 훈육교관은 큰 소리를 질러가며 훈련병의 면전에서 경례 예법을 가르친다. 이때, 대부분의 훈련병은 바짝 얼어붙은 모습에, 잔뜩 겁먹은 얼굴을 한다.

기초군사훈련소에서 군목으로 있었기 때문에, 나는 새로운 환경에 적응하기 힘들어 하는 훈련병들의 고충을 잘 안다. 그들 모두는 다양한 계급을 인식하는데 어려움을 느낀다. 계급과 계급장의 암기를 확인하는 필답시험도 치러야 하고 또 인도(人道) 위 표지판에 적힌 계급명 및 계급장을 맞춰야 하는 테스트의 부담감도 상당하다. 그렇게 훈련병들은 빠른 시간 안에 그 모든 것을 암기하도록 훈련받는다. 또한 장교들에게 적법한 예우를 갖추는 법도 배워야 한다.

장군 및 대령의 차량에는 그들의 계급장(별, 독수리 문양)을 장착한다. 주로 자동차의 앞 범퍼에 부착하는데, 해당 장교가 탑승할 경우에만 부착하고 평시에는 번호판을 부착한다. 이때 차량의 진행을 목격할 경우 하위 계급의 장교 및 모든 사병은 차량을 향해 경례해야 한다.

어느 날, 병사 하나가 안절부절 못하는 얼굴로 나를 찾아왔다. 장군의 차량이 지나갈 때 경례를 하지 못했는데, 갑자기 장군의 비서가 차에서 내리더니 사람들 많은 곳에서 자신에게 모욕을 줬다는 것이었다. 이 젊은 병사는 슬프고 무안한 얼굴을 들어 내게 말했다. "모든 장교들에게 경례하는 것도 힘든데, 이제는 자동차에다가도 경례를 해야 하다니! 이제 또 무엇에다가 경례를 해야 합니까?"

스스로 모든 것을 결정할 수 있는 시스템 안에서 지내다가 권위를 바탕으로 세워진 통제 시스템 안으로 들어갈 때 우리는 엄청난 문화충격을 받게 된다. 위와 같은 상황에서 젊은 병사가 화를 냈던 것도 이해가 간다. 여기에는 오늘날의 문화 영향이 크게 작용했다. 현대인들 대부분은 권위 자체를 싫어한다. 권위를 거절하는 문화 속에서 살기 때문이다.

이전 세대가 '젊은이들의 반항'(counter culture)이라고 비난했던 문화 양상이 오늘날에는 표준문화로 자리 잡았다. 사람들은 직장 상관에게 언제든 "No!"할 수 있다고 생각하며 권위와 질서체계에 이의를 제기한다. 하지만 권위와 명령의 기반 위에 세워진 용사들의 조직(군대)에서 이러한 문화는 결코 용납될 수 없다. 군대에는 상부의 명령에 이의를 제기할만한 '시간적 여유' 자체가 존재하지 않는다. 명령이 떨어지면 머뭇거림 없이 즉각 이행해야 한다. 그곳의 문화가 민간인들의 문화, 규범, 규칙과 얼마나 다른지 군대를 경험해본 사람이라면 잘 알 것이다. 군 문화에 위배된 행동을 할 경우 끔찍한 처벌을 받게 된다는 사실도 잘 알 것이다.

어떠한 전쟁이든 성공적인 작전 수행을 위해선 군대 내 지휘통제 체계가 제대로 서있어야만 한다. 군 작가나 전쟁사가(戰爭史家)들은 '전쟁의 안개'라는 문구를 즐겨 사용하는데 이것은 치열한 전쟁 중 작전을 수행하는 병사들이 겪게 되는 정신적 혼란을 의미한다. 총알이 빗발치고 여기저기서 폭발 굉음이 들릴 때 전장의 용사들 대부분은 정신이 혼미해지는 것을 경험하게 된다. 이것이 '전쟁의 안개'이다. 이때 병사들은 자연스레 자신의 생존을 최우선 과제로 삼는다. 작전수행은 뒷전이다. 그러므로 성공적인 작전 수행을 위해선 지휘 체계가 뚜렷해야 한다. 이를 위해 실전에 투입되기 전, 병사들은 자신에게 하달된 명령에 무조건 복종하는 훈련을 받아야 한다. 그래야 급변하는 전장의 상황 속에서 감정에 치우치지 않고 자신의 잠재력을 다해 맡은 바 임무를 완수할 수 있기 때문이다.

만일 병사 한 명이 주어진 명령을 따르지 않을 경우, 그의 명령불복 때문에 다른 병사들의 목숨이 위태로워질 수도 있다. 지휘관으로서 가장 막중한 임무 중 하나는 병사들 한 명 한 명이 본인 자신의 생존보다는 전체 부대원의 승리를 더욱 가치 있게 여기도록 만드는 일일 것이다. 뿐만 아니라 생존을 위해 상부의 명령에 불복할 경우 그 스스로가 전쟁 사상자로 전락할 수 있다는 사실을 가르쳐야만 한다.

영적 전쟁에서도 마찬가지이다. 권위체계를 명확히 하는 것, 그리고 권위에 순종하도록 훈련하는 것은 매우 중요하다.

사탄은 우리의 조직 안에서 발견되는 모든 약점을 공략할 것이다. 특히 반역의 영을 지닌 사람들을 찾을 텐데, 그 이유는 이러한 사람들이 조직에 어떤 피해를 끼칠 수 있는지 사탄 자신이 잘 알고 있기 때문이다. 뿐만 아니라 공략할 만한 약점을 찾기 위해 당신의 조직에 압제하는 영들을 파견할 것이다. 이처럼 사탄은 명령에 불복하는 병사들이 작전을 그르치며 동료 병사들까지 위험에 빠뜨린다는 사실을 잘 알고 있다. 그러므로 지도자를 따르지 않는 사람은 사탄의 계획을 몸소 시행할 만한 잠재력을 지니고 있다 하겠다. 이 사실을 알게 된 이상, 우리는 우리의 공동체 안에 지휘 통제 체계를 명확히 세워야 하며 공동체 구성원 모두에게 지휘계통의 중요성을 가르쳐야만 할 것이다.

## 하나님께서는 권위의 서열을 명확히 하신다

성경을 주의 깊게 공부해보면 하나님께서 적어도 일곱 단계의 권위구조를 세우셨음을 알 수 있다. 군대의 조직처럼 하나님 나라의 권위 구조 역시 위에서 아래로 이어진다.

하나님께서는 중요한 결정들을 내리시고 명령하신다. 그 명령을 따라 순종해야 하는 것은 우리의 몫이다. 위에서부터 아래로 이어지는 일곱 단계의 권위구조를 소개한다.

1. 하나님(성부, 성자, 성령) (시 47:9, 마 28:18)
2. 대천사(계 18:1, 유 1:8-11)
3. 천사들(벧후 2:11)
4. 5중 사역자들과 함께하는 교회(엡 4:11-16)
5. 가정(엡 5:20-33)

6. 정부(딛 3:1-3)
7. 사탄(마귀)을 대적하는 제자들(눅 10:18-19, 약 4:7)

근본적으로 하늘과 땅의 모든 권세는 하나님의 것이다. 그런데 하나님께서는 당신 자신의 권세를 각 지휘계통의 주체들에게 위임하셨다. 반복하지만 하나님께서는 모든 권세의 주인이시다. 우리에게 위임된 권세일지라도 최종 소유주는 하나님이시다.

하나님께서는 이 땅의 일들을 아담의 후손에게 맡기셨다. 아담부터 시작되는 온 인류는 하나님께 순복하면서, 하나님으로부터 명령받은 바 이 땅을 잘 관리해야 했다. 하나님은 에덴동산의 관리를 아담에게 맡기시며 상당한 권세를 위임하셨다. 하지만 아담은 자신의 임무를 제대로 수행하지 못했다. 그는 하나님께 반역했고 타락했다. 그는 이 땅의 지배자로서 누렸던 높은 지위를 잃어버렸다. 물론 높은 지위는 잃었지만 이 땅의 관리는 여전히 우리의 몫이다. 시편기자가 말한다.

> 하늘은 여호와의 하늘이라도 땅은 사람에게 주셨도다 시 115:16

아담이 사탄에게 넘겨준 권세(눅 4:6)를 예수님께서 되찾으셨다. 이후, 예수님께서는 우리와 함께 하시겠다고 말씀하셨다. 하늘과 땅의 모든 권세가 주님께 있다. 그리고 이러한 주님이 우리와 함께 하신다. 이 사실을 마태복음 28장이 증언하고 있다.

> 예수께서 나아와 말씀하여 이르시되 하늘과 땅의 모든 권세를 내게 주셨으니 그러므로 너희는 가서 모든 민족을 제자로 삼아 아버지와 아들과 성령의 이름으로 세례를 베풀고 내가 너희에게 분부한 모든 것을 가르쳐 지키게 하라 볼지어다 내가 세상 끝날까지 너희와 항상

함께 있으리라 하시니라 마 28:18-20

훌륭한 지도자들은 권위를 위임할 줄 안다. 가장 뛰어난 지휘자이신 우리 하나님은 능력과 권위를 위임하는 데도 탁월하시다. 하나님께서 우리에게 권위를 나눠주신 사실은 바울이 디도에게 전한 편지글에서 더욱 명확해진다. "너는 이것을 말하고 권면하며 모든 권위로 책망하여 누구에게든지 업신여김을 받지 말라"(딛 2:15). 바울은 디도가 모든 권위를 발휘할 수 있음을 설명해주었다.

성부 하나님은 그 아들 성자 예수님께 '세상 끝날까지' 자신의 권세를 위임하셨다. "하늘과 땅의 모든 권세를 내게 주셨으니"(마 28:18 참조) 그러나 세상 끝날에는 예수님께서 이 권세를 아버지께 돌려드릴 것이다. "그 후에는 마지막이니 그가 모든 통치와 모든 권세와 능력을 멸하시고 나라를 아버지 하나님께 바칠 때라"(고전 15:24).

아직 세상의 끝은 오지 않았다. 그러므로 지금 권세의 소유자는 예수님이시다. 예수님께서 권세를 가지고 계시다. 예수님은 전 교회시대를 통해, 그리고 지금도 여전히 그 권세를 행하고 계신다. 물론 예수님은 이 권세 사용에 기한(한계)이 있음을 아신다. 또한 권세의 출처를 아시기 때문에 항상 하나님의 뜻을 존중하고 하나님께 순종하시는 것이다. 우리는 요한복음 14장에 기록된 말씀을 통해 이 사실을 확신할 수 있다.

> 내가 아버지 안에 거하고 아버지는 내 안에 계신 것을 네가 믿지 아니하느냐 내가 너희에게 이르는 말은 스스로(스스로의 권세로) 하는 것이 아니라 아버지께서 내 안에 계셔서 그의 일을 하시는 것이라
> 요 14:10

하나님을 대변하기 위해 파견되는 천사들 역시 맡은 바 임무의 효과

적인 수행을 위해 나름의 권위를 부여받았을 것이다. 그러므로 천사들이 하나님의 명령에 순종할 때, 우리는 그들의 말과 행동에 하나님의 권세가 서려 있음을 알 수 있다. 요한은 천국에서 한 천사를 보았는데, 그는 하나님의 뜻을 이루기 위한 큰 권세를 받았다. 하나님은 어떤 일을 명령하심과 동시에 그 일을 이룰만한 권세도 주시는 분이다.

> 이 일 후에 다른 천사가 하늘에서 내려오는 것을 보니 큰 권세를 가졌는데 그의 영광으로 땅이 환하여지더라 계 18:1

천사들 역시 자신이 받은 권세의 한계를 알고 있다. 해서는 안 될 일이 있다는 사실도 알고 있다. 우리는 그들의 순종을 통해 많은 것을 배우게 된다. 천사들이 자신의 권세 사용에 극도로 주의하는 것처럼, 그렇게 자신의 권세를 조심히 다루는 사람이 몇이나 될 것인가?

하나님께서는 다른 사람을 비방하지 말라고 말씀하셨다. 하지만 얼마나 많은 성도들이 하나님의 명령에 불복하며 서로를 참소하고 비방하는지…! 이는 하나님의 권위보다 자신의 권위를 더 높게 여기는 행위와 다를바 없다. 천사들은 이러한 실수를 저지르지 않는다. 베드로의 설명을 들어보자. "더 큰 힘과 능력을 가진 천사들도 주 앞에서 그들(악인들)을 거슬러 비방하는 고발을 하지 아니하느니라"(벧후 2:11). 천사는 남을 비방하는 것이 사탄의 일에 동참하는 것임을 알고 있다. 사탄은 참소하는 자이다. 그러므로 만일 당신이 어떤 사람을 참소했다면, 당신이 한 짓은 다름 아닌 '사탄의 일'이다. 쉽게 말해, 남을 비방할 때 당신은 사탄을 따르며 다른 성도에게 큰 피해를 입히게 된다. 종종 우리는 우리에게 주어진 권위의 테두리를 벗어난다. 하지만 천사는 자신의 한계 안에 머문다.

천사장 미가엘이 모세의 시체에 관하여 마귀와 다투어 변론할 때에

> 감히 비방하는 판결을 내리지 못하고 다만 말하되 주께서 너를 꾸짖으시기를 원하노라 하였거늘 유 1:9

전쟁을 준비하려면 하나님께서 우리에게 허락하신 권위의 한계를 알고 그 안에 머물 줄 알아야 한다. 하나님의 음성을 듣고 그분의 모든 명령에 순종해야 한다. 어떤 성도들은 이렇게 고백한다. "저는 하나님의 말씀을 듣지 못해요. 그분의 음성이 무엇인지도 모릅니다." 하지만 예수님은 분명히 말씀하셨다. "내 양은 내 음성을 들으며 나는 그들을 알며 그들은 나를 따르느니라"(요 10:27). 그리스도의 몸 된 교회는 이제 사람이 만든 규칙에서 벗어나 주님의 음성을 듣고 그대로 따라야 할 것이다. 우리가 성령을 구하며 분별의 은사를 간구해야 하는 이유가 여기에 있다. 분별의 은사로 하나님의 음성 분별하기를 훈련해야 하며, 이 훈련에 온 정성을 기울여야 한다. 하나님의 음성을 듣고 그분의 뜻을 깨달으며, 이의를 제기함 없이 그분의 뜻에 순종하기로 결단해야 한다. 우리는 지금 전쟁 중이다. 훌륭한 병사는 지휘관의 명령에 복종한다.

군대에서 배울 수 있는 또 다른 교훈 한 가지가 있다. 군대에선 모든 것을 차근차근, 순서대로 밟아 나간다는 것이다. 군대가 채택한 훈련 전략은 '꾸준한 반복'과 '연습'이다. 군인들은 반복훈련을 통해 가장 단순한 기술을 배운다. 또 동일한 반복훈련으로 그 위에 어렵고 복잡한 기술들을 하나하나 쌓아나간다. 전문성을 유지하려면 이전에 배웠던 기술들도 정기적으로 복습해야 한다. 아주 사소한 기술부터 연마하기 시작하여 그것이 온전히 몸에 익을 때까지 반복해야 한다. 그렇게 몸에 익으면, 그 기술이 절실한 상황에서 당신은 '즉시' 그 기술을 '자연스레' 행할 수 있다. 기억하라. 즉각적인 순종은 승리를 위한 열쇠이다.

# 사탄에게도 7단계의
# 권위 서열 체계가 있다

앞선 과에서 배웠듯이 사탄은 하나님의 모든 것을 모방한다. 하나님께서 일곱 단계의 권위체계를 제정하시면 사탄 역시 그와 비슷하게 모방한다. 사탄의 모방하는 습성은 요한계시록과 에베소서에 가장 선명하게 기술되었다. 요한과 바울의 증언을 통해 우리는 사탄이 세워놓은 권위 구조를 살펴볼 수 있다. 사탄의 권위 서열 중 많은 부분이 에베소서에 소개되어 있다.

> 우리의 씨름은 혈과 육을 상대하는 것이 아니요 통치자들과 권세들과 이 어둠의 세상 주관자들과 하늘에 있는 악의 영들을 상대함이라
> 엡 6:12

사탄이 세운 일곱 단계 권위 구조는 다음과 같다.

1. 사탄
2. 마지막 날에 나타날 짐승(계 13:2, 계 17:12-14)과 거짓 선지자
3. 통치자들(정사)
4. 권세들
5. 어둠의 세상(어두운 이 시대) 주관자들
6. 하늘에 있는 악의 영들
7. 이들을 섬기며 사람들을 압제하는 마귀들

원수들은 거짓 권세를 가지고 활동한다. 사탄은 유약하고 잘 속는 사람들로부터 권세를 훔쳐 사용한다. 그는 거짓말쟁이며 거짓의 아비이

다. 사탄은 모든 것에 대해 거짓말하는데, 그의 소유라고 주장하는 권세에 대해서도 마찬가지이다. 이 겁 없는 거짓말쟁이는 예수님의 면전에서도 거짓을 말할 정도로 담대하다. 하지만 예수님께서 자신의 거짓말에 요동하시지 않자 사탄은 사람들을 이용하여 예수님을 속이려고까지 했다. 물론 예수님께서는 그의 궤계를 이미 간파하셨기 때문에 진리로 그를 대적하셨다. 하지만 사탄에겐 회개도 없고 돌이킴도 없다. 굳센 결의를 다진 사탄 아닌가? 그래서 그런지 본인 스스로도 어찌할 수 없는 모양이다. 결국 사탄이 예수님께 발했던 최후의 비명은 "나를 떠나소서!"였다. 물론 항복은 아니었다. 다만 좀 더 나은 기회가 오기까지 기다리기 위해서였다.

> 이르되 이 모든 권위와 그 영광을 내가 네게 주리라 이것은 내게 넘겨 준 것이므로 내가 원하는 자에게 주노라 그러므로 네가 만일 내게 절하면 다 네 것이 되리라 눅 4:6-7

사탄은 자기 것도 아닌 권세를 마치 자신의 소유인양 주장한다. 우리는 이 세상 모든 권세가 하나님의 것임을 배우지 않았는가? 그러므로 누구에게 권세를 이양할지 결정하는 것 역시, 하나님만이 하실 수 있는 일이다.

공생애 사역을 앞둔 시점에서, 예수님은 하늘 아버지께서 자신에게 주실 권위를 예비해두신 사실을 알고 계셨다. 십자가에서 승리한 후, 하나님께서 그 모든 권세를 자신에게 이양하실 것도 알고 계셨다. 아마도 사탄은 이 사실에 크게 놀랐을 것이다. "내가 권세의 소유자 아니었나?" 자신이 권세의 소유자라며 너무도 오랫동안 거짓말해 왔던 그다. 거짓말도 오래되면 사실처럼 믿게 되듯, 정말로 사탄은 자신이 권세의 소유자라고 믿었을는지도 모른다. 이러한 믿음을 가졌던 터라 모든 권세를 예수님께 주시려는 하나님의 계획을 알게 된 사탄은 큰 충격을 받았을 것이다. 과거 사탄은 자신의 거짓말이 잘 먹혀들어 갔음을 알았기에 예수님도 속으실 거라 안일하게 생각했다. 사탄의 입장에선 어처구니없는, 아주 큰 실수였다.

어떤 사람은 사탄에게 아무 권세가 없다는 가르침을 받아들이기 힘들어한다. 꽤나 오랫동안 사탄에게 권위를 부여해 왔던 터라 사탄의 권세가 모조품, 혹은 가짜라는 사실이 믿기지 않는 것이다. 그들 중에는 바울 서신을 펼쳐 다음의 구절을 내밀며 "보십시오. 사탄의 권세는 '진짜'가 아닙니까?"라고 반박하는 사람도 더러 있다.

> 그 중에 이 세상의 신이 믿지 아니하는 자들의 마음을 혼미하게 하여 그리스도의 영광의 복음의 광채가 비치지 못하게 함이니 그리스도는 하나님의 형상이니라 고후 4:4

이 구절 하나만 '뚝' 떼어낸다면 그러한 주장이 나올 법도 하다. 사람들은 종종 이 구절을 전체 문맥에서 분리시키곤 하는데, 여기서 바울이 말하는 것은 '사탄의 실제 권세'가 아니라 수많은 사람들의 눈을 가려버린 '사탄의 속임수'이다.

모든 형태의 우상을 살펴 그 배후를 조사해보면 이들을 조종하는 마귀가 있음을 알 수 있다. 그러므로 사람들이 우상을 섬기면 섬길수록 우상의 배후에 도사리고 있는 마귀는 사람들로부터 더욱 큰 권세를 넘겨받게 된다. 결국 우상숭배는 우상의 배후세력인 마귀를 '이 세상의 신'으로 만들어가는 작업인 것이다. 이것이 위 구절을 포함한 본문 전체의 내용이다. 거듭 말하지만 '이 세상의 신'이 따로 존재하는 것이 아니라 사람들의 우상숭배를 통해 마귀가 '이 세상의 신'으로 군림하게 된다는 뜻이다.

시편 82편 6절을 보면 이 사실이 훨씬 더 명확해진다. "내가 말하기를 너희는 신들이며 다 지존자의 아들들이라 하였으나"(시 82:6). 공생애 사역 기간 동안 예수님께서는 자신이 '하나님의 아들' 이심을 수차례 말씀하셨다. 그런데 당시 사람들은 예수님이 '신성모독'의 죄를 범하셨다고 참소했다. 자신을 참소하는 사람들에게 예수님은 위 시편의 구절을 인용하여 아래와 같이 말씀하셨다.

> 예수께서 이르시되 너희 율법에 기록된 바 내가 너희를 신이라 하였노라 하지 아니하였느냐 성경은 폐하지 못하나니 하나님의 말씀을 받은 사람들을 신이라 하셨거든 하물며 아버지께서 거룩하게 하사 세상에 보내신 자가 나는 하나님의 아들이라 하는 것으로 너희가 어찌 신성모독이라 하느냐 요 10:34-36

예수님은 하나님의 아들이시다. 이것은 틀림없는 사실이다. 그리고 위 말씀에 의하면 당신은 하나님께서 주신 권위를 가지고 이 땅을 살아가는 '신'(god, 소문자 g에 유의)이어야 한다. 이것 역시 사실이다. 이 말씀대로 당신은 하나님께 순종하면서 이 세상의 신으로서 이 땅을 다스려야 한다. 게다가 하나님께서 당신에게 '다스림의 권위'를 주셨다. 그러니 자신의 권위를 사탄에게 넘겨주어 그를 '이 세상의 신'으로 만들지 말라.

시편과 요한복음의 말씀, 그리고 그 두 말씀의 진정성에 대한 예수님의 확증을 고려해보면 이 세상의 신은 사탄이 아니라 '당신'이다. 게다가 하나님께서 당신에게 주신 권위는 '적법한' 권위이다. 예수 그리스도께서 십자가에서 승리하시고 되찾으신 권위를 하나님께서 당신에게 허락해주신 것이다. 이야기는 여기서 끝나야 옳다. 하지만 사람들은 하나님께서 주신 권위를 다시금 사탄에게 넘겨주고 있다. 주로 두 가지 경로를 통해 권위의 이양이 발생하는데, 첫째 우상숭배이다. 우상숭배는 사탄에게 권위를 넘겨주는 행위이다. 스스로를 점검해보라. 창조주 하나님보다 더 사랑하고 더 갈망하는 무언가(피조물)가 있는지 철저히 확인하라. 만일 하나님보다 더 사랑하는 무언가가 있다면 당신 역시 우상숭배의 죄에서 멀지않다. 둘째, 사람들은 '고백'을 통해 자신의 권위를 사탄에게 넘겨준다. "사탄이 내 길을 막았다." "사탄이 병을 줬다." "사탄이 우리 가족을 아프게 했다." "사탄이 교회 안에 큰 문제를 일으켰다." 사람들이 이러한 고백을 얼마나 많이 내뱉는지!

　이제는 원수의 능력을 고백하고 두려워하는 대신, 그의 능력을 끊겠노라 선포하며 그를 우리의 터전에서 내쫓아야 한다. 만일 계속해서 사탄의 능력을 마음으로 믿고 입술로 고백한다면, 당신의 권위는 점점 더 많이 사탄에게 이양될 것이다. 그러므로 두려운 마음과 불평의 입술을 멈추라!

　사탄은 하나님의 모든 행위, 하나님의 모든 소유를 모방한다. 여기엔 '권위'의 모방도 포함된다. 사탄은 거짓 능력을 베풀어 당신의 눈을 속인다. 불법의 권위를 자랑하며 당신을 공포에 질리도록 만든다. 이렇게 당신은 사탄이 참된 능력자임을 믿게 된다. 때때로 중보 기도자들, 혹은 여러 성도들의 간증이 하나님보다는 사탄에게 더 많은 힘을 실어주는 것 같다. 지금도 사탄은 추종자를 얻기 위해 거짓 표적과 기사(奇事)를 남발한다. 그런데 만일 마지막 때가 되어 적그리스도와 거짓 선지자가 일어난다면 지금 우리가 보게 되는 거짓 표적과 기사는 '장난질'에 불과하다는 것을 알게 될 것이다. 요한계시록의 증언대로 이들은 많은 사람을 속이기 위해 정말로 놀라운 기적을 펼쳐 보일 것이다. 하지만 이들이 선보이는 능력 역시 그들의 것이 아니다. 그들은 하나님의 주권이 허락하는 한도 내에서 거짓 능력을 베풀며 사람들을 속인다. 얼핏 하나님께서 이들에게 거짓능력을 주신다는 사실이 이해되지 않을 수도 있겠지만, 하나님은 온전한 주권을 갖고 자신의 계획을 성취하시고자 적그리스도와 거짓 선지자의 활동까지도 허락하시는 분이다(당신의 조그만 '생각'으로 하나님을 규정짓지 말라).

당신이 해야 할 일은 '무장'이다. 무장하고 대비하라! 당신의 권위를 빼앗기 위해 사탄은 하나님의 말씀까지도 왜곡하면서 당신을 속일 것이다. 속지 말라. 그는 자신의 말을 믿게 하기 위해 참으로 믿을 만한 거짓말들을 쉼 없이 내뱉을 것이다. 그러므로 그의 거짓말에 귀를 기울이지 말라. 오직 하나님의 말씀을 듣고 하나님의 진리만을 선포하라. 우리의 입술로 선포하기 좋은 하나님의 말씀 몇 구절을 소개하자면 누가복음 10장 19절과 야고보서 4장 7절이다. 이 말씀을 외워 마음에 각인하라. 그러면 이 말씀은 언제든 빼내어 휘두를 수 있는 성령의 검이 될 것이다.

사탄의 권위는 지극히 제한적이다. 그에겐 자신의 집(무저갱) 문을 열고 닫을 열쇠조차 없다. 예수님께서 그 열쇠를 갖고 계신다. 장차 우리에게 닥칠 환난의 때, 사탄은 최후의 발악을 하며 우리를 괴롭힐 것이다. 하지만 그것마저 하나님이 허락하시는 범위 안에서만 가능하다. 성도를 괴롭히고자 악한 권위와 능력을 사용하려 할 때, 사탄은 하나님께 허락을 받아야만 한다. 예수님께서 베드로에게 설명하셨던 내용을 기억하는가? 사탄은 베드로를 밀 까부르듯 하고 싶었으나 먼저 하나님의 허락을 요청해야 했다. 하나님께서 허락하시더라도 당신은 사탄의 공격에 겁낼 것 없다. 사탄이 모든 추잡한 거짓말과 참소하는 말로 하나님 앞에서 당신을 공격할 때, 예수님께서 당신을 위해 기도하시기 때문이다. 사탄의 참소와 예수님의 기도 중 하나님께서 누구의 말을 더 들어주실 거라 생각하는가?

네가 보던 열 뿔은 열 왕이니 아직 나라를 얻지 못하였으나 다만 짐승과 더불어 임금처럼 한동안 권세를 받으리라 그들이 한 뜻을 가지

> 고 자기의 능력과 권세를 짐승에게 주더라 그들이 어린 양과 더불어 싸우려니와 어린 양은 만주의 주시요 만왕의 왕이시므로 그들을 이기실 터이요 또 그와 함께 있는 자들 곧 부르심을 받고 택하심을 받은 진실한 자들도 이기리로다 계 17:12-14

짐승의 권세가 열 명의 왕들로부터 온 것임을 주목하라. 열 왕은 어리석게도 자신의 권위를 포기했다. 그 권위를 되찾으려 할 때엔 이미 늦었다. 그들의 말로는 '멸망' 이다. 이처럼 여러 사람으로부터 권위를 받는다 해도 사탄의 권위는 규모 면이나 중요성에서 한계가 있다. 그러므로 절대 사탄의 거짓말에 속지 말라. 당신의 권위를 포기하지 말라. 당신의 권위는 어떤 종류의 권위인가? 누가복음 10장 19절의 예수님 말씀에 의하면 당신이 지닌 권위는 원수의 '모든' 능력을 제어할 권위이다. 그러므로 주님의 말씀을 믿으라. 그 말씀대로 살고, 일하고, 사역하라. 사탄의 거짓말에 따라 살고, 일하고, 사역한다면 어리석은 일이다.

> 내가 보매 또 다른 짐승이 땅에서 올라오니 어린 양 같이 두 뿔이 있고 용처럼 말을 하더라 그가 먼저 나온 짐승의 모든 권세를 그 앞에서 행하고 땅과 땅에 사는 자들을 처음 짐승에게 경배하게 하니 곧 죽게 되었던 상처가 나은 자니라 계 13:11-12

원수의 권위는 시간적 제약도 받는다. 귀신에 사로잡혀 예수님의 발 앞에 고꾸라졌던 남자를 기억하는가? 당시 귀신들은 자신에게 남은 시간이 얼마 되지 않았다는 사실을 알았다. 귀신은 사람을 겁주지만, 예수님은 귀신을 겁주신다. 귀신들은 예수님이 어떤 분이신지 알고 '제대로' 겁을 먹는다.

> 또 예수께서 건너편 가다라 지방에 가시매 귀신 들린 자 둘이 무덤 사이에서 나와 예수를 만나니 그들은 몹시 사나워 아무도 그 길로 지나갈 수 없을 지경이더라 이에 그들이 소리 질러 이르되 하나님의 아들이여 우리가 당신과 무슨 상관이 있나이까 때가 이르기 전에 우리를 괴롭게 하려고 여기 오셨나이까 하더니 마 8:28-29

사탄이 아주 강력한 일들을 펼치도록 허락받은 것은 마지막 때, 잠깐 동안 뿐이다. 사탄은 자신에게 허락된 시간이 얼마 안 된다는 사실을 알기 때문에 그토록 성질을 내며 당신을 파멸시키려 노력하는 것이다. 하지만 요한이 기록한 내용을 보라. "그들(성도, 형제들)이 사탄을 이기었노라!"(계 12:11). 성도들이 사탄을 대적하기 위해 손에 들었던 두 점의 무기는 매우 강력하다. 그래서 사탄은 저항조차 못한다. 물론 그가 당신에게 크게 분낼 수는 있겠지만, 당신은 '어린양의 보혈'과 '증언의 말씀'으로 그를 무찌를 수 있다.

> 또 우리 형제들이 어린 양의 피와 자기들이 증언하는 말씀으로써 그를 이겼으니 그들은 죽기까지 자기들의 생명을 아끼지 아니하였도다 그러므로 하늘과 그 가운데에 거하는 자들은 즐거워하라 그러나 땅과 바다는 화있을진저 이는 마귀가 자기의 때가 얼마 남지 않은 줄을 알므로 크게 분내어 너희에게 내려갔음이라 계 12:11-12

사탄의 권위는 공간적 제약도 받는다. 말세에 그는 오직 '불순종의 아들들' 안에서만 역사할 수 있다. 만일 당신이 하나님의 말씀과 예수 그리스도의 명령에 순종한다면, 사탄은 당신에게 아무런 해도 끼치지 못할 것이다. 당신은 예수 그리스도와 함께 살도록 하나님께서 '살려내신' 사람이다. 그러므로 죽음의 권세마저 더 이상 당신을 괴롭힐 수 없다. 순종모드로 전환하고 계속 순종의 상태를 유지하라. 그러면 사탄은 당신을 괴롭히지 못한다.

> 그는 허물과 죄로 죽었던 너희를 살리셨도다 그 때에 너희는 그 가운데서 행하여 이 세상 풍조를 따르고 공중의 권세 잡은 자를 따랐으니 곧 지금 불순종의 아들들 가운데서 역사하는 영이라 엡 2:1-2

지금 원수는 불순종의 아들들이 건네준 권세를 사용하고 있다. 만일 당신이 친구나 친척, 이웃에게 연장을 빌려줬는데, 돌려받지 못할 것을 안다면 빌려주겠는가? 원수는 지금 사람들로부터 연장을 빼앗아 마음껏 사용하며 자신의 목적을 이루는 중이다. 물론 그가 연장을 돌려줄 리 만무하다. 이것이 바로 사탄이 이 세대 가운데 행하는 일이다.

> 칠십 인이 기뻐하며 돌아와 이르되 주여, 주의 이름이면 귀신들도 우리에게 항복하더이다 예수께서 이르시되 사탄이 하늘로부터 번개같이 떨어지는 것을 내가 보았노라 내가 너희에게 뱀과 전갈을 밟으며 원수의 모든 능력을 제어할 권능을 주었으니 너희를 해칠 자가 결코 없으리라 눅 10:17-19

우리에게는 얼마만큼의 능력을 제어할 권능이 있는가? "적의 모든 능력을 제어할 권세!" 그렇다면 왜 사람들은 계속해서 사탄에게 얻어맞고 있는가? 답은 간단하다. 그들이 사탄에게 '승리'를 넘겨주기 때문이다.

사탄의 수하에는 아주 더럽고 추한 마귀들(이들 모두는 타락한 천사들이다)이 여럿 있다. 하나님의 천사는 요한에게 이 더러운 영들의 정체를 알려주었다. 그들은 불결하고, 부정하고 혐오스러운 마귀, '가증한 새들'이다. 수가 많고 더럽기가 그지없기에, 존재만으로도 우리에게 폐가 된다. 하지만 우리가 그들에게 승리를 넘겨주지 않는 한 그들은 결코 승리자가 될 수 없다. 사탄의 왕국은 무너졌다. 그들에겐 더 이상 머물만한 집도, 안전한 은신처도 없다. 그들의 운명은 당신의 손에 달렸다.

> 이 일 후에 다른 천사가 하늘에서 내려오는 것을 보니 큰 권세를 가졌는데 그의 영광으로 땅이 환하여지더라 힘찬 음성으로 외쳐 이르되 무너졌도다 무너졌도다 큰 성 바벨론이여 귀신의 처소와 각종 더러운 영이 모이는 곳과 각종 더럽고 가증한 새들이 모이는 곳이 되었도다 계 18:1-2

담대히 선포하건데, 지금은 예수님께서 보혈로 되찾으신 것(권위)을 단단히 붙잡고 견고히 일어설 때이다! 예수님께서는 우리에게 모든 더러운 영들을 압제할 권능을 주셨다. 지금은 아침에 일어나자마자 그들의 목을 밟고 그들을 구덩이로 집어던져야 할 때이다. 자신의 권위를 인식하는 성도만이 이렇게 할 수 있다.

## 인간 권위의 구조(단계)

> 예언하는 자들의 영은 예언하는 자들에게 제재를 받나니 하나님은 무질서의 하나님이 아니시요 오직 화평의 하나님이시니라 모든 성도가 교회에서 함과 같이 고전 14:32-33

위 구절 말씀이 이해가 되질 않아 오랫동안 고민 했었다. 이 말씀에 대한 다양한 해석이 가능하다고 생각했지만, 그 많은 해석 중 올바른 해석을 찾기는 힘들었다. 하지만 이 구절을 '권위'와 연관 지었을 때, 비로소 이해할 수 있었다. 많은 사람이 자신의 통제권을 남에게 양도한다. 그들은 "그 사람이 나를 화나게 만들어!"와 같은 표현을 서슴지 않는다. 이 말은 아무 거리낌 없이 들리긴 하지만, 한 번 곰곰이 생각해보라. 어떻게 다른 사람이 내 감정을 통제할 수 있다는 말인가?

이 상황을 어떻게 설명할 수 있을까? 당신이 화를 내게 된 상황을 면밀히 관찰해보자. 일단 누군가 다른 사람이 당신의 감정을 공격한 것은 사실이다. 하지만 당신은 수동적으로 상처를 입은 것이 아니라, 상처받기로 또 화를 내기로 '선택'했다. 이것은 자신의 감정을 남의 통제 아래로 밀어 넣는 행위와 같다. 아주 낮은 차원의 '권위'를 행사한 경우라 하겠다. 하지만 화를 내지 않기로 선택하고 자신의 감정을 통제하고자 했다면, 이는 고차원의 권위를 행사한 경우이리라.

위 구절은 사람들이 자신의 감정을 다스리는 방법대로 그렇게 자신의 영을 통제한다는 내용이다. 우리의 영은 제멋대로이거나(자기 통제를 벗어난) 혹은 남의 통제를 받아선 안 된다. 우리 스스로가 자신의 영을 책임져야 한다. 즉 우리의 영이 어떻게 반응하는지는 스스로의 선택에 달렸다는 뜻이다.

동산에서 하나님은 아담에게 권위를 주셨다. '다스림'의 권세이다. 그러나 그는 그 권위와 권세를 사탄에게 넘겨주었다. 이후 하나님은 예수 그리스도의 보혈로 사탄에게 넘겨졌던 권위를 되찾아주셨다. 그리고 당신이 예수 그리스도의 지체가 되었을 때, 하나님께서는 당신에게 이 권위를 다시금 건네주셨다. 이 권위는 당신의 영, 혼, 육, 모든 영역에서 제 능력을 발휘할 것이다. 그러므로 당신은 이것을 지켜내야 한다. 절대로 사탄에게 넘겨주어선 안 된다. 이는 전적으로 당신의 책임이다. 만일 당신이 자신의 감정(혼)도 주체하지 못한다면, 이 권위와 권세를 어떻게 지켜낼 수 있겠는가?

## 교회의 권위

하나님께서는 구체적인 권위를 교회에 건네셨다. 여기에는 확실한 목적이 있다. 교회의 으뜸가는 책임은 성도로 하여금 그리스도의 몸을 세우게 하고, 사역과 봉사의 일을 감당케 만드는 것이다. 이를 위해 교회는 각각의 권위를 발휘하여 성도들을 가르치고, 훈련해야 하고, 멘토링 및 다양한 지원을 제공해야 한다. 바울은 그리스도의 몸(교회)에서 발견할 수 있는 다양한 단계의 권위를 이야기했다.

> 그가 어떤 사람은 사도로, 어떤 사람은 선지자로, 어떤 사람은 복음 전하는 자로, 어떤 사람은 목사와 교사로 삼으셨으니 이는 성도를 온전하게 하여 봉사의 일을 하게 하며 그리스도의 몸을 세우려 하심이라 엡 4:11-12

하나님께서는 교회의 5중 사역을 위해 리더들을 세우시고 그들에게 '사역자의 권위' 또는 '사역을 위한 권위'를 부여하셨다. 하지만 사람들은 그들의 권위를 인정하기 싫어한다. 이러한 이유로 그동안 교회는 상당한 능력을 상실해 왔다. 하나님이 선택하신 리더들을 거부한다면, 그것은 무엇보다 하나님에 대한 반역이다. 리더(사람)에 대한 반역은 부차적인 문제이다. 이것은 고라의 반역과 조금도 다르지 않다.

> 그러한데 꿈꾸는 이 사람들도 그와 같이 육체를 더럽히며 권위를 업신여기며 영광을 비방하는도다 천사장 미가엘이 모세의 시체에 관하여 마귀와 다투어 변론할 때에 감히 비방하는 판결을 내리지 못하고 다만 말하되 주께서 너를 꾸짖으시기를 원하노라 하였거늘 이 사람들은 무엇이든지 그 알지 못하는 것을 비방하는도다 또 그들은 이성

없는 짐승 같이 본능으로 아는 그것으로 멸망하느니라 화 있을진저 이 사람들이여, 가인의 길에 행하였으며 삯을 위하여 발람의 어그러진 길로 몰려 갔으며 고라의 패역을 따라 멸망을 받았도다 유 1:8-11

유다는 하나님에 대한 반역과 그로 인한 결과를 명쾌하게 설명하고 있다. 고라의 배후에서 그를 조종했던 영은, 고라가 땅속으로 삼켜진 이후에도 죽지 않았다. 민수기에 등장했던 그 영이 신약 성경의 맨 뒷부분에도 등장한다. 여전히 건재한 모습이다. 지금도(우리가 살고 있는 신약시대) 그 영은 활발하게 활동하고 있다.

유다서와 요한계시록에 등장하는 교회들의 문제는 오늘날의 교회가 안고 있는 문제와 크게 다르지 않다. 사람들은 권위에 저항하고 쉽게 반역의 길로 들어선다. 고라의 내면엔 모세와 비교해도 자신이 결코 뒤지지 않는다는 생각으로 가득했다. 물론 고라가 모세보다 지도자의 자질이 뛰어났을 수도 있다. 하지만 고라는 그 일을 위해 하나님으로부터 기름 부음 받지 않았다. 우리가 존중해야 할 것은 '기름 부음'이지 사람이 아니다. 다윗은 사울에 대해 비방하거나 그에게 손을 대어 죽이는 것을 거절했다. 비록 사울은 다윗을 죽이려했지만, 다윗은 여호와의 기름 부음 받은 왕에게 손대는 일을 가볍게 여기지 않았다. 아마도 사울을 존중했다기보다 그 위에 임한 하나님의 기름 부음을 존중한 것 같다.

그러나 현대인들은 하나님의 '기름 부음'을 가볍게 여긴다. 그들의 주장에 따르면 예수님께서 모든 구습을 폐하셨으므로 기름 부음 받은 자를 거절해도 괜찮다는 것이다. 하지만 이것은 잘못된 생각이다. 예수님의 가르침과 맥을 달리하는 것은 물론이고, 전체 성경말씀과도 다르기 때문이다. 성경은 이점에 대해 두 번씩이나, 그것도 아주 명확한 경고의 말씀으로 지적하고 있다. "이르시기를 '나의 기름 부은 자를 손대지 말며 나의 선지자들을 해하지 말라' 하셨도다"(시 105:15, 대상 16:22).

고라가 모세를 대적했던 때와 마찬가지로, 지금도 기름 부음 받은 자에 대한 반역은 하나님에 대한 공격으로 간주된다. 그리고 반역에 대한 결과는 그때나 지금이나 동일하다. 하지만 지금은 은혜의 시대이기 때문에 반역을 저질러도 그 즉시 심판 받지는 않는다. 하나님의 심판이 지연되는 것은 사실이다. 하나님께서 그들에게 회개할 시간을 주신 것이다. 하지만 회개하지 않고 계속해서 '기름 부음'을 무시한다면, 여전히 그들 위에 하나님의 심판이 '대기' 하고 있을 것이다. 언젠가는 그 심판이 쏟아지지 않겠는가?

## 가정의 권위

하나님께서는 가정 안에도 권위체계를 세우셨다. 위계질서가 없으면 조직은, 아무리 크든 작든, 혼돈 상태에 빠진다. 오늘날 가정을 무너뜨리기 위해 사탄은 엄청난 공격을 가한다. 성도들조차 사탄에게 속아 가정 안에 세우신 하나님의 계획과 권위체계를 거절한다. 아래의 말씀에 나타난 가정 내 권위체계에 대해 상세히 공부해보기 바란다.

> 아내들아 남편에게 복종하라 이는 주 안에서 마땅하니라 남편들아 아내를 사랑하며 괴롭게 하지 말라 자녀들아 모든 일에 부모에게 순종하라 이는 주 안에서 기쁘게 하는 것이니라 아비들아 너희 자녀를 노엽게 하지 말지니 낙심할까 함이라 골 3:18-21

많은 사람이 위의 말씀대로 따르기를 싫어한다. 남편들은 아내와 자녀에 대한 책임을 감당하기 싫어하며, 가정으로부터의 '자유'를 갈망한다. 아내도 마찬가지다. 애정 없고 상냥하지 않은 남편을 굳이 참아줘야 할 이유가 없다며 남편으로부터의 자유, 자녀 양육에 대한 책임으로부터의 자유를 갈망한다. 자녀들은 어떤가? 부모로부터 자유하게 되길 소망한다. 이는 반역의 영이 그들의 청소년기를 잠식하기 때문이다.

이 모든 문제의 핵심은 '권위의 거부'로 요약된다. 이처럼 성도들이 가정에서부터 권위를 인정하지 않으며 위계질서를 거부한다면, 그 여파는 고스란히 교회로 이어진다. 이들은 교회의 기름 부음, 교회 리더들의 기름 부음을 무시할 것이다. 이에 교회 안에서는 기름 부음의 능력이 제 힘을 발휘하지 못할 것이다.

권위의 거부는 하나님에 대한 불순종이다. 수많은 가정이 불순종 때문에 하나님으로부터 복을 얻지 못한다. 그러나 불순종에 머물면서도 그들은 여전히 하나님께서 복 주실 것을 기대한다. 순종하든 불순종하든 상관없이 자신에게 반드시 '복'을 주셔야 하는 분으로서 하나님을 받아들이는 것이다. 마치 하나님이 자신에게 큰 빚을 지신 것처럼 생각하는 모양인데, 이것은 성경의 내용과 정 반대이다. 성경은 우리가 하나님께 빚을 졌다고 말한다. 그러므로 우리가 하나님께 '복'을 드려야 한다. 우리는 하나님을 섬기고, 예배해야 하고, 우리의 생명을 다해 찬양과 감사를 드리며, 그분의 존귀, 영광, 능력을 인정해야 한다.

솔직해지자. 우리가 받아 마땅한 것은 '복'이 아니라 '저주'이다. 그러므로 하나님께서 우리에게 '마땅한 것'을 주시지 않은 것만 해도 감사해야 할 것이다. 그런데 하나님은 우리가 저지른 죄에 대해 보수하시는 대신, 우리를 사랑하시고, 우리에게 은혜와 복을 내려주셨다. 하지만 반역하는 사람들, 불순종하는 사람들의 삶에는 은혜와 복이 계속 흐르지 않으리란 사실을 기억해야 한다. 가정의 위계질서와 관련하여 하나님이 주신 계명을 바울의 해석으로 살펴보자. 말씀에 의하면 자녀가 부모를 어떻게 대하느냐에 따라 그들의 수명이 달라질 것이고, 또 그들이 받게 될 복도 달라질 것이다.

> 자녀들아 주 안에서 너희 부모에게 순종하라 이것이 옳으니라 네 아버지와 어머니를 공경하라 이것은 약속이 있는 첫 계명이니 이로써 네가 잘되고 땅에서 장수하리라 엡 6:1-3

## 성도들의 권위

하나님께서는 모든 성도에게(과거의 성도든, 현재의 성도든) 마귀의 일을 제압하는 권위를 주셨다.

> 칠십 인이 기뻐하며 돌아와 이르되 주여 주의 이름이면 귀신들도 우리에게 항복하더이다 예수께서 이르시되 사탄이 하늘로부터 번개 같이 떨어지는 것을 내가 보았노라 내가 너희에게 뱀과 전갈을 밟으며 원수의 모든 능력을 제어할 권능을 주었으니 너희를 해칠 자가 결코 없으리라 그러나 귀신들이 너희에게 항복하는 것으로 기뻐하지 말고 너희 이름이 하늘에 기록된 것으로 기뻐하라 하시니라 눅 10:17-20

몇몇 사람들의 주장과 달리 이 권위는 열 두 제자에게만 허용된 것이 아니다. 그보다 훨씬 많은 제자들이 이 권위를 받았는데, NIV 역본에는 그들의 숫자가 70이 아닌 72로 소개되고 있다. 나는 이 숫자에 담긴 예언적 의미를 좋아한다. 72명의 제자들은 총 여섯 그룹의 열두 제자(6×12)로 나눌 수 있다. 여기에 본래의 12제자를 합하면 총 7×12 곧 84라는 숫자를 얻는다. 그런데 7이라는 숫자는 '완전함'을 의미하고 12라는 숫자는 '통치'를 의미한다. 그러므로 7×12는 마귀의 모든 역사를 제압할 수 있는 '완전한 권위'를 상징한다. 예수님께서 말씀하신다.

> 내가 진실로 진실로 너희에게 이르노니 나를 믿는 자는 내가 하는 일
> 을 그도 할 것이요 또한 그보다 큰 일도 하리니 이는 내가 아버지께
> 로 감이라 요 14:12

위의 말씀 중, '누구든지'로 번역된 단어는 정말 '아무나'를 의미한다 (저자가 사용한 NIV 역본에는 주어가 anyone who has faith in me로 번역되어 있다. 그러므로 NIV역본에 충실히 번역하면 윗 구절은 '내가 진실로 진실로 너희에게 이르노니 누구든지 나를 믿는 자는 내가 하는 일을…'이 될 것이다-역자 주). 처음 열 두 제자만이 그 권위와 능력을 받는다는 뜻이 아니다. 당시에도 이미 여든 네 명의 제자가 마귀의 일을 압제할 수 있는 권위와 능력을 받았지 않는가? 다시 한 번 예수님께서 하신 말씀을 들으라. "내가 진실로 진실로 너희에게 이르노니 (누구든지) 나를 믿는 자는 내가 하는 일을 그도 할 것이요." 예수님만 믿는다면, 누구든지 이 약속의 주인공이 될 수 있다. 이 약속을 건네신 후 예수님께서 뭐라고 기도하셨는지도 들어보자.

> 내가 비옵는 것은 이 사람들만 위함이 아니요 또 그들의 말로 말미암
> 아 나를 믿는 사람들도 위함이니 아버지여, 아버지께서 내 안에, 내
> 가 아버지 안에 있는 것 같이 그들도 다 하나가 되어 우리 안에 있게
> 하사 세상으로 아버지께서 나를 보내신 것을 믿게 하옵소서 내게 주
> 신 영광을 내가 그들에게 주었사오니 이는 우리가 하나가 된 것 같이
> 그들도 하나가 되게 하려 함이니이다 요 17:20-22

당신은 제자들이 전한 복음을 통해 예수님을 믿게 되지 않았는가? 마태, 요한, 베드로 등 이들의 말씀을 통해 예수님에 대해 배우지 않았는가? 만일 당신의 대답이 "Yes"라면 예수님께서 당신에게도 동일한 권위와 능력을 주셨다는 사실을 믿기 바란다.

## 정부의 권위

> 각 사람은 위에 있는 권세들에게 복종하라 권세는 하나님으로부터 나지 않음이 없나니 모든 권세는 다 하나님께서 정하신 바라 그러므로 권세를 거스르는 자는 하나님의 명을 거스름이니 거스르는 자들은 심판을 자취하리라 다스리는 자들은 선한 일에 대하여 두려움이 되지 않고 악한 일에 대하여 되나니 네가 권세를 두려워하지 아니하려느냐 선을 행하라 그리하면 그에게 칭찬을 받으리라 **롬 13:1-3**

오늘날 국가 정부에 대한 국민들의 반란은 전 세계 공통적인 현상이다. 당신은 주님께서 이러한 반역을 축복하시리라 생각하는가? 정부에 반기를 드는 사람들에 대해 유다가 뭐라고 말하는지 들어보자. 그전에, 성경이 기록되던 시대의 성도들은 정말 무자비하고 잔혹한 독재자들의 압제 아래에 살았다는 사실을 기억하기 바란다. 물론 지금도 악한 독재자들이 이끌어가는 나라들이 더러 있다. 하지만 그들은 초대 교회 시대의 독재자들만큼 잔혹하지는 않다. 또한 그때와 비교해볼 때 삶의 환경 역시 그처럼 처참하지도 않다. 그러므로 지금보다 그때가 국가에 대한 반란이 더욱 타당해 보인다. 하지만 지금도 물론이거니와 그 당시에도 하나님의 말씀은 폭력적인 반란을 너그럽게 봐주지 않았다. 물론 하나님께서 권력에 굶주린 폭군들의 가증스런 행위들을 용납하신다는 뜻은 아니다.

> 그러한데 꿈꾸는 이 사람들도 그와 같이 육체를 더럽히며 권위를 업신여기며 영광을 비방하는도다 화 있을진저 이 사람들이여 가인의 길에 행하였으며 삯을 위하여 발람의 어그러진 길로 몰려갔으며 고라의 패역을 따라 멸망을 받았도다 **유 1:8,11**

거듭 강조한다. 하나님께서 위임하신 권위자들에게 반역한다면, 이는 하나님에 대한 반역이다. 때때로 성경에는 잔인한 왕들이 일어나 우상숭배하는 이스라엘 백성을 처절하게 괴롭히는 장면이 등장한다. 이것은 우상숭배에 대한 심판을 이행하기 위해 하나님께서 채택하신 공의의 방편이기도 하다. 이러한 사실을 알았던 바울은 잔인한 왕들에게 반역하는 대신 그들을 위해 기도하라고 권면했다. 말씀대로라면 하나님께서는, 원하신다면 언제든, 악한 지도자들을 벌하실 수 있다. 또한 계획해 놓으신 때에 그들을 벌하실 것이다. 그러므로 세상 지도자들에 대한 심판은 온전히 하나님의 몫으로 남겨둬야 한다. 위에 기록된 유다서 말씀은 세상 권위에 대한 반역과 불순종 때문에 멸망하는(실제로 멸망하는) 사람들에 대한 경고이다.

물론 올바른 지도자가 나타나면 우리의 삶은 훨씬 나아진다. 그러나 악한 지도자에 대한 반란이 올바른 지도자의 출현을 보장해주지는 않는다. 사실 인류의 역사는 '자유'라는 명목 아래 일어났으나 결국 이전의 독재자보다 훨씬 더 사악하고 잔인하게 통치했던 혁명가들의 이야기로 가득하다. '변화'를 위한 변화는 결코 현명한 선택이 아니다. 생산적인 일도 아니다. 아니, 재앙에 가깝다 하겠다.

> 의인이 많아지면 백성이 즐거워하고 악인이 권세를 잡으면 백성이 탄식하느니라 잠 29:2

## 지휘계통은 실제이다
## 지휘계통은 필수이다

바울은 하나님이 세우신 권위자(예수)에게 반역하는 것이 어떤 결과로 이어지는지 개인적인 체험을 통해 깨달았다. 그는 하늘로부터 비쳐온 큰 광명에 눈이 멀었다. 그토록 핍박해왔던 분이 눈 앞에 나타나신 것이다.

> 대답하되 주여 누구시니이까? 이르시되 나는 네가 박해하는 예수라 (가시채를 뒷발질하기가 네게 고생이니라) 행 9:5(저자는 NKJV 역본을 사용했는데, 개역개정의 행 9:5에는 괄호안의 말씀이 없다. 대신 행 26:14에 등장한다-역자 주)

가시채는 짐승을 부릴 때 사용하는 뾰족한 막대기를 말한다. 짐승을 이동시킬 때 가시채로 때리는데, 예수님의 말씀에 의하면 바울은 그동안 이 뾰족한 막대기를 뒷발질해왔던 것이다. 영적으로 볼 때 어리석게 행동했다는 뜻이다. 뾰족한 막대기를 뒷발질하는 것은 매우 고통스러운 일이다. 가시채를 뒷발질하다가는 발바닥에 깊은 상처가 나지 않겠는가? 게다가 발바닥에는 통증 감각점이 많이 모여 있다. 벽에 자기 머리를 박는 것과 다를 것이 없지 않은가? 그렇게 해서는 가시채도, 벽도 이길 수 없다. 가시채를 발로 차고 벽에 머리를 박는다 해도 가시채나 벽은 별 손상을 입지 않는다. 대신 발과 머리에 큰 상처가 날 것이다. 예수님의 말씀을 기억하라. 하나님께 반역하는 것은 가시채를 발로 차는 것과 같다. 무엇을 어떻게 하든 당신은 하나님께 피해를 끼칠 수 없다. 하지만 하나님께 반역할 경우 당신은 영구적인 손상을 입을지도 모른다.

우리는 오직 하나님께서 '잠시 동안' 위임해 주신 권위만을 갖고 있을 뿐이다. 언젠가 우리는 모든 권위를 하나님께 되돌려 드려야 한다. 그때가 되면 우리 모두는 자신의 면류관을 벗어 예수님의 발 앞에 내려놓게 될 것이다. 그리고 예수님께서는 그 모든 면류관을 거둬 아버지 하나님께 올려드릴 것이다.

> 그 후에는 마지막이니 그가 모든 통치와 모든 권세와 능력을 멸하시

고 나라를 아버지 하나님께 바칠 때라 고전 15:24

그때가 바로 심판의 때이다. 당신은 스스로에게 물어야 한다. "그동안 나는 누구의 편에 섰던가? 예수님의 편에 섰는가 아니면 내 자신의 편에 섰는가?" 신용카드를 사용할 때와 비교해보라. 지금 당장은 구매한 물건에 기뻐할 수 있다. 하지만 카드를 긁는 순간 결제일이 곧 돌아온다는 사실을 인식해야 하지 않는가? 당신의 통장 잔고는 신용카드 대금을 결제할 만큼 충분한가? 당신의 삶은 마지막 심판의 날, '결제 가능 상태'이겠는가? 내 삶의 결제를 위해, 내게는 예수님이 필요하다. 심판의 날, 하나님 아버지께서 나 대신 예수 그리스도를 받아주시길 원한다. 그렇게 나는 예수님께서 내 삶의 대금을 결제해주시길 기도한다. 그러므로 지금 예수님 편에 서기로 결심한다. 당신은 어떤가?

지금은 예수님의 권위에 순복하여 복을 받을 때이다. 하나님께서는 모든 사람이 올바른 결정을 내림으로 진리를 알게 되길 갈망하신다. 권위에의 순종과 축복, 그리고 진리를 아는 지식은 깊게 연관되어 있다. 참으로 중요한 정보 아닌가? 아래의 말씀이 이 사실을 확실하게 말해주고 있다.

> 그러므로 내가 첫째로 권하노니 모든 사람을 위하여 간구와 기도와 도고와 감사를 하되 임금들과 높은 지위에 있는 모든 사람을 위하여 하라 이는 우리가 모든 경건과 단정함으로 고요하고 평안한 생활을 하려 함이라 이것이 우리 구주 하나님 앞에 선하고 받으실 만한 것이니 하나님은 모든 사람이 구원을 받으며 진리를 아는 데에 이르기를 원하시느니라 딤전 2:1-4

바울은 우리의 순종이 경건함과 단정함으로 이어진다고 했다. 또한 권위자들에게 반역하는 대신 그들을 위해 기도한다면 고요하고 평안한 생활을 하게 될 것이라고 말했다. 베드로의 논지도 동일하다. "뭇 사람을 공경하며 형제를 사랑하며 하나님을 두려워하며 왕을 존대하라"(벧전 2:17).

순종은 훌륭한 병사가 되는 지름길이며 매일의 영적 전쟁에서 승리할 수 있는 비결이기도 하다. 반역하는 군인으로 이루어진 군대를 상상할 수 있겠는가? 거기에는 무질서와 사망, 그리고 파멸만이 우글댈 뿐이다. 모든 사람이 패배자요, 승자는 하나도 없으리라!

제대로 활약하는 군대와 승리하는 군대를 이루기 위해선 올바른 명령체계와 훈육이 있어야만 한다. 전쟁터에서는(물리적인 전쟁터이든 영적인 전쟁터이든) 즉각적인 순종이 사람의 생사를 결정한다. 당신이 어떻게 반응하느냐에 따라 당신의 삶은 물론 주변 사람들의 삶도 달라질 것이다. 하나님에 대한 신뢰의 깊이도 달라질 것이다.

중요 개념: 지휘계통은 그룹(체제)안에 있는 모든 사람의 복지를 위해 필요하다.

모든 것을 품위 있게 하고 질서 있게 하라 고전 14:40

# 더 깊은 연구를 위한
## 성경구절(추가)

막 10:42-45 예수께서 불러다가 이르시되 이방인의 집권자들이 그들을 임의로 주관하고 그 고관들이 그들에게 권세를 부리는 줄을 너희가 알거니와 너희 중에는 그렇지 않을지니 너희 중에 누구든지 크고자 하는 자는 너희를 섬기는 자가 되고 너희 중에 누구든지 으뜸이 되고자 하는 자는 모든 사람의 종이 되어야 하리라 인자가 온 것은 섬김을 받으려 함이 아니라 도리어 섬기려 하고 자기 목숨을 많은 사람의 대속물로 주려 함이니라

민 27:18-20 여호와께서 모세에게 이르시되 눈의 아들 여호수아는 그 안에 영이 머무는 자니 너는 데려다가 그에게 안수하고 그를 제사장 엘르아살과 온 회중 앞에 세우고 그들의 목전에서 그에게 위탁하여 네 존귀를 그에게 돌려 이스라엘 자손의 온 회중을 그에게 복종하게 하라

창 39:4 요셉이 그의 주인에게 은혜를 입어 섬기매 그가 요셉을 가정 총무로 삼고 자기의 소유를 다 그의 손에 위탁하니

요 12:49-50 내가 내 자의로 말한 것이 아니요 나를 보내신 아버지께서 내가 말할 것과 이를 것을 친히 명령하여 주셨으니 나는 그의 명령이 영생인 줄 아노라 그러므로 내가 이르는 것은 내 아버지께서 내게 말씀하신 그대로니라 하시니라

약 4:7 그런즉 너희는 하나님께 복종할지어다 마귀를 대적하라 그리하면 너희를 피하리라

# A Warrior's Guide To
# THE SEVEN SPIRITS OF GO

8과

# 부활의 능력으로 살아가기

*Walking in Resurrection Power*

A Warrior's Guide To

# THE SEVEN SPIRITS OF GOD

## PART 2: ADVANCED INDIVIDUAL TRAINING

# 8과

## 부활의 능력으로 살아가기

⋮

이 과를 시작하기 전, 예수님의 부활 사건이 기록된 성경 말씀을 찾아 읽어볼 것을 권한다. 큰 소리로 읽으라. 왜냐하면 믿음은 하나님의 말씀을 들을 때 생겨나기 때문이다(롬 10:17 참조). 사복음서 중 하나의 기록을 살펴보자.

안식 후 첫날 새벽에 이 여자들이 그 준비한 향품을 가지고 무덤에 가서 돌이 무덤에서 굴려 옮겨진 것을 보고 들어가니 주 예수의 시체가 보이지 아니하더라 이로 인하여 근심할 때에 문득 찬란한 옷을 입은 두 사람이 곁에 섰는지라 여자들이 두려워 얼굴을 땅에 대니 두 사람이 이르되 어찌하여 살아 있는 자를 죽은 자 가운데서 찾느냐 여기 계시지 않고 살아나셨느니라 갈릴리에 계실 때에 너희에게 어떻게 말씀하셨는지를 기억하라 이르시기를 인자가 죄인의 손에 넘겨져 십자가에 못 박히고 제삼일에 다시 살아나야 하리라 하셨느니라 한

대 그들이 예수의 말씀을 기억하고 눅 24:1-8

본문에서 내가 정말 관심 있게 읽은 부분은 마지막 문장 "그들이 예수의 말씀을 기억하고"이다. 이 말씀을 읽으면서 나는 예수님의 말씀을 까마득하게 잊고 있다가 기억해내는 사람이 성경에 얼마나 많이 등장하는지 생각해보았다. 베드로가 사람들의 추궁을 받고 세 번째로 예수님과의 관계를 부인했을 때였다. 그리고 닭이 울었다. 그제야 그는 예수님의 말씀을 떠올렸다. 왜 첫 번째 혹은 두 번째로 추궁을 당했을 때 기억하지 못했을까? 엠마오 도상의 제자들을 생각해보라. 그들은 부활하신 주님을 만났지만 알아보지는 못했다. 그와 함께 떡을 뗄 때에야 비로소 "내가 부활하리라" 하셨던 주님의 말씀을 기억해냈다. 왜 예수님의 말씀을 기억하는 것이 이토록 어려운가? 세 번씩이나 예수님을 부인했던 베드로처럼 어리석은 실수를 저지르고 나서야 예수님의 말씀이 기억나는 이유는 무엇인가?

이 세상엔 너무 중요하기 때문에 단 한 순간도 잊어서는 안 될 것이 있다. 주님의 말씀이 그것이다. 언제든 원수가 공격해올 때, 이를 물리치기 위해 우리는 무기를 준비해야 하는데, 예수님의 말씀이 바로 무기이다. 우리는 우리의 마음에 예수님의 말씀을 각인해야 한다. 성경에는 단 몇 초라도 깜빡해선 안 될 만큼 중요한 말씀들이 기록되어 있다. 이러한 말씀들은 꾸준히 큰 소리를 내어 읽어야 한다. 잊지 않기 위해 또 기억을 새롭게 하기 위해 날마다 말씀을 되새겨야 한다. 강력한 말씀들을 종이에 적어 목록을 만들고 날마다 암송하기 바란다. 이렇게 함으로써 당신은 성경의 중요한 진리를 마음에 새기게 된다. 원수의 다음 공격 날짜와 시간을 알 수 없기 때문에 항상 이렇게 준비해야만 할 것이다.

'무교절, 첫 열매 기념주일'(혹은 초실절) 예배를 준비하는 동안 하나님께서는 내게 말씀을 기억해야 할 중요성에 대해 일러주셨다(유대력으로 정월 14일은 유월절이다. 그 다음 날 곧 정월 15일부터 시작되는 7일간을 무교절로 지킨다. 무교절 중 안식일이 당도하면 그 다음날 아침 제사장은 백성들로부터 받은 곡물의 첫 이삭 단을 하나님 앞에 흔들어(요제) 드렸다. 이날을 초실절이라고 부른다-역자 주). 하나님께서는 이스라엘 백성이 언제 하나님 앞에 나와야 하는지를 말씀해주셨는데 그 절기들 중 하나가 무교절이다. 예수님은 무교절의 안식일 후 첫날 아침, 곧 초실절에 부활하셨다. 결국 이스라엘 백성은 수천 년 동안 이 절기를 지키면서 자신도 모르게 예수님의 부활을 준비해온 것이다(예수님은 유월절에 죽으셨다. 그리고 초실절 아침에 부활하셨다. 예수님이 부활하신 그 아침에 제사장들은 곡식의 첫 열매를 하나님께 흔들어 바쳤을 것이다-역자 주). 그토록 오랫동안 절기를 지키며 주님의 부활을 리허설해 왔건만 정작 부활사건이 일어났을 때, 사람들은 이 사실을 깨닫지 못했다. 어느 정도 시간이 지난 후에야 하나님의 말씀을 기억하고 이 사실을 깨달았다.

하나님께서는 매년 일곱 번씩 자신을 만나러 나오라고 이스라엘 백성들에게 명령하셨다(하나님께서 모세에게 이러한 지침을 주셨다는 사실을 아는 사람이 몇이나 될지 궁금하다). 하나님은 모든 세대가 이것을 지켜야 한다고 말씀하셨다. 이러한 제도와 절기를 만드셨던 처음 순간부터 하나님께서는 이방인들도 자신 앞에 나올 것을 명령하셨다. 그러므로 이스라엘 사람들이 지금껏 이러한 절기를 지키며 하나님과의 만남을 이어왔듯이, 이방인들(우리를 포함하여) 역시 하나님과의 만남을 귀하게 여기며 존중해야 할 것이다. 이방인들도 하나님과의 만남을 귀하게 여겨야 한다는 강령은 스가랴 선지자의 입을 통해 더욱 확실해진다. 하나님께서 스가랴 선지자에게 다음의 말씀을 외치도록 명령하셨다.

예루살렘을 치러 왔던 이방 나라들 중에 남은 자가 해마다 올라와서 그 왕 만군의 여호와께 경배하며 초막절을 지킬 것이라 땅에 있는 족

속들 중에 그 왕 만군의 여호와께 경배하러 예루살렘에 올라오지 아니하는 자들에게는 비를 내리지 아니하실 것인즉 슥 14:16-17

매년 일곱 번씩 하나님 앞에 나오라는 명령은 성전시대에 이르러 3회로 통합, 조정되었다. 봄에 1회, 여름에 1회, 가을에 1회 성전을 방문하는 것으로 매년의 절기 명령을 완수할 수 있었던 것이다. 원래 봄에는 3회의 기념일을 지켜야 했다. 하지만 성전시대엔 이 3회의 기념일이 8일간의 절기 안에 포함되었다. 이때는 보리를 거두기 시작하는 때로서 백성들은 유월절과 무교절과 초실절을 지켜야 했다. 무교절 기간 중 당도한 안식일 다음 날엔 보리의 첫 이삭을 거두어 하나님께 바쳤다. 그래서 초실절이다.

이후 초실절로부터 일곱 안식일을 세어(즉 50일 이후) 보리 추수의 완성을 기념하고 밀의 첫 열매를 드리는 절기를 지키는데 이를 맥추절, 칠칠절 혹은 오순절(50일이라는 뜻)이라고 부른다. 이때 백성들은 추수한 보리 열매를 하나님 앞에 드린다. 이 절기는 하나님께서 약속하신 성령의 도래를 기다리며 준비하는 리허설이었다. 예수님께서 승천하실 때 그의 제자들에게 '아버지의 약속하신 것'을 기다리라고 명령하셨음을 기억하라. 요엘 선지자를 통해 하나님께서는 모든 육체 위에 성령을 부어주시겠다고 말씀하셨다. 그리고 이 말씀은 성령이 불의 혀같이 임한 오순절 사건 이후로 성취되기 '시작' 했다. 지금도 새로운 세대가 일어나 하나님의 약속대로 성령을 경험하고 있다. 하지만 성령은 '모든' 육체 위에 부어지리라 예언되었음을 기억하라.

마지막으로 가을에 3회의 기념일(나팔절, 대속죄일, 초막절)이 배정되었는데 모두 짧은 기간의 명절이며 1회 성전 방문으로 절기의 명령을 준수할 수 있었다. 이때는 포도와 감람 열매의 마지막 수확 시기로서, 장차 도래할 하나님 나라의 새 포도주, 새 감람유의 약속을 상징해주는 명절이기도 하다. 이 절기는 예수님의 재림을 준비하는 리허설이다.

수세기 동안의 리허설이 있었지만, 종교지도자들과 랍비들은 첫 열매(초실, 예수님의 부활) 약속의 성취를 이해하지 못했다. 인류 역사상 가장 중요한 날을 놓치고 만 것이다. 그날, 예수님은 죽음에서 부활하여, 부활의 첫 열매가 되셨다. 영생을 상속받은 모든 성도들의 부활을 예표하신 것이다. 주님의 부활 사건은 무교절 안식 후 첫날, 첫 열매를 드리던 초실절 아침에 일어났다. 하나님의 타이밍은 언제나 완벽하다.

이미 예수님은 자신의 죽음과 부활에 대해 수차례 언급하셨으나 부활하셨던 당일, 최측근이었던 제자들마저 그분의 말씀을 기억하지 못했다. 그렇다고 그들을 비난할 수는 없다. 제자들과 마찬가지로 우리 역시 주님의 말씀을 놓칠 수 있기 때문이다. 그러므로 우리는 주님의 말씀을 기억하고, 주께서 행하실 일을 준비해야 한다. 하나님께서 절기를 제정하신 이유는 '기억' 하도록 하시기 위해서이다. 때때로 우리는 '기억하지 못하기' 때문에 원수의 수많은 공격을 받기도 한다. 물론 모든 아픔을 겪은 후, 하나님의 말씀을 기억할 수만 있다면 그것으로도 천만다행일 것이다. 하지만 아픔을 겪기 전에 하나님의 말씀을 기억하는 편이 훨씬 낫지 않은가? 그러므로 지금 준비해야 한다. 장차 일어날 일을 대비하기 바란다.

## 첫 열매이신 예수님

그러나 이제 그리스도께서 죽은 자 가운데서 다시 살아나사 잠자는 자들의 첫 열매가 되셨도다 사망이 한 사람으로 말미암았으니 죽은 자의 부활도 한 사람으로 말미암는도다 아담 안에서 모든 사람이 죽은 것 같이 그리스도 안에서 모든 사람이 삶을 얻으리라 그러나 각각

> 자기 차례대로 되리니 먼저는 첫 열매인 그리스도요 다음에는 그가 강림하실 때에 그리스도에게 속한 자요 고전 15:20-23

나는 예수님의 부활을 축하하는 날을 '첫 열매 기념 주일'(초실절)로 부르는 것을 좋아한다. 무교절 중에 당도하는 초실절은 예수님의 부활을 '기대'하는 리허설이었다. 어쩌면 부활절을 첫 열매 기념 주일로 부르는 것이 어색할 수도 있다. 이미 예수님께서 부활하셨기 때문에 더 이상은 '장차 일어날 일'을 기대하는 절기는 아니기 때문이다. 그러나 하나님께서 우리를 위해 행하신 일을 '기억'하는 날로 생각해볼 수 있다. 그런 의미에서 '첫 열매 기념 주일'이라 해도 큰 탈은 없을 것이다. 예수님께서도 유월절 만찬을 '메시아의 살과 피에 대한 리허설(기대)'로부터 '기념(기억)'의 의미로 바꾸시지 않았는가? 예수님께서는 떡을 떼시고 '구원의 잔'을 나누시면서 "이를 행하여 나를 기념(기억)하라"(눅 22:19)라고 말씀하셨다.

내가 '부활절' 대신 '첫 열매 기념 주일'이라는 명칭을 사용하고자 하는 이유가 있다. 영어로는 부활절을 '이스터'(Easter)라고 하는데 이 단어는 고어 '이스트레'(Eastre)에 기원을 둔다. 그런데 이스트레는 이교도들이 믿던 봄의 신 '이스트레'를 기념하는 한 달여 간의 축제를 지칭하는 말이다(이스트레는 가나안의 여신인 '이쉬타르'(아스다롯: 바알의 부인)의 유럽식 표기법이다-역자 주). 이 축제기간은 풍요를 상징하는 온갖 제의로 가득했다. 사람들은 축제를 열면 봄의 여신이자 풍요의 여신이었던 이스트레로부터 은총을 얻을 수 있으리라 기대했다. 절기를 지키면 자녀, 가축, 농산물들이 건강하게 태어나고 잘 자라나리라고 믿었던 것이다. 토끼나 병아리, 달걀 등은 모두 이스트레 축제에 사용되었던 풍요의 상징이다. 그들의 상징성이 절기와 잘 맞았다(유럽이나 북미지역에서는 부활절에 삶은 달걀을 숨겨 놓고 아이들에게 찾도록 하는 에그 헌트(egg hunt) 놀이를 한다. 또한 이스터 버니(Easter bunny)가 달걀을 가져다준다는 전설에 따라, 토끼 의상을 입은 어른들이 교회 앞에서 아이들에게 삶은 달걀을 나눠주곤 한다-역자 주). 이 이교도의 축제 기간은 초대 기독교인들이 예수님의 부활을 기념하던 날과 비슷한 시기였다. 결국 오랜 시간에 걸쳐 두 문화가 융합되면서 이스트레 축제는 로마 가톨릭(당시의 기독교) 안으로 스며들었다. 물론 지금은 예수님의 부활에만 초점이 맞춰져 있는데, 매년 부활절마다 개신교 목사들은 '이스터'(Easter) 명칭의 유래를 궁금해하는 성도들에게 이 모든 사실을 이야기해주느라 곤욕을 치른다. 개인적으로는 부활절에 '이스터'(Easter)라는 명칭을 붙이고 그 유래를 설명하기보다 초실절에 대해 설명하고 이스라엘 백성이 하나님께 드렸던 첫 열매와 예수님의 부활 사건이 깊이 연관되어 있음을 설명해주는 편이 더 낫다고 생각한다. 예수님께서 부활하신 날을 '이스터'라고 하는 대신 '첫 열매 기념주일'로 부른다면 설명하기도 쉽고 또 정통성도 인정받을 수 있지 않겠는가? 실제로 예수님은 첫 열매를 드리는 날에 부활하셨으니까 말이다(영어권에서 부활절을 '이스터'라고 부르게 된 것과 달리 감사하게도 한국 교회는 주님이 부활하신 날을 '부활절'로 부르며 기념하고 있다. 부활절이라는 명칭에는 이교 축제의 흔적이 없다-역자 주).

　예수님의 부활은 인류 역사상 그 전모의 기록이 가장 잘 보존된 사건 중 하나이다. 하지만 정치적 정당성을 신경 쓰느라 소심할 대로 소심해져 있고 게다가 성경에 대해 제대로 알지 못하는, 소위 '전문가'들은 예수님의 부활을 몇몇 광신도들의 헛된 믿음이라고 주장한다. 그러나 그들의 주장과 달리, 예수님의 부활은 결코 근거 없는 사건이 아니다. 물론 예수님의 부활을 진리라고 설명하는 사람들도 있으나 TV에 나오는 대부분의 학자들은 예수님의 부활을 인간이 만들어낸 허구라고 이야기한다. 정말 예수님의 부활이 허구인가? 오늘날 '무늬만 지식인'인 수많은 사람들의 마음에 거짓의 베일이 너무도 두껍게 드리워져 있다. 그래서 그들은 거짓을 진리라고, 또 진리를 거짓이라고 말한다.

사실 자체만으로 보자면, 예수님의 부활을 목격한 증인은 500명이 넘는다. 부활하신 후 약 40여 일간 예수님은 여러 사람과 만나셨고 또 적은 수의 무리들과 만나셨다. 그리고 500명 이상의 사람 앞에 나타나셨다. 목격자 중 상당수는 신약성경이 기록되는 동안에도 살아있었다. 그러나 그 기간 중 어떤 사람도 이들의 부활사건 기록을 반대하거나 제지하지 않았다. 예수님의 부활이 공공연한 사실이었기 때문이다. 당시 부활 사건은 너무도 잘 알려졌고 또 거짓 없이 기록되었기 때문에 예수님의 죽음을 선도했던 산헤드린 공의회조차 어찌할 도리가 없었다. 그들은 예수님의 제자들을 소환하여 이 사건에 대해 심문하긴 했으나 제자들의 증언을 크게 논박하지 못했다.

예수님의 죽음에 직접적으로 연루되었던 제사장들과 바리새인들도 더 이상 예수님을 부인할 수는 없었다. 그들 역시 예수님께서 부활하셨다는 사실을 알았기 때문이다. 사도행전 6장 7절의 기록이 이 사실을 잘 말해주고 있다. "하나님의 말씀이 점점 왕성하여 예루살렘에 있는 제자의 수가 더 심히 많아지고 허다한 제사장의 무리도 이 도에 복종하니라" (행 6:7). 바울이 예루살렘 교회의 리더들과 만나 이방인 성도들의 할례 문제를 놓고 논의했을 때, 그곳에 바리새인들의 무리도 있었다. 바리새인들이 그곳에 있었다는 것은 그들도 예수님을 믿었다는 사실 아닌가?(행 15:5). 이처럼 확실한 증거에도 불구하고 그당시 많은 사람들은 여전히 예수님의 부활을 믿지 않기로 결심했다. 오늘날도 마찬가지이다. 당시나 지금이나 확실한 증거와 사실을 제시해도 사람들은 설득되지 않는다. 인류 역사상 그 어떤 역사사건의 기록보다 신약성경의 초기 기록본이 더 많이 존재한다. 부활사건을 담고 있는 각각의 초기 기록본은 서로 다른 시대, 서로 다른 장소에서 기록되었지만 놀랍게도 그들 사이에 실질적인 차이점이 발견되지 않는다. 서로 다른 기록본이 동일한 사건을 동일하게 증언하고 있는 것이다. 이처럼 명백한 증거들이 있기 때문에, 자칭 그리스도인이라면서 공공연한 사실을 부인하는 사람들은 비난받아 마땅하다.

이제 상급자 훈련의 마지막 단계를 시작할 것이다. 이 과에서 우리는 '부활 능력의 사용법'이라는 상급 기술을 살펴볼 것이다. 훈련에 앞서, 이 기술을 '상급 기술'이라고 명명한 것에 대해 사과하기 원한다. 나중에 다시 한 번 말하겠지만 사실 이것은 기초 기술이라고 불러야 마땅하다. 그래서 사과하는 것이다. 부활의 능력 훈련이 상급자 과정에 포함된 이유는 현재 우리가 부활의 능력으로부터 너무도 멀리 떨어져 있기 때문이다. 그래서 기초 기술이 상급 기술처럼 보이는 것이다. 어떤 이유인지는 모르겠으나, 오랜 시간이 지나면서 우리는 몇몇 기초적인 영적 기술들을 잃어버렸다. 그 영역에서 '무능아'가 된 것이다. 원래대로라면 우리의 신앙이 계속 진보하고 성숙해야 옳건만, 우리는 계속해서 퇴보했다. 초급 단계로 되돌아갔다. 간단한 원인부터 찾자면 믿음이 부족하고 말씀에 대한 이해가 없어서다. 현재 우리가 갖고 있는 믿음의 수준을 고려한다면(더 정확히 말해 믿음의 부재를 고려한다면) 나는 부활 능력의 사용법을 '상급 기술'이라고 부를 수 밖에 없다.

축구팀이 경기를 망치면 그 팀의 코칭 스테프는 어떻게 하는가? 고급 기술과 고도의 이해력을 요하는 작전을 짜고 선수들에게 그것을 가르치는가? 아니다! 다음 경기 때까지 기초 훈련만 계속 반복한다. 연습기간 내내 그동안 배웠던 모든 기초를 다지고 그 기술들이 몸에 익을 때까지 반복, 또 반복한다. 다음 경기에서 팬들은 팀 내 변화가 생겼음을 보고 기뻐한다. 그들의 팀이 고도로 발전된 플레이를 보여줬다고 믿는다. 하지만 실상, 이들은 기초만을 반복, 연습했을 뿐이다. 무언가 삐걱대기 시작하면 다시금 기초로 돌아가는 것이 옳다. 이러한 이유로 우리 역시 훈련의 마지막 과에서 가장 기초가 되는 성경의 가르침으로 되돌아가는 것이다. 기초로 돌아가 꾸준히 연습하다보면, 마지막 날, 우리는 이 기술이 상급 기술처럼 빛을 발하리라 기대할 수 있다.

사실 부활의 개념은 전혀 새로운 것이 아니다. 신약은 물론 구약의 오랜 기록에도 등장하기 때문이다. 아브라함의 시대로 가보자. 우리는 아브라함이 부활을 믿었다는 사실을 알 수 있다. "그가 하나님이 능히 이삭을 죽은 자 가운데서 다시 살리실 줄로 생각한지라 비유컨대 그를 죽은 자 가운데서 도로 받은 것이니라"(히 11:19). 아브라함은 하나님을 믿었다. 또한 말씀하신 것은 반드시 이루시는 분이란 것을 알고 있었다. 그런데 당시 아브라함이 받았던 하나님의 말씀은 서로 상충되었다. 먼저 하나님께서는 이삭을 통해 많은 민족을 이루시겠다고 약속하셨다. 그런데 갑자기 그를 희생번제로 바치라는 명령을 내리신 것이다. 이 상황에서 아브라함이 추론해낼 수 있었던 이성적 설명은 오직 '부활' 뿐이었다. 이삭을 번제로 바치면 하나님께서 그를 다시 살려주시리라는 것 말고는 이 상황을 달리 설명할 방도가 없었던 것이다. 이러한 그의 믿음이 하나님 앞에서 '의'로 여겨진 것은 두말할 나위가 없다.

성경에 기록된 부활 사건을 조사해 보는 것도 우리의 믿음을 키우는데 도움이 된다. 아래에 작성된 목록을 거듭해서 살펴보면 당신도 모르게 믿음이 견고해질 것이다. 기록된 모든 사건을 살펴보고 성령께서 거룩한 믿음을 선물로 주시길, 또한 믿음을 견고히 세워주시길 기도하라.

      엘리야: 사르밧 과부의 죽은 아들을 살림(왕상 17장)
      엘리사: 수넴 여인의 죽은 아들을 살림(왕하 4장)
           엘리사의 시신(뼈)에 닿은 어떤 죽은 남자의 몸이 되살아남 (왕하 13장)
      에스겔: 마른 뼈들의 골짜기에서, 뼈들이 살아나는 환상을 봄(겔 37장)
      예수님: 나인성 과부의 죽은 아들을 살리심(눅 7장)

죽은 나사로를 살리심(요 11장)

회당장 야이로의 죽은 딸을 살리심(막 5장)

자신이 죽음에서 부활하심(신약 전반)

예수님께서 죽으셨을 때, 무덤이 열려 많은 수의 죽은 성도들(경건한 사람들)이 다시 살아남(마 27장)

바울: 3층 창문에서 떨어진 소년 유두고를 살려냄(행 20장)

베드로: 다비다(도르가)를 살려냄(행 9장)

나는 새로운 시각으로 성경을 살피길 좋아한다. 때때로 우리는 똑같은 이야기를 반복해서 듣기 때문에 별로 주의를 기울이지 않고 성경말씀을 대충 훑는 경향이 있다. 그러나 예수님께서 죽으셨을 때 살아났던 성도들의 이야기를 살펴보라. 이 사건이 특이한 것은 물론 다소 흥미롭기까지 하다. 사건의 기록을 보면 이들은 예수님의 사망과 동시에 무덤에서 일어났다. 그러나 주님이 부활하실 때까지 그들은 무덤 밖으로 나오지 않았다. 예수님께서 부활하신 후에야 무덤에서 나와 마을로 들어갔다는데(마 27:53 참조), 그렇다면 그 3일 동안 이들은 무엇을 했을까? 갑자기 궁금해졌다.

만일 오늘날 이러한 일이 일어났다고 생각해보자. 당신이 사는 지역의 공동묘지에서 어느 날 갑자기 수많은 무덤이 열리고 성도들이 되살아났다. 그런데 이들은 3일 동안 묘지 밖으로 나오지 않았다. 그저 묘지 안을 어슬렁댈 뿐이다. 분명 누군가는 이들이 어슬렁대는 모습을 보고 사람들에게 이야기할 것이다. 그렇다면 이들의 모습을 보기 위해 여기저기서 사람들이 몰려오지 않겠는가? 묘지에 들어가려는 사람들의 긴 행렬을 볼 수 있지 않겠는가?

아마도 전국의 모든 뉴스방송사가 취재, 보도를 위해 그곳으로 몰려들 것이다. 하지만 기자들의 머리에는 이 사건의 원인에 대한 온갖 어리석은 이론만 무성할 뿐이다. 결국 그들은 완전히 그릇된 내용을 보도하며 제보자를 비난할 것이다. 결국 부활의 현장은 엄청난 광대놀음과 미디어 서커스의 현장으로 변질될 것이다.

예수님의 죽음과 부활 사이의 3일 동안 도대체 어떤 일이 있었을까? 3일 동안 그들의 근육과 힘줄과 피부조직이 서서히 회복되었을까? 오랫동안 움직이지 못했기 때문에 3일 동안 물리치료를 받고 가벼운 운동을 시작했을까? 굶주린 배를 채우기 위해 음식을 섭취했을까? 그렇다면 어떤 음식이었을까? 반쯤 썩어버린 옷을 수선하고 있었을까? 아니면 새 옷을 가봉하느라 시간을 보낸 것일까? 너무도 특이한 사건이기 때문에 우리의 상식선에서 이해하기가 힘들다. 죽은 사람이 살아난 것도 이상한데 3일 동안 묘지에서 어슬렁댔다니… 그저 신기할 따름이다.

그렇게 3일이 지났다. 예수님이 부활하셨다. 3일 동안 묘지를 어슬렁댔던 사람들이 마을로 들어갔다. 과연 어떤 일이 일어났을까? 그들이 다시 살아나 움직이는 것을 본 주민들의 반응은 어떠했겠는가? 누군가는 이렇게 말했을 것이다. "저기 서 있는 분 보이세요? 모쉐(Moshe)씨에요. 분명 제가 저분의 장례식에 갔었거든요, 그로부터 10년이 훨씬 지났는데… 어떻게 이럴 수가 있죠?"

이제 이들의 증언이 가져올 효과를 생각해보자. 수년 전, 혹은 수십 년 전 죽었던 사람이 다시 살아나 예수님에 대해 이야기한다. 당신이라면 놀라지 않겠는가? 죽은 사람들이 살아나서 하나님과 천국, 예수님과 부활에 대해 이야기한다면 당신의 믿음에 큰 변화가 생기지 않겠는가?

그날 이후 이 사람들에겐 어떤 일이 일어났을까? 그들은 다시 죽었을까? 부활하자마자 곧바로 죽었을까? 스스로 무덤으로 기어들어가 자신의 몸에 흙을 얹었을까? 혹은 예수님의 부활을 전하며 몇 년간 더 살았을까? 나는 그들이 몇 년간 더 살면서 예수님을 증거하고 수많은 사람들을 주님께로 인도했으리라 생각한다. 베드로가 예수님의 부활을 이야기했을 때 산헤드린 공의회가 침묵했던 것은 당연하다. 왜냐하면 공의회 의원들 중에도 죽었다가 살아난 사람들을 만난 이들이 있었을 것이기 때문이다. 혹시 당신은 공의회 의원들이 이들 부활한 사람들의 증언을 막을 수 있었으리라 생각하는가? 나는 그렇게 생각하지 않는다.

부활의 능력을 이해하는데 어려움을 겪는 이유는 성경의 증거가 부족하기 때문이 아니다. 그렇다면 문제는 무엇인가? 성경이 문제가 아니라면 무엇이 문제인가? 당연히 우리의 믿음이 문제이다. 더 정확히 말하면 성경을 이해하지 못하고, 믿음이 부족한 것이 문제이다. 어른에게 부활의 사실을 증명하기보다 아이들에게 가르쳐 믿게 하는 것이 훨씬 쉽다. 신학자보다 제삼 세계 국가의 사람들에게 예수님의 부활을 전하는 것이 훨씬 더 쉽다. 신학자들에게 경건의 모양은 있으나 그들 안에 복음의 능력을 부인하는 종교의 영이 가득하기 때문이다.

이에 대해 예수님께서 하신 말씀을 들어보자. 물론 예수님은 구도자 중심의 사역을 펼치신 것도 아니고 정치적 정당성을 신경 쓰신 것도 아니었다. 현대인들의 입맛에는 맞지 않을지 모르지만 나는 극도로 조심하는 사람, 포괄주의나 정치적 정당성을 주창하는 사람들보다는 예수님의 말씀을 듣기로 선택하겠다. 당신은 어떤가? 아래에 기록된 주님의 말씀을 들어보라. 그전에, 이 말씀은 소위 율법에 능한 전문가들과 종교 지도자들에게 하신 말씀임을 기억하기 바란다.

> 예수께서 대답하여 이르시되 너희가 성경도, 하나님의 능력도 알지 못하는 고로 오해하였도다 부활 때에는 장가도 아니 가고 시집도 아니 가고 하늘에 있는 천사들과 같으니라 죽은 자의 부활을 논할진대 하나님이 너희에게 말씀하신 바 나는 아브라함의 하나님이요 이삭의 하나님이요 야곱의 하나님이로라 하신 것을 읽어 보지 못하였느냐 하나님은 죽은 자의 하나님이 아니요 살아 있는 자의 하나님이시니

라 하시니 마 22:29-32

하나님은 아브라함과 이삭과 야곱의 하나님이시다. 예수님의 말씀에 의하면 그들은 지금도 살아있다! 하나님의 집에 거하고 있다.

하나님의 집에는 죽은 영웅의 사진을 걸어둘 만한 벽면이 없다. 하나님께서는 죽은 제자들의 영정을 트로피처럼 전시해두실 의향이 없으시다. 에스겔의 환상에서처럼 지금도 하나님께서는 죽은 영혼들을 일으키고 계신다. 모세는 죽은 지 1,500년이 지난 후에 변화산에 모습을 나타냈다. 그러므로 우리는 그가 지금도 살아 있다는 사실을 알 수 있다. 그곳에 엘리야도 모습을 나타내었다. 그 역시 살아 있다.

예수님은 부활에 대해 계속해서 말씀하셨다. 그리고 아버지 하나님께서 자신의 백성(성도)을 일으키사 영생을 주신다는 사실을 힘주어 강조하셨다. 그러나 자칭 그리스도인이라는 사람들조차 부활을 믿지 않는다. "부활?" 그들은 여전히 의아해할 뿐이다. 나는 부활절마다 예수님의 부활이 실제 사건이라는 설교를 전했다. 그런데 성도들 중 "왜 사실이 아닌 것을 계속 사실처럼 이야기하느냐?"며 내게 불만을 토로한 사람이 있었다. 예수님의 부활을 온전히 신뢰했던 제자들 역시 처음에는 이러한 의구심을 나타냈다. 그들 모두는 주님의 부활에 놀랐고 또 믿기 힘들어했다. 아마도 무덤에서 일어나 그 마을을 돌아다녔던 여러 성도들과의 만남 덕에 예수님의 부활을 믿게 된 것일지도 모른다.

### 예수: 부활의 수여자만은 아니다
### 예수님 자신이 부활이시다

예수께서 이르시되 "나는(I AM) 부활이요 생명이니 나를 믿는 자는 죽어도 살겠고 무릇 살아서 나를 믿는 자는 영원히 죽지 아니하리니 이것을 네가 믿느냐?" 요 11:25-26

예수님은 단지 우연찮게 죽었다가 살아나신 분이 아니다. 예수님께서 마르다에게 직접 말씀하셨다. "나는 부활이요 생명이니!" 예수님께서 "나는"(I AM)이라고 운을 띄워 말씀하신 것을 주목하라. 이것은 하나님께서 모세에게 자신의 이름을 알려주셨을 때와 같다(이름을 알려달라는 모세의 요청에 하나님께서는 "나는 스스로 있는 자"(I AM)이라고 가르쳐주셨다-역자 주). 그렇기 때문에 예수님께서 이 두 음절 "나는"을 말씀하셨을 때 얼마나 강력한 효과가 나타났겠는가? 예수님을 체포하려고 사람들이 몰려온 장면을 기억하는가? 무리를 보시며 예수님께서 "너희는 누구를 찾느냐?"라고 물으셨다. 그때 사람들이 대답했다. "대답하되 '나사렛 예수라' 하거늘 이르시되 '내가(I AM) 그니라' 하시니라. 그를 파는 유다도 그들과 함께 섰더라. 예수께서 그들에게 '내가(I AM) 그니라' 하실 때에 그들이 물러가서 땅에 엎드러지는지라"(요 18:5-6).

예수님께서 "I AM"이라고 말씀하셨을 때, 힘센 군병들, 우락부락한 성전지기들이 뒤로 물러가 땅에 엎드러졌다. 상상할 수 있는가? 이처럼 강력한 능력을 발하는 주님의 목소리 톤이 어떠했을는지 상상할 수 있겠는가? 뒤로 넘어가 나자빠진 군인은 한 두 명이 아니었다. 성경은 그렇게 넘어진 사람들의 무리를 '군대'라고 표현했다. 예수님께서 두 마디 "I AM"을 말씀하셨을 때 그들 모두가 넘어졌다. 생각해보라.

"I AM"이라는 진술은 그것을 말씀하신 분의 '영원성'을 나타낸다. 예수님은 이 세상이 창조되기 전부터 존재하셨다. 그리고 지금도 살아계신다. 앞으로 영원토록 살아계실 것이다. 그뿐만이 아니라 하나님께서는 예수님께 부활과 생명의 능력을 주셨다. 그 능력은 예수님 안에 있다. 아니, 예수님 자신이 바로 부활이요, 생명이시다. 예수님은 항상 부활이시고 생명이셨다. 앞으로도 계속 예수님은 부활이시고 생명이실 것이다.

예수님이 말씀하신다. "나를 믿는 사람은 죽어도 살 것이다." 그렇다. 이것은 좋은 소식이다. 이처럼 우리에겐 세상에 전해줄 만한 좋은 소식이 있다. 복음이 있는데, 왜 뒷걸음질하는가? 왜 복음을 선포하지 않는가? 예수님은 더 깊은 진리를 말씀하셨다. "살아서 나를 믿는 자는 영원히 죽지 아니하리라." 이후 주님이 뭐라고 말씀하셨는지 아는가? 굉장히 강력한 질문을 던지셨는데 이는 많은 사람들이 대답하기를 회피하는 질문이었다.

"이것을 네가 믿느냐?"

예수님께서 이 질문을 던지신다면 당신은 무엇이라 대답하겠는가?
한시적으로 살아 있는 우리 육체의 장막이 심장 박동을 멈추더라도, 우리(영혼)는 죽지 않는다. 오히려 하나님께서 계획해두신 더 큰 생명의 영역으로 들어가게 된다. 하지만 중요한 문제는 이것이다. "이것을 네가 믿느냐?" 당신 스스로에게 이 질문을 던져야 한다. 우리는 이것을 믿는가? 그렇다면 믿는 대로 행하는가? 어떤 사람은 믿느냐는 질문에 'Yes' 라고 대답하지만 믿는 대로 행하느냐는 질문에는 'No' 라고 답한다. 우리는 말과 행실을 일치시킬 필요가 있다.

예수님께서 죽으셨을 때 무덤이 열려 죽은 성도들이 부활했다. 다시 한 번 이 사실을 상기하기 바란다. 그 말씀을 한 번 더 읽어보자. 재미있는 사실 한 가지를 더 발견할 수 있을 것이다.

예수께서 다시 크게 소리 지르시고 영혼이 떠나시니라 이에 성소 휘장이 위로부터 아래까지 찢어져 둘이 되고 땅이 진동하며 바위가 터

지고 무덤들이 열리며 자던 성도의 몸이 많이 일어나되 예수의 부활 후에 그들이 무덤에서 나와서 거룩한 성에 들어가 많은 사람에게 보이니라 마 27:50-53

이 모든 일은 예수님께서 큰 소리를 지르신 후에 일어났다. 일반 상식으로 보면 혈액 손실과 질식으로 죽어가는 사람의 경우 큰 소리를 지르는 것은 불가능하다. 만일 예수님께서 죽기 전에 큰 소리를 지를 만큼 강하셨다면, 아마도 십자가에서 좀 더 연명하실 수 있었을 것이다. 하지만 예수님의 육체가 그만큼 강하지는 않았다. 그런데도 예수님은 큰 소리를 지르셨다. 어떻게 된 일인가?

이 사실은 예수님께서 이 사건 전체를 완전히 통제하고 계시다는 점을 말해주고 있다. 예수님은 폭력적인 거대 정부에 농락당했던, 불쌍한 희생자가 아니라는 것이다. 게다가 본문은 "영혼이 떠나시니라"(NIV역 본의 원문에는 "스스로 영혼을 포기하시니라"(…and gave up his spirit)로 기록되어 있다–역자 주)라고 말하고 있다. 영혼을 포기하는 것도 예수님의 결정에 달렸고 다시금 취하는 것도 예수님의 결정에 달려 있었다. 예수님이 모든 것을 지휘하셨다. 예수님께서 큰 소리를 지르셨을 때, 그 내용이 무엇일지 참으로 궁금하다. 지금까지 수많은 학자들이 사복음서를 기반으로 십자가상에서 예수님이 하신 말씀들을 추려냈다. 그리고 그것을 가상칠언이라고 이름하며 사람들에게 가르쳤다. 하지만 그들의 가르침을 들으며 "정말 일곱 마디뿐인가?"하고 의심했다. 여전히 의심스럽다. 그렇다면 큰 소리로 부르짖으신 말씀은 무엇인가? 그가 단순히 비명을 지르신 것일까? 지금껏 교회는 십자가에 달리신 예수님께서 일곱 마디의 말씀만 하셨다고 가르쳐왔다. 정말 그것이 사실일까?

예수님께서 큰 소리로 부르짖으셨을 때, 그 말씀은 지역 전체를 뒤흔들 만한 엄청난 연속반응을 일으켰다. 생각해보라. 땅이 흔들렸다. 바위가 쪼개지고 성전의 휘장이 위에서 아래로 찢어졌다. 무덤이 열리고 성도들이 부활했다. 그가 뭐라고 하셨든, 그의 말씀은 굉장히 강력했을 것이다. 예전에 어떤 설교자가 회중을 향해 "왜 예수님께서는 그냥 '나오라' 하시지 않고, '나사로야 나오라' 하셨는지 아십니까?"라고 묻는 것을 들은 적이 있다. 이후 그는 "만일 예수님께서 그냥 '나오라' 하셨다면 아마 이 세상 모든 시신이 무덤을 열고 나왔을 것이기 때문입니다"라고 말했다.

능력! 우리는 부활의 능력에 대해 이야기하고 있다. 죽은 지 4일 혹은 3일이나 된 시신을 되살리려면 얼마나 큰 능력이 필요하겠는가? 몇몇 사람이 내게 2001년 9월 11일 쌍둥이 빌딩에서 사망한 사람들에 대해 물었다. 그들 중 많은 수의 사람은 폭발 당시에 '증발' 해버렸다. 사람들이 알고 싶어 하는 것은 과연 하나님께서 그들도 일으키실 수 있느냐는 것이었다. 내 대답은 "Yes!"이다. 오래전에 죽었던 성도들도 일으키실 수 있었던 예수님이다. 예수님은 분명 911테러 사건의 희생자들도 되살리실 수 있으시다. 수백 년 동안 말라비틀어져 생기 없는 뼈다귀에 살을 붙이고 피부로 덮으시고 생명을 불어넣으셨던 주님이시다. 이러한 주님께서 분명 당신도 죽음에서 일으키시지 않겠는가? 아멘?

죽은 사람들을 다시 살려낸 능력이 무엇이든, 하나님께서는 그 능력을 우리에게 주셨다. 당신은 이 사실을 믿는가? 바울이 에베소 교회에 보낸 서신을 확인해보라.

> 너희 마음의 눈을 밝히사 그의 부르심의 소망이 무엇이며 성도 안에서 그 기업의 영광의 풍성함이 무엇이며 그의 힘의 위력으로 역사하심을 따라 믿는 우리에게 베푸신 능력의 지극히 크심이 어떠한 것을 너희로 알게 하시기를 구하노라 그의 능력이 그리스도 안에서 역사하사 죽은 자들 가운데서 다시 살리시고 하늘에서 자기의 오른편에

앉히사 엡 1:18-20

바울은 이러한 종류의 부활 능력이 성도들에게 주어진다고 이야기했다. 믿는 사람만이 이 능력을 받을 수 있다는 뜻이다. 믿는 사람은 이 능력을 받을 수 있다… 얼마나 놀라운가? 한 번 생각해보라!

바울은 우리의 영안이 열려서 우리가 이 사실을 깨닫게 되기를 기도하고 있다. 바울이 말한 것을 깨달으려면 먼저 영안이 열리는 창조적 기적이 일어나야 할 것이다(우리 대부분은 아직 제대로 보지 못하고 있다). 만일 우리의 눈이 밝아지면 다음의 놀라운 사실 세 가지를 깨닫게 될 것이다.

첫째, '부르심의 소망'을 깨닫게 된다. 대부분의 성도들은 자신을 향한 하나님의 부르심이 무엇인지 실마리조차 잡지 못한다. 영안이 열려야 그 부르심을 깨닫게 된다.

둘째, '성도가 받게 될 영광스런 유산'을 깨닫게 된다. 대부분의 성도들은 '이 세상'에서 죽고 '저 세상'으로 갈 때 비로소 이 유산을 받으리라 생각한다. 하지만 이것은 말이 안 된다. 나 아닌 다른 누군가가 죽어야 내가 유산을 물려받는 것 아닌가? 내가 죽으면 다른 사람이 유산을 받는 것 아닌가? 예수님께서 죽으셨을 때, 당신은 이미 유산을 받았다. 영안이 열려야만 이 사실을 깨닫게 된다.

셋째, 부르심의 소망과 우리가 받은 유산을 깨달은 결과 '우리에게 베푸신 능력의 지극히 크심'을 알게 된다. 그렇다면 이 능력은? 그렇다. 부활의 능력이다! 이 능력은 "죽은 자들 가운데서 그를(예수) 다시 살리신" 하나님의 능력이다. 놀랍지 않은가? 그러나 놀라움은 잠시 접어두라. 우리는 다시금 이 질문에 대답해야 한다.

"이것을 네가 믿느냐?"

당신이 진심으로 이 사실을 믿는다면, 당신은 변화의 중심에 서게 될 것이다. 당신이 살고 있는 환경 가운데 무언가가 변화될 것이다. 그러나 문제는 우리가 이 사실을 믿지 않는다는 것이다. "믿는다"라고 말은 하지만 그 믿음이 마음 깊은 곳까지 내려가지 않는다는 것이다. 만일 이 사실을 믿는 데에 어려움을 느낀다면, 주의해야 한다. 앞으로 더 많은 것이 기다리고 있기 때문이다. 아직은 시작에 불과하다. 만일 이 사실을 믿는 것이 큰 부담이라면, 그 다음으로 우리가 받아들여야 할 사실은 더 큰 어려움으로 다가올 것이다.

## 하나님은 당신의 마음을 움직이시고자 부활의 능력을 주셨다

나는 지금 일어날 수도, 일어나지 않을 수도 있는 미래의 일을 이야기하는 것이 아니다. 주님은 이미 부활의 능력을 행하셨다. 예수님께서 부활하셨을 때, 모든 죽은 소망과, 모든 죽은 꿈과, 잃어버린 모든 가능성과 당신 안에 있는 모든 죽은 것이 다시 살아났다.

스미스 위글스워스(Smith Wigglesworth)의 일화를 아는가? 다음은 그와 함께 전도 여행에 나섰던 한 사람의 증언이다. 어느 날, 그는 위글스워스의 상의에 꽃 코르사주를 꽂으려고 했다. 하지만 그의 상의에는 꽃을 꽂을만한 주머니가 없었다. 그때 위글스워스는 다음과 같이 말하며 자신의 옷에 꽃을 꽂지 말라고 했다. "그 꽃을 꺾은 순간 꽃은 이미 죽었습니다. 저는 제 옷에 죽음의 냄새가 배는 것이 싫습니다." 나는 이 점에서 위글스워스의 믿음에 동의한다. 나 역시 내 몸에 죽음의 냄새가 배는 것을 원하지 않는다. 나는 부활의 능력으로 살기 원한다. 내 안에 있는 하나님의 능력이 죽어 있는 모든 것을 되살리기를 원한다.

우리 주 예수 그리스도의 아버지 하나님을 찬송하리로다 그의 많으

> 신 긍휼대로 예수 그리스도를 죽은 자 가운데서 부활하게 하심으로 말미암아 우리를 거듭나게 하사 산 소망이 있게 하시며 벧전 1:3

부활은 우리에게 새 생명(거듭남)을 주는 능력일 뿐만 아니라 우리 삶의 소망을 재생시키는 능력이기도 하다. 부활을 기대하면서 우리는 '살아 있는 소망'을 얻게 된다. 우리 주 예수 그리스도의 아버지 하나님께 감사를 드리자! 아멘!

예수님의 부활이 없었다면 우리는 하나님의 약속 중 그 어떤 것도 누릴 수 없다. 바울의 이야기를 들어보자. "그러나 이제 그리스도께서 죽은 자 가운데서 다시 살아나사 잠자는 자들의 첫 열매가 되셨도다"(고전 15:19).

하나님께서 행하신 놀라운 역사는 우리가 상상한 그 모든 것을 능가한다. 부활은 당신이 받을 상급의 입구(시작)와 같다. 이 사실을 알고 있는가?

> 잔치를 베풀거든 차라리 가난한 자들과 몸 불편한 자들과 저는 자들과 맹인들을 청하라 그리하면 그들이 갚을 것이 없으므로 네게 복이 되리니 이는 의인들의 부활시에 네가 갚음을 받겠음이라 하시더라 눅 14:13-14

의인이 부활할 때 당신은 이 땅에서 행한 모든 일에 대한 대가를 받게 될 것이다. 이것이 주님의 약속이다. 그러므로 부활은 상급의 입구와 같다. 그날에 당신은 남에게 행한 대로, 그대로 보상 받게 될 것이다. 다른 사람과 나눈 것을 받게 될 것이다. 마지막에 하나님으로부터 보상받게 된다는 사실을 믿는다면 지금 수중에 있는 것을 사람들에게 나눠줄 수 있을 것이다. 하나님은 당신이 행한 모든 일을 기억하신다. 당신의 행위

중 그 어떤 것도 간과되지 않을 것이다.

하지만 여기서 끝이 아니다. 마지막 날 부활과 동시에 우리가 상급을 받는 것은 물론 주님의 모습으로 변화되는 놀라운 역사도 일어날 것이다. 그러므로 나는 외친다. 할렐루야!

이처럼 예수님의 부활은 우리가 어떻게 예수님의 형상으로 변화되는지를 보여주는 강력한 열쇠를 제공해준다. 이 사실을 이해할 수 있는 지각과 능력도 주님의 부활을 통해 우리에게 임한다.

> 내가 그리스도와 그 부활의 권능과 그 고난에 참여함을 알고자 하여 그의 죽으심을 본받아 어떻게 해서든지 죽은 자 가운데서 부활에 이르려 하노니 빌 3:10-11

위 말씀에 의하면 우리는 죽음을 통해 예수님을 닮게 된다. 그러나 이 자체로는 그리 좋은 소식이 아니다. 예수님의 형상대로 변화되는 것은 좋지만, 죽음을 경험해야 한다는 것이 꺼림칙하다. 하지만 '정말' 좋은 소식이 있다. 이 죽음이 다름 아닌 '그리스도의 죽음'이라는 것이다. 그러므로 당신은 예수님처럼 변화되기 위해 실제로 죽을 필요가 없다. 단지 그의 죽음에 참여하기만 하면 된다. 주님의 죽음에 동참으로써 주님을 닮을 수 있다는 뜻이다. 이제야 비로소 '죽음을 통한 예수님 닮기'가 정말 '좋은 소식'으로 다가오지 않는가? 다시 한 번 강조하지만 예수님을 닮기 위해 죽으려고 노력할 필요가 없다. 주님께서 이미 그 죽음을 완수하셨기 때문이다.

하지만 죽음이 전부는 아니다. 본문의 말씀은 한 단계 더 나아간다. 만일 당신이 죽음에 참여함으로 주님을 닮게 되었다면, 또한 반드시, 그의 부활에 참여하게 될 것이다. 죽음은 우리의 최종 목적지가 아니다. 사망의 독침은 더 이상 우리를 위협할 수 없다. 이미 그리스도와 함께 죽었는데, 죽음이 어떻게 당신을 위협할 수 있단 말인가? 주님의 죽음에 참여했듯 우리는 주님의 부활에도 동참한다. 그러나 여기서 다시 한 번, 그 근본적인 질문과 대면해야 한다. "당신은 이 사실을 믿는가?" 언제나 이 질문이 걸림돌이 된다. 그렇지 않은가?

예수님과 함께 죽고 예수님과 함께 부활했다는 사실을 믿지 않으면, 당신은 부활의 능력 안에서 살아갈 수 없다. 부활을 믿지 않으니 그리스도의 죽음에 동참하는 일도 의미가 없다. 믿지 않으면 이 사실은 당신에게 아무런 의미가 없다. "믿음은 바라는 것들의 실상이요, 보이지 않는 것들의 증거니"(히 11:1). 히브리서 11장 6절의 말씀도 기억하라. "믿음이 없이는 하나님을 기쁘시게 하지 못하나니 하나님께 나아가는 자는 반드시 그가 계신 것과 또한 그가 자기를 찾는 자들에게 상 주시는 이심을 믿어야 할지니라"(히 11:6). 믿음 없이는 하나님께서 당신을 위해 예비해 두신 것들을 받지 못한다. 당신은 부활을 믿는가? 다시 한 번 예수님의 질문과 대면하라. "이것을 네가 믿느냐?"

하나님의 말씀을 읽고 연구해보면 하나님께서 점점 더 좋은 약속을 주신다는 사실을 알게 될 것이다. 당신의 부활은 이미 일어났다. 그러므로 부활의 능력을 체험하기 위해 죽을 때까지 기다릴 필요가 없다. 당신은 이미 예수님의 부활에 동참하였다.

> 긍휼이 풍성하신 하나님이 우리를 사랑하신 그 큰 사랑을 인하여 허물로 죽은 우리를 그리스도와 함께 살리셨고 (너희는 은혜로 구원을 받은 것이라) 또 함께 일으키사 그리스도 예수 안에서 함께 하늘에 앉히시니 이는 그리스도 예수 안에서 우리에게 자비하심으로써 그 은혜의 지극히 풍성함을 오는 여러 세대에 나타내려 하심이라 엡 2:4-7

바울은 우리가 그리스도와 함께 다시 살아났다(부활)고 선포했다. 위

구절에서 '일으키사'에 해당하는 헬라 원어 동사는 과거시제로 쓰였다. 이미 일어난 사건이라는 뜻이다. 당신은 예수님과 함께 죽었고 다시 살아났다. 정말 좋은 소식 아닌가? 그런데 여기, 더 좋은 소식이 있다. 하나님께서 당신을 '그리스도와 함께 하늘에 앉히셨다'는 것이다. 이것 역시 과거형이다. 그러므로 지금 하늘에는 당신의 좌석이 있다. 정말 좋은 소식 아닌가? 하지만 좋아하기는 이르다. 다시 한 번, 주님의 질문에 대답해야 하기 때문이다. "이것을 네가 믿느냐?" 이 질문이 우리의 마음을 참 무겁게 만든다.

거듭 강조하지만 성경에는 아무 문제가 없다. 이 모든 약속의 말씀이 사실이고 또 예수 그리스도의 부활로 그 진정성이 입증되었다. 문제는 우리다. 여느 시대와 마찬가지로, 항상, 우리 자신이 문제이다. 당신에겐 예수 그리스도의 부활이 자신의 부활이라는 믿음, 그 확실한 믿음이 있는가? 하나님의 말씀에 기록된 대로, 하늘에 우리의 좌석이 예비되어 있음을 믿는가? 당신은 이 사실을 믿는가?

이 사실을 믿는다면, 하나님께서는 이미 당신을 예수님 곁에 앉히셨다. 당신이 앉을 의자가 예수님 옆 자리에 마련된 것이다. 이 말은 언제든 당신이 그리로 올라가 예수님 곁에 앉을 수 있다는 뜻이다. 이 땅에 발붙이고 살면서도 당신은 예수님 옆에 앉을 수 있다. 하늘의 모든 능력(은사)을 받아 이 땅에서 행할 수 있다는 뜻이다. 참으로 놀라운 사실 아닌가? 하지만 동일한 문제가 또 다시 우리의 마음을 어렵게 만든다.

"이것을 네가 믿느냐?"

이처럼 '믿는 일'(believing)이 어려운데 스스로를 '믿는 자'(believer)라고 소개하는 것은 참으로 이상한 일이다. 물론, 그중 믿음을 가진 사람도 더러 있겠지만 '아주 작은 믿음'인 경우가 대부분일 것이다. 그들은 조금밖에 믿지 않기 때문에 이 모든 약속 중 일부만이 자신의 것이라고 생각한다. 당신은 어떤가? 성경 말씀을 믿는가, 아니면 다른 누군가가 당신에게 가르쳐준 것들을 믿는가? 당신은 하나님의 말씀 위에 서는가, 아니면 사람이 만든 가르침 위에 서는가? 신약 성경은 장차 거짓 선지자들이 일어나 우리를 하나님의 능력으로부터 멀어지게 만들 것이라고 경고한다.

나는 이미 극한까지 밀어붙이기로 결심했다. 그러므로 마음을 준비하고 이 모든 메시지를 듣기 바란다. 이제 다음의 주제를 생각해보라.

## 하나님은 사역을 위해
## 부활의 능력을 주셨다

바로 이 부분에서 많은 사람들이 포기해버린다. 그들은 예수님께서 죽은 사람을 살리셨음을 믿는다. 또 몇몇 사도들 역시 죽은 사람을 살렸다는 사실을 믿는다. 하지만 정작 자신이 그렇게 할 수 있다는 사실은 믿지 않는다. 만일 당신도 이렇다면 예수님의 말씀을 믿지 않는 것이다. 왜냐하면 예수님께서 아래와 같이 말씀하셨기 때문이다.

> 병든 자를 고치며 죽은 자를 살리며 나병환자를 깨끗하게 하며 귀신을 쫓아내되 너희가 거저 받았으니 거저 주라 마 10:8

초대교회 때부터 성도들은 이 수준의 기름 부음을 이해하고 받아들이는데 어려움을 느꼈다. 예수님의 말씀을 생각해보라. 예수님은 "병든 자를 위해 기도하라"라고 말씀하지 않으셨다. "병든 자를 고치라"고 명령하셨다. "죽은 사람을 위해 기도하라"고 말씀하시지 않고 대신 "죽은 자를 살리라"고 명령하셨다. "나병 환자가 낫기를 기도하라"라고 말씀하지 않고 "그들을 깨끗이 하라"라고 말씀하셨다. 귀신들림 현상을 논리적으로 설명하며 "그것은 귀신들림 현상이 아니니 정신과 치료를 받으십시오"라고 말할 것을 명령하시지 않았다. 다만 "귀신을 내쫓으라"라고 명령하셨다. 주님의 마지막 말씀을 기억하라. "너희가 거저 받았으니 거저 주라!" 그렇다면 당신은 무엇을 받았는가?

당신은 치유, 깨끗함, 그리고 마귀로부터의 자유를 받았다. 또한 당신이 예수님의 부활에 참여할 때, 하나님께서는 당신을 죽은 사람들 가운데에서 일으켜주셨다. 이후 당신에게 부활의 능력을 부어주셔서 당신으로 하여금 그리스도의 명령에 순종하도록 하셨다. 이 모든 것을 거저 받았으니 거저 줘야 한다. 그러므로 지금 당장 밖으로 나가 죽은 자들을 일으키라! 하지만 그 끈질긴 질문이 뒤따르며 당신의 목덜미를 낚아챌 것이다. "이것을 네가 믿느냐?" 많은 성도들이 이 질문에 다음과 같이 대답할 것이다. "믿는 것 같기도 하고, 또 못 믿는 것 같기도 하네요…" 그렇다면 마태복음 5장 37절의 말씀을 기억하라. "오직 너희 말은 옳다 옳다 아니라 아니라 하라 이에서 지나는 것은 악으로부터 나느니라"(마 5:37).

아마도 우리가 받은 것에 문제가 있지 않은가 생각해본다. 어쩌면 우리는 마음을 열지 못하고 믿지 못해 하나님으로부터 어떠한 능력도 받지 못했는지도 모른다. 혹, "위로부터의 능력을 받기까지 기다리라"는 주님의 말씀을 붙들고 계속해서 기다리는 중인지도 모른다.

하지만 우리는 "능력을 받을 때까지 기다리라"는 주님의 명령을 마치 안전보호 그물인 것처럼 생각한다. "능력을 받지 못했으니 계속해서 기다리기만 하면 된다. 또 받은 능력이 없으니 능력을 나눠줄 의무도 없다." 그러나 제자들은 기다렸기 때문에 능력을 받은 것이 아니었다. 정해진 시간이 이르렀기 때문에 능력을 받은 것이다. 정해진 시간이 이르자 말씀대로 예언은 성취되었다. 주님의 말씀을 '믿은' 모든 사람에게 하나님의 약속이 임했던 것이다. 당신은 예수님의 말씀을 믿는가? 당신이 이미 알듯이, 그 모든 '기초적인 능력'(부활의 능력)의 약속은 이미 오순절 날 성취되었다. 그때로부터 지금까지, 그리고 앞으로도 계속, 성령께서는 예수님을 믿는 성도들 안에 임하시고 그들 위에 기름 부으실 것이다. 성령께서는 단 한 번도 멈추신 적이 없다. 그러므로 지금은 약속의 성취를 기다릴 때가 아니다. 이미 약속은 성취되지 않았는가? 마음을 열고 성령의 능력을 받으라! 하나님께서는 성령을 모든 육체 위에 부으시겠다고 약속하셨다. '모든 육체'에는 당신도 포함된다.

어떤 사람은 위 가르침의 정당성을 의심한다. 그것도 그럴 것이 그동안 받았던 가르침과 정 반대이기 때문이다. 어떤 신학자들은 이 말씀이 '필요에 의해' 나중에 첨가된(꾸며진) 말씀이라고 주장한다. 하지만 누가 언제 첨가했냐고 물으면 대답하지 못한다. 그저 이 말씀이 싫기 때문에 누군가에 의해 조작되었다고 말하는 것이다. 이런 류의 사고체계가 우리 믿음의 능력을 저해한다. 예수님의 말씀과 대면하는 순간, 이들은 말씀을 믿지 않고, 순종하지 않아도 될 길을 모색한다. 하지만 예수님의 말씀은 예배 중, 모임 중, 컨퍼런스 중 아무런 일도 일어나지 않는 '능력 없는 교회'의 핑계거리와 정 반대이다.

바울이 아그립바 왕에게 했던 말을 들어보라. "당신들은 하나님이 죽은 사람을 살리심을 어찌하여 못 믿을 것으로 여기나이까?"(행 26:8). 바울에 의하면 부활은 '표준'이지 '기적'이 아니다. '믿지 못할'(incredible)이라는 형용사를 생각해보라. 문자대로 해석하면 '신용(credibility)이 없다'는 뜻이다.

무의식적으로 우리 모두는 성경에 등장하는 하나님의 능력에 대해 의심하는 발언(죄악)을 서슴지 않았다. 흔히들 사람들은 "하나님의 능력은 놀랍다. 믿을 수 없을 정도이다, 인크레더블(incredible)하다"고 말한다. 하나님의 능력을 못 믿겠다는 뜻인가? 하지만 하나님의 능력은 '실제'이다. 놀랍고, 아름다운 능력이며, 믿을 수 있는, 크레더블(credible)한 능력이다. 그러므로 죽은 사람들이 다시 살아나는 일은 이상한 것도, 믿지 못할 일도 아니다. 부활은 '표준'이어야 한다. 하지만 여기, 또 다시 주님의 질문이 이어진다. "이것을 네가 믿느냐?" 예수님께서 이 질문을 던지셨을 때 의도하신 바는 무엇인가? "이 사실을 믿고 가서 죽은 자들을 살려내라!" 아니던가? 만일 당신이 이 말씀을 설명하기 위해 이 세상 사람들의 귀에 '논리적'으로 들릴 만한 해석을 찾는다면, 혹은 그런 의도로 말씀을 재해석한다면 당신의 마음은 예수님의 말씀을 믿지 않는 상태이다.

오늘날 누군가가 다시 살아났다는 소문이 돈다면 어떤 일이 일어나겠는가? 사람들은 이러한 발상 자체를 조롱할 것이다. 만일 당신이 그 소문의 주인공이라면? 제랄도 쇼에서 당신을 모욕하지 않겠는가? 제랄드와 함께 모든 제작진이 나타나 이 모든 사실을 조롱하고 비난하지 않겠는가? 당신은 '완전한 멍청이'로 내몰릴 것이다. 언론이 등장하여, 진실을 스캔들로 만드는 작업이야 말로 정말 믿지 못할 일 아닌가? 《제랄도》(Geraldo)-변호사이자 언론인 그리고 리포터였던 제랄드 리베라(Gerald Rivera)가 제작한 토크쇼. 그가 직접 쇼 호스트로 나와 사회적 논란을 일으킬만한 주제를 다루며 쇼 내내 풍자와 비난을 일삼았다. 1988년에는 백인 우월주의, 인종차별주의 등의 문제를 다루며 쇼를 진행하다가 게스트에게 맞아 코가 부러지는 일도 있었다. 이처럼 쇼가 다루는 내용이 선정적이고 자극적이기에 미국 시사 언론지 뉴스위크지는 해당 토크쇼를 빗대어 '쓰레기 TV'(Trash TV)라고 부르기도 했다. 이후 제랄드 리베라는 토크 쇼의 명칭을 《제랄드 리베라 쇼》로 바꾸고 쇼의 분위기도 바꾸어 진지한 내용을 다루었다-역자 주).

하나님을 믿는다면 그의 큰 능력을 믿어야 한다. 하나님의 능력이 위대하기 때문에 하나님을 믿는 믿음에는 반드시 큰 능력이 뒤따르게 되어 있다. 능력은 진리와도 연관된다. 하나님의 진리를 이야기할 때, 당신은 큰 능력을 발산하게 된다.

> 사도들이 큰 권능으로 주 예수의 부활을 증언하니 무리가 큰 은혜를 받아 행 4:33

이 말씀은 제자들이 모여 복음증거의 담대함을 위해 기도하는 장면 중 등장한다. 당시 그들은 예수의 부활을 선포하지 말 것을 경고 받은 후 감옥에서 풀려났다. 이러한 상황에서 제자들은 한 자리에 모여 하나님께 담대함을 요청하며 기도했다. 그래야 사람에 대한 두려움을 이기고 하나님을 온전히 신뢰할 수 있었기 때문이다. 이 기도의 결과 어떤 일이 일어났는지 자세히 살펴보라. 그들은 다시 한 번 성령의 강력한 임재를 받았다. 집터가 흔들리기 시작했다. 그들 모두는 더 큰 능력을 받게 되었다.

이 말씀을 읽었으니 이제 당신이 큰 능력으로 예수님의 부활을 전파할 때 어떤 일이 벌어질지 이해할 수 있을 것이다. 이러한 복음 증거의 결과는 무엇인가? 말씀에 의하면 무리 위에 큰 은혜가 임했다. 당신은 이 사실을 믿는가? 예수님의 부활과 관련한 제반 사실들은 모두 이 질문과 연관된다. "이것을 네가 믿느냐?" 당신은 이 사실을 믿든지, 못 믿든지 둘 중 하나이다. 만일 못 믿는다면 그리스도를 위한 당신의 삶이 '능력 없음'으로 점철될 것을 예상하라.

오래전 TV 연속극이었던 《미션 임파서블》은 매 회, 팀 리더가 다음의 제안을 받는 장면으로 시작했다. "당신이 수락해야 할 임무는…" 때때로 나는 이런 생각을 해본다. "만일 하나님께서 다음 세대를 부르셔서 '너희는 내 능력을 효과적으로 사용하라'라고 명령하신다면? 우리 가운데 이 명령에 순종할만한 충성된 제자를 찾고자 하신다면?" 수많은 사람들이 "저는 성경을 믿고, 예수님의 말씀을 믿습니다"라고 말한다. 나는 이러한 고백을 수없이 들어왔다. 하지만 죽은 사람을 일으키는 것에 대해 묻는다면? 그들은 핑계를 대기 시작한다. 적당한 논리적 설명을 찾거나 말을 더듬기 시작한다. 그 후에야 비로소 "글쎄요, 예수님이 부활하신 것은 믿지만 제 삶 가운데 그러한 일이 일어나리라고는 믿지 않습니다"라고 고백한다. 만일 진심으로 믿는다고 고백할 수 있다면 당신은 이 능력을 행할 준비가 된 것이다.

## 지금은 한계(과거의 표준)를 벗고 새로운 표준을 세울 때이다

이 과의 초반부에서 부활 능력의 사용법이 상급 기술이 아니라 기초 기술이라고 말했던 것을 기억하는가? 이제 왜 그런지를 설명하겠다. 부활의 능력은 본래 기초적인 교리이다. 게다가 이 능력은 성도들이 마땅히 사용해야 할 기본 능력이었다. 하지만 우리는 오랫동안 이 능력을 사용하지 않았고 또 믿지 않았다. 그래서 이 능력을 잃어버렸다. 아래, 히브리서의 기자가 말한 내용을 유심히 들여다보라.

> 그러므로 우리가 그리스도의 도의 초보를 버리고 죽은 행실을 회개함과 하나님께 대한 신앙과 세례들과 안수와 죽은 자의 부활과 영원한 심판에 관한 교훈의 터를 다시 닦지 말고 완전한 데로 나아갈지니라 히 6:1-2

히브리서의 기자는 죽은 행실의 회개, 하나님에 대한 신앙, 세례, 안수, 부활과 영원한 심판을 합쳐서 '초보'라고 말했다. 그리고 이 교훈에 머물지 말고(다시 닦지 말고) 더욱 성숙한 신앙으로 나아갈 것을 명령하고 있다. 생각해보라! 부활이 기초라니! 이 말씀에 의하면 지금까지 우리는 초보 교훈을 닦고 있었던 것이다. 원래, 부활의 능력은 상급 기술에 포함되어선 안 되었다. 그리스도인의 기본이자, 표준이어야 했다. 매일같이 일어나는 일이어야 했던 것이다. 하지만 우리는 그동안 거짓 가르침을 받아들여 왔기 때문에 이 능력을 잃어버렸다. 그래서 부활 능력의 사용법을 상급 기술에 포함시킬 수밖에 없었던 것이다.

예수님의 모든 명령에 일일이 핑계를 댈 수도 있다. 주님의 명령은 우리보다 뛰어난 사람들에게나 해당되는 것이라고 주장할 수도 있다. 오직 열두 제자만을 위한 명령이라고도 말할 수 있다.

그러나 이것은 성경의 내용과 다르다. 성경은 부활의 능력이 모든 성도들의 기초라고 말한다. 신약 성경이 말하는 '성도의 믿음' 그 수준에 훨씬 밑도는 우리 믿음의 관점에서 볼 때, 부활을 기초라고 여기라는 성경 말씀은 과거 그 어느 때보다 훨씬 더 높은 곳에 한계를 두라는 명령과 같다.

부담되는가? 하지만 이를 행하는 것은 우리가 아니다. 교회가 행하는 것도 아니다. 한계를 높이 설정해주시는 분은 예수님이다. 그토록 높은 곳에 한계를 설정해주신 분은 하나님 아버지이시다. 성령께서는 계속해서 위로 올라갈 것을 명령하시고 우리에게 용기를 북돋워주신다. 하지만 어떤 이유에서인지 우리는 믿음의 지하실까지 내려와 있는 상태이다. 그러므로 어떻게 해서든 일단 1층(기본)까지 올라가자. 지금(그리스도께서 재림하시기 전)이야말로 위로 올라가기 시작할 때이다. 주님의 명령에 따라 제자가 될 때이다. 지금은 '믿음'이라는 위치에까지 올라설 때이다.

이 모든 것을 고려해보았으니 이제, 다시금 예수님의 질문을 떠올려야 한다. "이것을 네가 믿느냐?" 그리고 여기 믿음과 관련된 또 다른 큰 질문이 있다. "당신이 예수님을 믿는다면 이제 그분의 명령에 순종할 것인가?" 지금 우리는 상급자 훈련 중이다.

하지만 이 질문을 두고 고민한다면 당신은 다시금 기초 훈련장으로 내려가야 한다. 어떻게 하겠는가? 물론 기초 훈련장으로 되돌아갈 필요는 없다. 하지만 이미 큰 경기에서 패배했으니 코치의 말을 듣는 편이 낫지 않겠는가? "자, 제군들은 들으라. 이제 우리는 기초 훈련을 다시 시작할 것이다. 기본기를 다져야만 상위 레벨의 플레이를 할 수 있지 않겠는가? 얼마 안 있으면 또 다시 큰 경기가 있을 것이다. 그때까지 큰 경기를 치를 준비가 완료될 수 있겠는가?"

하나님의 약속대로 살아갈 때 우리 앞에 온전히 드러날 하나님의 영광을 상상해보라. 예수님의 말씀을 믿기 시작할 때 우리가 하나님께 올려드릴 영광이 어떠할지 상상해보라. 예수님의 명령에 순종하기 시작할 때, 하나님께서 받으실 영광이 어떠할지 생각해보라. 우리 모두가 매일같이 온전한 헌신으로 순종할 때 하나님께서 취하실 영광의 크기를 상상해보라. 우리 각 사람이 병든 자를 고치고, 죽은 자를 살리며, 나병 환자를 깨끗케 하고 귀신을 쫓아낸다면, 이 세상은 교회로 돌아올 것이다. 온 세상이 예수님께로 나아갈 것이다. 그들 가운데 나타난 하나님의 능력에 무릎을 꿇고 하나님이 받으시기에 합당한 영광을 올려드릴 것이다.

이 새로운 표준에 집중하기 바란다. 주님의 부활 능력을 간구하며 마음을 열고 그 능력을 받아들이라. 결국 당신을 위해 하나님께서는 부활의 능력을 주실 것이다. 그러나 당신에게는 무엇보다 영적 부활이 필요하다. 영적으로 부활한 후에야 비로소 다른 사람이 그리스도와 함께 부활할 수 있도록 도울 수 있기 때문이다. 하나님께 영광을! 영원, 영원토록, 아멘!

당신이 부활의 능력을 간증할 때 얻게 될 기쁨을 상상해보라. 기쁨을 누리는 것, 바로 우리가 해야 할 일이다. 우리는 부활의 능력에 대해 이야기하고, 부활의 능력을 시행하며, 그 결과를 사람들에게 전해야 한다. 당신은 다른 사람에게 간증할 수 있을 만큼 이 사실을 믿고 있는가? 믿은 대로 살만큼 충분히 믿고 있는가?

지금은 상급 훈련과정으로 올라갈 때이다. 전군(全軍) 사령관이신 주님께 복종하기 시작할 때이다. 믿음의 삶을 시작하라. 믿음의 여정에 한계는 없다! 당신은 준비되었는가?

/ 요약 /

사도행전 2장에서 우리는 하나님의 가장 큰 약속 중 하나가 성취되는 것을 본다. 당시 부활하신 예수님께서는 제자들에게 '올바른 장소'에서, '올바른 마음'으로 연합하여, 하나님께서 부어주실 능력을 받으라고 명령하셨다.

> 사도와 함께 모이사 그들에게 분부하여 이르시되 예루살렘을 떠나지 말고 내게서 들은 바 아버지께서 약속하신 것을 기다리라 요한은 물로 세례를 베풀었으나 너희는 몇 날이 못 되어 성령으로 세례를 받으리라 하셨느니라 행 1:4-5

드디어 오순절이다. 하나님의 약속이 이뤄진다. 예수님께서는 3년 동안 몸소 제자들을 훈련하셨다. 그동안 제자들은 어려움도 겪고, 사람들로부터의 핍박도 감수해야 했다. 십자가에서 자신들의 리더를 상실하는 아픔도 겪어야 했다. 그러나 예수님께서 부활하신 후, 제자들은 오래 전 하나님께서 약속하신 성령을 받을 준비가 되어 있었다. 결국 주님과 함께했던 모든 훈련은 제자들로 하여금 올바른 시간에, 올바른 장소에, 올바른 마음으로 모이도록 하기 위함이었다. 수세기 동안 오순절(칠칠절)을 지켜왔던 유대인들은 이제 불과 같은 성령의 세례를 받을 준비가 되었다. 기다림은 끝났고 하나님의 예정된 시간이 도달했다.

> 오순절 날이 이미 이르매 그들이 다 같이 한 곳에 모였더니 홀연히 하늘로부터 급하고 강한 바람 같은 소리가 있어 그들이 앉은 온 집에 가득하며 마치 불의 혀처럼 갈라지는 것들이 그들에게 보여 각 사람 위에 하나씩 임하여 있더니 그들이 다 성령의 충만함을 받고 성령이 말하게 하심을 따라 다른 언어들로 말하기를 시작하니라 행 2:1-4

그날 길거리의 사람들이 어떤 반응을 보였을지 상상하기는 어렵다. 그동안 다락방에 모여 기도해왔던 120명의 성도들은 완전히 변화되었다. 이제 그들은 이전의 그 어떤 때보다 훨씬 더 예수님의 모습을 닮아 있다. 예수님 안에 있던 능력이 그들 위에 임한 것이다. 이들이 길거리로 나왔을 때, 거리의 사람들은 영계에 무언가 큰 변화가 생겼다는 사실을 직감했다. 길거리에 나와 있던 군중들의 반응을 살펴보자.

> 그 때에 경건한 유대인들이 천하 각국으로부터 와서 예루살렘에 머물러 있더니 이 소리가 나매 큰 무리가 모여 각각 자기의 방언으로 제자들이 말하는 것을 듣고 소동하여 다 놀라 신기하게 여겨 이르되 보라 이 말하는 사람들이 다 갈릴리 사람이 아니냐 우리가 우리 각 사람이 난 곳 방언으로 듣게 되는 것이 어찌 됨이냐 우리는 바대인과 메대인과 엘람인과 또 메소보다미아 유대와 갑바도기아 본도와 아시아 브루기아와 밤빌리아 애굽과 및 구레네에 가까운 리비야 여러 지방에 사는 사람들과 로마로부터 온 나그네 곧 유대인과 유대교에 들어온 사람들과 그레데인과 아라비아인들이라 우리가 다 우리의 각 언어로 하나님의 큰 일을 말함을 듣는도다 하고 다 놀라며 당황하여 서로 이르되 이 어찌 된 일이냐 하며 또 어떤 이들은 조롱하여 이르되 그들이 새 술에 취하였다 하더라 행 2:5-13

사도행전의 기자는 사람들이 '다 놀라 신기하게' 여겼다고 말했다. 사실 '놀라다' '신기해하다' 라는 표현은 그들의 반응을 제대로 말해주기에 조금 부족하다고 생각된다. 어쨌든 '놀랐다' 는 반응은 군중 가운데 이 사건을 이해하지 못하는 사람이 있었다는 뜻이다. 결국 놀라고 신기해하던 군중들은 도무지 이해할 수 없는 현상 앞에서 예수님의 제자들을 조롱하기 시작했다. 이것이 바로 우리가 성령의 은사로 활동할 때 주변 사람들로부터 받게 될 반응이다. 당시 사람들은 '능력 없는' 종교에 익숙해져 있었다. 그래서 하나님의 능력을 이해하지 못했다. 이해할 수 없었으니 조롱할 수밖에 없었던 모양이다. 오늘날의 사람들도 하나님의 능력에 대한 확신을 잃고, 지쳐있기는 매한가지다.

바로 그때, 베드로가 일어나 이 사건을 설명하기 시작했다. 그런데 그의 설명은 사건 만큼이나 이상했다. 그는 선지자 요엘을 통해 하나님께서 말씀하신 약속이 성취된 것이라고 설명했는데…

> 베드로가 열한 사도와 함께 서서 소리를 높여 이르되 유대인들과 예루살렘에 사는 모든 사람들아 이 일을 너희로 알게 할 것이니 내 말에 귀를 기울이라 때가 제 삼 시니 너희 생각과 같이 이 사람들이 취한 것이 아니라 이는 곧 선지자 요엘을 통하여 말씀하신 것이니 일렀으되 하나님이 말씀하시기를 말세에 내가 내 영을 모든 육체에 부어 주리니 너희의 자녀들은 예언할 것이요 너희의 젊은이들은 환상을 보고 너희의 늙은이들은 꿈을 꾸리라 그 때에 내가 내 영을 내 남종과 여종들에게 부어 주리니 그들이 예언할 것이요 또 내가 위로 하늘에서는 기사를 아래로 땅에서는 징조를 베풀리니 곧 피와 불과 연기로다 주의 크고 영화로운 날이 이르기 전에 해가 변하여 어두워지고 달이 변하여 피가 되리라 누구든지 주의 이름을 부르는 자는 구원을 받으리라 하였느니라 행 2:14-21

베드로의 설명이 이상하게 들린 이유는 그곳에서 일어난 현상에 대한 설명이 아니었기 때문이다. 현상은 이렇다. 일련의 사람들이 한 곳에 모여 술 취한 것처럼 행동하더니 갑자기 여러 지방의 언어로 말하기 시작했다. 하지만 베드로는 이 현상을 설명하는 대신 예언과 꿈과 환상에 대해 이야기했을 뿐이다. 당시의 현상은 그가 인용했던 요엘의 말씀과도 거리가 있어 보였다. 왜냐하면 요엘 선지자는 성령께서 '모든' 육체 위에 임하리라는 하나님의 말씀을 선포했기 때문이다. 하지만 그날 성령을 받은 사람은 '모든 육체'가 아니라 다만 120명 정도의 성도였을 뿐이다. 이후 사도들의 안수를 통해 성령을 받은 사람의 수가 늘긴 했지만 그것도 '모든 육체'는 아니었다. 결론부터 말하자면 이는 오순절 사건 이후 성령의 임재가 계속 진행되고 있다는 뜻이다. 결국 모든 육체가 성령의 임재를 체험할 때까지, 그래서 요엘의 예언이 온전히 성취될 때까지 하나님의 약속은 계속 진행될 것이다.

그렇다. 오순절의 역사는 지금도 진행 중이다. 나는 하나님께서 일곱 영을 보내셔서 이 일을 수행하게 하신다고 믿는다. 특히 이 시대(마지막 때) 성령의 강력한 임재는 가속되고 있다. 전례 없는 수의 사람들이 성령으로 세례를 받으며 또 요엘이 예언한 은사들을 체험하고 있다. 당신은 어떤가? 지금 성령 안에서 행하고 있는가? 그렇지 않다면 하나님께서 일곱 영을 통해 당신의 삶과 사역과 교회 위에 능력을 부어주시길 기다리고 있는가?

약속대로 하나님의 능력이 임하여 수많은 사람이 예언과 환상과 꿈을 받게 된다면, 이는 장차 더 많은 약속들이 이뤄질 것을 예표하는 신호탄과 같다. 당신이 하나님의 능력을 받으면 누가복음 10장에 기록된 예수님의 말씀은 보다 효과적으로 성취될 것이다. 당신은 이러한 권위를 갖고 사역할 준비가 됐는가?

예수께서 이르시되 사탄이 하늘로부터 번개 같이 떨어지는 것을 내가 보았노라 내가 너희에게 뱀과 전갈을 밟으며 원수의 모든 능력을 제어할 권능을 주었으니 너희를 해칠 자가 결코 없으리라 눅 10:18-19

주님의 약속 위에 성령의 능력이 임하길 간구한다. 더 이상 성도들이 원수의 공격이나, 그로 인한 피해에 대해 간증하는 것을 듣지 않아도 될 것이다.

더 이상은 사탄이 성도들을 쳐서 굴복시켰다는 이야기를 들을 필요가 없다. 사실 그동안 세상 사람들은 이러한 이야기를 너무도 많이 들어왔다. 그래서 사탄이 주님보다 더 강하다고 믿기까지 한다. 그러나 우리는 이것이 사실이 아님을 안다. 예수님의 말씀과 상치되는 고백은 이제 멈춰야 한다. 예수님은 당신에게 원수의 모든 능력을 제어할 권능을 주셨다. 그래서 당신을 해칠 자가 결코 없으리라고 말씀하신 것이다. 이 말씀 중 당신이 이해하지 못하는 부분은 무엇인가? '모든'은 문자 그대로 '모든'이다. 성령께서 당신 위에 임하실 때 원수의 '모든' 능력을 제어할 권세도 함께 임할 것이다. 그리고 '결코'는 문자 그대로 '결코'이다. 하나님의 일곱 영이 당신을 통해 역사하실 때, 결코 그 어떤 것도 당신을 해할 수 없을 것이다.

마지막으로, 당신에게 강력하게 부탁하는데 절대로 악한 영에게 '매력'을 느끼지 말라. 그들에게 큰 능력을 부여하지도 말라. 고백을 통해 그들에게 권위를 넘기는 일은 멈춰야 한다. 성경은 328회 이상 "두려워 말라"라고 명령했다. 그러므로 사탄을 두려워하지 말라. 성도들에게 전하는 야고보 사도의 말씀을 기억하고 그 위에 굳건히 서라.

그런즉 너희는 하나님께 복종할지어다 마귀를 대적하라 그리하면 너희를 피하리라 하나님을 가까이하라 그리하면 너희를 가까이하시리

라 죄인들아 손을 깨끗이 하라 두 마음을 품은 자들아 마음을 성결하게 하라 약 4:7-8

## 기도

아버지 하나님, 하나님께 제 영과 혼과 육을 올려드립니다. 제 모든 존재와 제 모든 소망과 제가 가진 모든 것, 앞으로 가지게 될 모든 것을 주님께 드립니다. 하나님의 말씀과 예수님의 강하신 이름으로 사탄을 대적할 때 그가 떠날 것을 믿음으로 고백합니다. 예수님의 이름으로 기도합니다. 아멘, 아멘.

/ 부록 /

# 카를 폰 클라우제비츠: 전쟁의 9대 원칙

나폴레옹 시대의 전쟁 전문가였던 카를 폰 클라우제비츠는 《전쟁론》 (On War)이라는 책을 썼다. 이 책에서 저자는 아홉 가지 중요한 전쟁 원칙을 소개했는데 그가 제시한 각각의 원칙들엔 그의 깊은 사고와 오랜 경험이 배어있다. 지금까지도 그의 저서는 전 세계 곳곳에서 장교들의 훈련교범으로 사용되고 있다. 아래는 그가 제시한 전쟁의 원칙들이다.

1. 극대화: 전쟁에서 이기기 위해 아군의 군력을 극대화하라

2. 목표: 주요 목표를 명확하게 인식하고 성취할 때까지 목표에 집중하라

3. 공격태세: 수비태세 보다는 공격태세를 취하라. 선제공격으로 기선을 제압하고 가능한 경우 기습으로 적을 놀래라.

4. 이동: 작전 수행에 이로운 거점으로 계속해서 이동하라

5. 지휘통제: 하나의 지휘통제 체계를 구축하여 모든 군이 동일한 명령을 따르게 하라

6. 보안: 적의 침입과 공습으로부터 아군 진영을 보호하여 적에게 유리한 기회를 제공하지 마라

7. 단순성: 모든 병사가 전쟁의 주요 목표를 이해할 수 있도록 전략은 단순하고 명료하게 수립되어야 한다

8. 기습: 적이 방심할 때, 당신의 공격을 예상하지 못할 때 공격을 개시하라

9. 힘의 경제: 전쟁의 매순간 최대의 효과를 거두기 위해 효과적으로 힘을 배분하라

# 순전한 나드 도서안내    02-574-6702

| No. | 도서명 | 저자 | 정가 |
|---|---|---|---|
| 1 | 존 비비어의 승리〈개정판〉 | 존 비비어 | 12,000 |
| 2 | 교회를 뒤흔드는 악령을 대적하라 | 프랜시스 프랜지팬 | 5,000 |
| 3 | 교회를 어지럽히는 험담의 악령을 추방하라 | 프랜시스 프랜지팬 | 5,000 |
| 4 | 그리스도인의 삶의 비결〈개정판〉 | 진 에드워드 | 9,000 |
| 5 | 존 비비어의 친밀감〈개정판〉 | 존 비비어 | 14,000 |
| 6 | 내 백성을 자유케 하라 | 허 철 | 10,000 |
| 7 | 내게 신선한 기름을 부으셨나이다 | 허 철 | 9,000 |
| 8 | 내어드림 | 페늘롱 | 7,000 |
| 9 | 더 넓게 더 깊게 | 메릴린 앤드레스 | 13,000 |
| 10 | 마켓플레이스 크리스천〈개정판〉 | 로버트 프레이저 | 9,000 |
| 11 | 존 비비어의 축복의 통로〈개정판〉 | 존 비비어 | 8,000 |
| 12 | 부서트리고 무너트리는 기름 부으심 | 바바라 J. 요더 | 8,000 |
| 13 | 사도적 사역 | 릭 조이너 | 12,000 |
| 14 | 사사기 | 잔느 귀용 | 7,000 |
| 15 | 사업을 위한 기름 부으심〈개정판〉 | 에드 실보소 | 10,000 |
| 16 | 상한 마음을 치유하는 기도 | 마크 버클러 | 15,000 |
| 17 | 상한 영의 치유 1 | 존 & 폴라 샌드포드 | 17,000 |
| 18 | 상한 영의 치유 2 | 존 & 폴라 샌드포드 | 13,000 |
| 19 | 성령님을 아는 놀라운 지식 | 허 철 | 10,000 |
| 20 | 속사람의 변화 1 | 존 & 폴라 샌드포드 | 11,000 |
| 21 | 속사람의 변화 2 | 존 & 폴라 샌드포드 | 13,000 |
| 22 | 신부의 중보기도 | 게리 윈스 | 11,000 |
| 23 | 십자가의 왕도 | 페늘롱 | 8,000 |
| 24 | 아가서 | 잔느 귀용 | 11,000 |
| 25 | 악의 속박으로부터의 자유 | 릭 조이너 | 9,000 |
| 26 | 어머니의 소명 | 리사 히텔 | 12,000 |
| 27 | 여정의 시작 | 릭 조이너 | 13,000 |
| 28 | 영광스러운 교회에 보내는 메시지 1 | 릭 조이너 | 10,000 |
| 29 | 영분별 | 프랜시스 프랜지팬 | 3,500 |
| 30 | 영적 전투의 세 영역〈개정판〉 | 프랜시스 프랜지팬 | 11,000 |
| 31 | 예레미야 | 잔느 귀용 | 6,000 |
| 32 | 예수 그리스도와의 친밀함 | 잔느 귀용 | 7,000 |
| 33 | 예수님 마음 찾기 | 페늘롱 | 8,000 |
| 34 | 예수님을 닮은 삶의 능력〈개정판〉 | 프랜시스 프랜지팬 | 12,000 |
| 35 | 예수님을 향한 열정〈개정판〉 | 마이크 비클 | 12,000 |
| 36 | 잔느 귀용의 요한계시록〈개정판〉 | 잔느 귀용 | 13,000 |
| 37 | 인간의 7가지 갈망하는 마음 | 마이크 비클 & 데보라 히버트 | 11,000 |
| 38 | 저주에서 축복으로 | 데릭 프린스 | 6,000 |
| 39 | 주님, 내 마음을 열어 주소서 | 캐티 오츠 & 로버트 폴 램 | 9,000 |
| 40 | 지구상에서 가장 강력한 기도 | 피터 호로빈 | 7,500 |
| 41 | 천국경제의 열쇠 | 샨 볼츠 | 8,000 |
| 42 | 천국방문〈개정판〉 | 애나 로운튜리 | 11,000 |
| 43 | 축사사역과 내적치유의 이해 가이드 | 존 & 마크 샌드포드 | 20,000 |
| 44 | 출애굽기 | 잔느 귀용 | 10,000 |
| 45 | 하나님과 동행하는 사람들〈개정판〉 | 샨 볼츠 | 9,000 |
| 46 | 하나님과 사람에게 더욱 사랑스러운 자 | 듀안 벤더 클릭 | 10,000 |
| 47 | 하나님과의 연합 | 잔느 귀용 | 7,000 |
| 48 | 하나님을 연인으로 사랑하는 즐거움 | 마이크 비클 | 13,000 |
| 49 | 하나님 마음에 합한 사람 | 마이크 비클 | 13,000 |
| 50 | 하나님의 아름다움을 바라보는 축복 | 허 철 | 10,000 |
| 51 | 하나님의 요새〈개정판〉 | 프랜시스 프랜지팬 | 9,000 |
| 52 | 하나님의 장군의 일기〈개정판〉 | 잔 G. 레이크 | 6,000 |
| 53 | 항상 부족함이 없으리로다 | 하이디 & 롤랜드 베이커 | 8,000 |
| 54 | 혼돈으로부터의 자유 | 릭 조이너 | 5,000 |
| 55 | 혼의 묶임을 파쇄하라 | 빌 & 수 뱅크스 | 10,000 |
| 56 | 존 비비어의 회개〈개정판〉 | 존 비비어 | 11,000 |
| 57 | 횃불과 검 | 릭 조이너 | 8,000 |

PURE NARD BOOKS

| No. | 도서명 | 저자 | 정가 |
|---|---|---|---|
| 58 | 금식이 주는 축복 | 마이크 비클 & 다나 캔들러 | 12,000 |
| 59 | 부활 | 벤 R. 피터스 | 8,000 |
| 60 | 거절의 상처를 치유하시는 하나님 | 데릭 프린스 | 6,000 |
| 61 | 그리스도의 제사장적 신부 | 애나 로운튜리 | 13,000 |
| 62 | 존 비비어의 분별력〈개정판〉 | 존 비비어 | 13,000 |
| 63 | 통제 불능의 상황에서도 난 즐겁기만 하다 | 리사 비비어 | 12,000 |
| 64 | 어린이와 십대를 위한 축사사역 | 빌 뱅크스 | 11,000 |
| 65 | 빛은 어둠 속에 있다 | 패트리샤 킹 | 10,000 |
| 66 | 목적으로 나아가는 길 | 드보라 조이너 존슨 | 8,000 |
| 67 | 컴 투 파파 | 게리 윈스 | 13,000 |
| 68 | 러쉬 아워 | 슈프레자 싯홀 | 9,000 |
| 69 | 지도자의 넘어짐과 회복 | 웨이드 굿데이 | 12,000 |
| 70 | 하나님의 일곱 영 | 키이스 밀러 | 13,000 |
| 71 | 너희 지체를 의의 병기로 하나님께 드리라 | 허 철 | 8,000 |
| 72 | 추수의 비전 | 릭 조이너 | 8,000 |
| 73 | 하나님의 집 | 프랜시스 프랜지팬 | 11,000 |
| 74 | 도시를 변화시키는 전략적 중보기도 | 밥 하트리 | 8,000 |
| 75 | 왕의 자녀의 초자연적인 삶 | 빌 존슨 & 크리스 밸러턴 | 13,000 |
| 76 | 언약기도의 능력 | 프랜시스 프랜지팬 | 8,000 |
| 77 | 믿음으로 산 증인들 | 허 철 | 12,000 |
| 78 | 욥기 | 잔느 귀용 | 13,000 |
| 79 | 나라를 변화시킨 비전: 윌리엄 테넌트의 영적인 유산 | 존 한센 | 8,000 |
| 80 | 세상을 다스리는 권세의 회복 | 레베카 그린우드 | 10,000 |
| 81 | 창세기 주석 | 잔느 귀용 | 12,000 |
| 82 | 하나님의 강 | 더치 쉬츠 | 13,000 |
| 83 | 당신의 운명을 장악하라 | 알렌 키란 | 13,000 |
| 84 | 자살 | 로렌 타운젠드 | 10,000 |
| 85 | 레위기 · 민수기 · 신명기 주석 | 잔느 귀용 | 12,000 |
| 86 | 그리스도인의 영적 혁명 | 패트리샤 킹 | 11,000 |
| 87 | 초자연적 중보기도 | 레이첼 힉스 | 13,000 |
| 88 | 나는 하나님의 음성을 듣는다 | 킴 클레멘트 | 11,000 |
| 89 | 하나님의 초자연적인 능력 | 바비 코너 | 11,000 |
| 90 | 거룩과 진리와 하나님의 임재 | 프랜시스 프랜지팬 | 9,000 |
| 91 | 사랑하는 하나님 | 마이크 비클 | 15,000 |
| 92 | 일곱 교회 이기는 자에게 주시는 축복 | 허 철 | 9,000 |
| 93 | 일곱 산에 관한 예언〈개정판〉 | 조니 엔로우 | 13,000 |
| 94 | 일터에 영광이 회복되다 | 리차드 플레밍 | 12,000 |
| 95 | 초자연적 경험의 신비 | 짐 골 & 줄리아 로렌 | 13,000 |
| 96 | 웃겨야 살아난다 | 피터 와그너 | 8,000 |
| 97 | 폭풍의 전사 | 마헤쉬 & 보니 차브다 | 13,000 |
| 98 | 천국 보좌로부터 온 전략 | 샌디 프리드 | 11,000 |
| 99 | 영향력 | 윌리엄 L. 포드 3세 | 11,000 |
| 100 | 속죄 | 데릭 프린스 | 13,000 |
| 101 | 신의 성품에 참예하는 자 | 허 철 | 8,000 |
| 102 | 예언, 꿈, 그리고 전도 | 덕 애디슨 | 13,000 |
| 103 | 아가페, 사랑의 길 | 밥 멈포드 | 13,000 |
| 104 | 불타오르는 사랑 | 스티브 해리슨 | 12,000 |
| 105 | 그 이상을 갈망하라! | 랜디 클락 | 13,000 |
| 106 | 능력, 성결, 그리고 전도 | 랜디 클락 | 13,000 |
| 107 | 종교의 영 | 토미 펨라이트 | 11,000 |
| 108 | 예기치 못한 사랑 | 스티브 J. 힐 | 10,000 |
| 109 | 모르드개의 통곡 | 로버트 스턴스 | 13,500 |
| 110 | 1세기 교회사 | 릭 조이너 | 12,000 |
| 111 | 예수님의 얼굴〈개정판〉 | 데이비드 E. 테일러 | 13,000 |
| 112 | 토기장이 하나님 | 마크 핸비 | 8,000 |
| 113 | 존중의 문화〈개정판〉 | 대니 실크 | 13,000 |
| 114 | 제발 좀 성장하라! | 데이비드 레이븐힐 | 11,000 |

| No. | 도서명 | 저자 | 정가 |
| --- | --- | --- | --- |
| 115 | 정치의 영 | 파이살 말릭 | 12,000 |
| 116 | 이기는 자의 기름 부으심 | 바바라 J. 요더 | 12,000 |
| 117 | 치유 사역 훈련 지침서 | 랜디 클락 | 12,000 |
| 118 | 헤븐 | 데이비드 E. 테일러 | 13,000 |
| 119 | 더 크라이 | 키스 허드슨 | 11,000 |
| 120 | 천국 여행 | 리타 베넷 | 14,000 |
| 121 | 파수 기도의 숨은 능력 | 마헤쉬 & 보니 차브다 | 13,000 |
| 122 | 지저스 컬처 | 배닝 립스처 | 12,000 |
| 123 | 넘치는 기름부음 | 허 철 | 10,000 |
| 124 | 거룩한 대면 | 그래함 쿡 | 23,000 |
| 125 | 선지자 학교 | 조나단 웰튼 | 12,000 |
| 126 | 믿음을 넘어선 기적 | 데이브 헤스 | 10,000 |
| 127 | 꿈 상징 사전 | 조 이보지 | 8,000 |
| 128 | 삶을 변화시키는 성령의 권능 | 스티븐 브룩스 | 11,000 |
| 129 | 잔 G. 레이크의 치유 | 잔 G. 레이크 | 13,000 |
| 130 | 영적 전쟁의 일곱 영 | 제임스 A. 더함 | 13,000 |
| 131 | 영적 전쟁의 승리 | 제임스 A. 더함 | 13,000 |
| 132 | 기적의 방을 만들라 | 마헤쉬 & 보니 차브다 | 12,000 |
| 133 | 개인적 예언자 | 미키 로빈슨 | 13,000 |
| 134 | 어둠의 영을 축사하라 | 짐 골 | 13,000 |
| 135 | 보좌를 향하여 | 폴 빌하이머 | 10,000 |
| 136 | 적그리스도의 영을 정복하라 | 샌디 프리드 | 13,000 |
| 137 | 성령님 알기 | 마헤쉬 & 보니 차브다 | 12,000 |
| 138 | 십자가의 권능 | 마헤쉬 & 보니 차브다 | 13,000 |
| 139 | 성령이 이끄시는 성공 | 대니 존스 | 13,000 |
| 140 | 축복의 능력 | 케리 커크우드 | 13,000 |
| 141 | 하나님의 호흡 | 래리 랜돌프 | 11,000 |
| 142 | 아름다운 상처 | 룩 홀터 | 11,000 |
| 143 | 하나님의 길 | 덕 애디슨 | 13,000 |
| 144 | 천국 체험 | 주디 프랭클린 & 베니 존슨 | 12,000 |
| 145 | 당신의 사명을 깨우라 | M. K. 코미 | 11,000 |
| 146 | 기독교의 유혹 | 질 섀넌 | 25,000 |
| 147 | 우리가 몰랐던 천국의 자녀양육법 | 대니 실크 | 12,000 |
| 148 | 임재의 능력 | 매트 소거 | 12,000 |
| 149 | 예수의 책 | 마이클 코울리아노스 | 13,000 |
| 150 | 신앙의 기초 세우기 | 래리 크레이더 | 13,000 |
| 151 | 내 인생을 바꿔 줄 최고의 여행 | 제이 스튜어트 | 12,000 |
| 152 | 시간 & 영원 | 조슈아 밀즈 | 10,000 |
| 153 | 거룩한 흐름, 분위기 | 조슈아 밀즈 | 10,000 |
| 154 | 하이디 베이커의 사랑 | 하이디 & 롤랜드 베이커 | 13,000 |
| 155 | 하나님의 임재 | 빌 존슨 | 13,000 |
| 156 | 영광의 사역 | 제프 젠슨 | 12,000 |
| 157 | 초자연적 기름부음 | 줄리아 로렌 | 12,000 |
| 158 | 하나님의 갈망 | 제임스 A. 더함 | 14,000 |
| 159 | 형통의 문을 여는 31가지 선포기도 | 케빈 & 캐티 바스코니 | 5,000 |
| 160 | 주님의 안식 | 케빈 바스코니 & 폴 L. 콕스 | 14,000 |
| 161 | 임박한 하나님의 때 | R. 로렌 샌드포드 | 13,000 |
| 162 | 하나님을 향한 울부짖음 | 바바라 J. 요더 | 12,000 |
| 163 | 춤추는 하나님의 손 | 제임스 말로니 | 37,000 |
| 164 | 참소자를 잠잠케 하라 | 샌디 프리드 | 13,000 |
| 165 | 영광이란 무엇인가? | 폴 맨워링 | 14,000 |
| 166 | 내일의 기름부음 | R. T. 켄달 | 13,000 |
| 167 | 영적 전투를 위한 전신갑주 | 크리스 밸런튼 | 12,000 |
| 168 | 성령을 소멸치 않는 삶 | R. T. 켄달 | 13,000 |
| 169 | 초자연적인 삶 | 아담 F. 톰슨 | 10,000 |
| 170 | 한계를 돌파하라 | 샌디 프리드 | 13,000 |
| 171 | 블러드문 | 마크 빌츠 | 11,000 |

PURE NARD BOOKS

| No. | 도서명 | 저자 | 정가 |
|---|---|---|---|
| 172 | 마지막 부흥을 위하여 | 시드 로스 | 10,000 |
| 173 | 하나님의 권능 안에 살기 | 잔 G. 레이크 | 14,000 |
| 174 | 구약에서 일어난 모든 일들 | 윌리엄 H. 마티 | 13,000 |
| 175 | 신약에서 일어난 모든 일들 | 윌리엄 H. 마티 | 11,000 |
| 176 | 드보라 군대 | 제인 해몬 | 14,000 |
| 177 | 거룩한 불 | R. T. 켄달 | 13,000 |
| 178 | 성령에 압도되다 | 제임스 말로니 | 12,000 |
| 179 | 기적 안에 걷는 삶 | 캐더린 로날라 | 12,000 |
| 180 | 당신의 자녀를 향한 하나님의 65가지 약속 | 마이크 슈리브 | 8,000 |
| 181 | 무슬림 소녀, 예수님을 만나다 | 사마 하비브 & 보디 타이니 | 13,000 |
| 182 | 스미스 위글스워스의 병 고침(개정판) | 스미스 위글스워스 | 12,000 |
| 183 | 뇌의 스위치를 켜라 | 캐롤라인 리프 | 13,000 |
| 184 | 약속된 시간 | 제임스 A. 더함 | 13,000 |
| 185 | 실패를 딛고 일어서는 믿음 | 샌디 프리드 | 12,000 |
| 186 | 스미스 위글스워스의 성령의 은사(개정판) | 스미스 위글스워스 | 13,000 |
| 187 | 끝날 때까지 끝난 것이 아니다 | R. T. 켄달 | 15,000 |
| 188 | 완전한 기억 | 마이클 A. 댄포스 | 10,000 |
| 189 | 금촛대 중보자들 1 | 제임스 말로니 | 15,000 |
| 190 | 마지막 때와 이슬람 | 조엘 리차드슨 | 15,000 |
| 191 | 질투 | R. T. 켄달 | 14,000 |
| 192 | 사탄의 전략 | 페리 스톤 | 14,000 |
| 193 | 죽음에서 생명으로 | 라인하르트 본케 | 12,000 |
| 194 | 금촛대 중보자들 2 | 제임스 말로니 | 13,000 |
| 195 | 금촛대 중보자들 3 | 제임스 말로니 | 13,000 |
| 196 | 올바른 생각의 힘 | 케리 커크우드 | 12,000 |
| 197 | 부흥의 거장들 | 빌 존슨 & 제니퍼 미스코브 | 25,000 |
| 198 | 악의 삼겹줄을 파쇄하라(개정판) | 샌디 프리드 | 12,000 |
| 199 | 지옥의 실체와 하나님의 열쇠 | 메리 캐서린 백스터 | 12,000 |
| 200 | 문지기들이여 일어나라 | 제임스 A. 더함 | 15,000 |
| 201 | 안식년의 비밀 | 조나단 칸 | 15,000 |
| 202 | 교회를 깨우는 한밤의 외침 | R. T. 켄달 | 15,000 |
| 203 | 하나님의 시간표 | 마크 빌츠 | 12,000 |
| 204 | 사랑의 통역사 | 샨 볼츠 | 12,000 |
| 205 | 예루살렘의 평화를 위해 기도하라 | 탐 헤스 | 13,000 |
| 206 | 마이크 비클의 기도 | 마이크 비클 | 25,000 |
| 207 | 유대적 관점으로 본 룻기 | 다이앤 A. 맥닐 | 13,000 |
| 208 | 폭풍을 향해 노래하라 | 디모데 D. 존스 | 13,000 |
| 209 | 세미한 하나님의 음성을 듣는 방법 | 스티브 샘스 | 12,000 |
| 210 | 영광의 세대 | 브루스 D. 알렌 | 15,000 |